PLWY. PENMACHNO

Vivian Parry Williams

Llan Penmachno a Chwm Glasgwm

Gwasg Carreg Gwalch

Cyhoeddwyd gyda chymorth

*Cronfa Oriel Machno
Cwmni First Hydro CYF.
a Mrs Nita Thomas, Blaenau Ffestiniog
(Er cof am ei gŵr, 'Bobi Twm', a chyfaill annwyl i mi)
ac elw o werthiant cynnyrch darlith Arthur Thomas 'Beirdd Penmachno'
yn noson Ŵyl Ddewi 1996 Meibion Machno*

*Cyflwynedig i Pôl, Dewi a Bethan,
i'w hatgoffa o'u gwreiddiau.*

Argraffiad cyntaf: Rhagfyr 1996

ⓗ *Vivian Parry Williams*

*Ni chaniateir defnyddio unrhyw ran/rannau
o'r llyfr hwn mewn unrhyw fodd
(ac eithrio i ddiben adolygu)
heb ganiatâd perchennog yr hawlfraint yn gyntaf.*

*Rhif Llyfr Safonol Rhyngwladol:
0-86381-427-1*

*Argraffwyd a chyhoeddwyd gan Wasg Carreg Gwalch,
12 Iard yr Orsaf, Llanrwst, LL26 0EH
☎ (01492) 642031*

Vivian Parry Williams

Yn enedigol o Benmachno, ond yn 'Stiniogwr' ers dros 30 mlynedd. Wedi ymddeol yn gynnar o'i waith ym Mhwerdy Ffestiniog, aeth i ddilyn cwrs Diploma Astudiaethau Cymreig yng Ngholeg Harlech ac ar hyn o bryd mae hanner ffordd drwy gwrs gradd mewn Hanes Cymru ac Archaeoleg ym Mhrifysgol Cymru, Bangor.

Cynnwys

Rhagair	4
Plwyf Penmachno	6
Hanes Cynnar	8
Teithwyr/Ymwelwyr	13
Cythraul Etholiadol	15
Uchel Siryddion/Elusennau	17
Ymddiriedolaeth Dyrpeg	20
Mân Ddiwydiannau	23
Llyfrau'r Festri (G18)	27
Treth Aelwydydd	32
Treth Tir	33
Y Cyngor Plwyf	37
Cynghorwyr Sir/Dosbarth	56
Crefydd y Plwyf	57
Addysg	86
Chwarelyddiaeth	106
Cyflogwyr Eraill	121
Masnachwyr Penmachno	127
Murddunod	129
Pytiau o Gyfrifiadau Penmachno	130
Cyfarfodydd Llenyddol	139
Rhai o Feirdd ac Enwogion y Fro	144
Chwedlau a Thraddodiadau Lleol	149
Terfysgoedd	152
O'r Wasg	154
Mynyddoedd a Bryniau'r Plwyf	163
Afonydd	163
Nentydd	165
Pontydd	167
Llynnoedd	167
Enwau Caeau a Thiroedd	173
Hen Enwau Llafar	177
Ffyrdd a Llwybrau	181
Murddunod ac Enwau Colledig	185
Enwau cysylltiedig ag Anifeiliaid ac Adar	187
Enwau yn cynnwys Enwau Personol	188
Enwau yn cynnwys Lliwiau	189
Pytiau cyn cloi	191
Cronicl o rai dyddiadau o bwys	202
Diweddglo	205
Llyfryddiaeth a Ffynonellau Gwybodaeth	207

Rhagair

Diolch i Bwyllgor Llên Eisteddfod Rhys Thomas James, Pantyfedwen, Llanbedr Pont Steffan 1995 am gynnwys y testun 'Cyflwyniad o unrhyw ardal' yng nghystadleuaeth y Fedal Ryddiaeth, cefais fy ysgogi i fynd ati i hel a didol y casgliadau o bytiau am hanes fy hen fro, Penmachno. Roedd y cwbl yn anrhefn llwyr mewn amryw ddrôr, ffeil a bocs o amgylch y tŷ yma. Fe wyddwn y gwnawn gymwynas ag un o leia drwy gael trefn arnynt, sef Beryl, fy ngwraig amyneddgar!

Bu beirniad y gystadleuaeth, y Parchedig D. Ben Rees yn ddigon caredig i wobrwyo'r casgliad, ac i annog i'r gwaith gael gweld golau dydd. Gan wybod i lyfr Owen Gethin Jones am hanes y plwyf, *Gweithiau Gethin* gael ei gyhoeddi dros gant a deng mlynedd yn ôl, ac wedi bod yn Feibl i'r hanesydd lleol yn yr ardal arbennig yma ers hynny, ac wrth gwrs, fel aur Meirion o brin, roedd yn gyfle i ychwanegu at y gyfrol ddefnyddiol honno. Yn wahanol i Gethin, a wnaeth ddefnydd o lawer o chwedleuon a glywsai ar lafar, a diolch iddo am hynny, mae'r gwaith yma, er wedi defnyddio rhywfaint o waith Gethin a'i debyg pan fu'r galw, yn dibynnu mwy ar ddefnyddiau nad oeddynt ar gael i'r hen genhedlaeth honno.

Llyfr ar hanes plwyf wedi ei gyflwyno ar gyfer y darllenydd cyffredin yw hwn, nid i'r purydd o ysgolhaig. Ceisiais gofnodi gwahanol agweddau ar fywyd mewn pentref cefn gwlad, gan gyfeirio at y newidiadau a ddaeth i ran Penmachno, o dlodi enbyd ac afiechydon fel y frech wen y ddeunawfed ganrif, drwy fwrlwm oes aur y chwareli i'r dirywiad a ddaeth yn sgîl eu cau. Ceisiais wneud defnydd o'r dwys neu'r digri yma ac acw, fel y gwelwn yr angen, ac yn bennaf ceisiais roddi'r cwbl ar ddu a gwyn mewn modd ddarllenadwy a difyr; gobeithio fy mod wedi llwyddo.

Dim ond megis crynodeb o'r cyfoeth o wybodaeth sydd ar gael am yr ardal sydd wedi ei gynnwys; hawdd fyddai adrodd cyfrolau am ddatblygiad addysg y plwyf er enghraifft, neu am grefydd yn y fro, neu am chwarelyddiaeth, ond rhaid oedd tynnu pen llinyn yn rhywle.

Cefais gryn drafferth gyda hanes enwadau'r plwyf, oherwydd i lawer o'r llyfrau fynd i ddifancoll, a da o beth fuasai i'r enwadau hynny fynd ati i sicrhau bod eu cofrestrau ac yn y blaen yn cael eu dodi mewn un man canolog, fel y bydd yn bosib i haneswyr y dyfodol allu roddi eu dwylo ar y wybodaeth angenrheidiol yn rhwydd.

Rhaid imi ddiolch o galon i'r nifer fawr a fu yn gymorth imi tra roeddwn yn ymchwilio. I staff hawddgar archifdy Gwynedd yng Nghaernarfon ac archifdy Prifysgol Cymru, Bangor, a staff y Llyfrgell Genedlaethol, Aberystwyth yn arbennig; hefyd y caredigion hynny a fu mor barod i rannu gwybodaeth â mi, ynglŷn â sawl agwedd ar Benmachno gynt. Rwyn atal rhag enwi neb, yn fwriadol, rhag imi anghofio enw rhywun, ond mae fy niolch yn llawn mor ddiffuant i bob un ohonynt. Diolchaf unwaith eto i'r rhai a fu yn hynod o garedig i roddi nawdd i mi tuag at y gost o gyhoeddi'r gyfrol, ac i Wasg Carreg Gwalch am ymgymeryd â'r gwaith.

Gan wir obeithio y caiff y darllenydd gystal hwyl ar ddarllen y penodau ac a gefais i yn turio i mewn i'r amrywiol ddefnyddiau sydd ar gael am hanes Penmachno.

Penmachno a phont y Llan

Plwyf Penmachno

Saiff dyffryn Machno ar gwr dwyreiniol yr hen Sir Gaernarfon, ynghanol rhai o olygfeydd prydferthaf Cymru. Plwyf ym mhen uchaf cwmwd Nantconwy yng nghantref Arllechwedd yw Penmachno, wedi ei amgylchynu gan blwyfi Betws-y-coed i'r gogledd; i'r gogledd-ddwyrain gan Gapel Garmon yn Llanrwst wledig; yna i'r de-ddwyrain gan Dir Eidda, i'r gorllewin gan Ddolwyddelan, ac i'r de-orllewin gan blwyf Ffestiniog.

Gwahanir Penmachno â Betws-y-coed yng ngwaelod y plwyf gan afon Conwy am oddeutu tair milltir, ac am ran o'r gornel ogleddol daw'r afon Lledr i olchi ei glannau ar dir y fro, cyn i honno ymuno â'r Gonwy ar ei thaith i'r môr tua ugain milltir i ffwrdd. Ar ran uchaf y plwyf mae bryniau Meirionnydd ar ffin Ffestiniog yn gysgod am oddeutu dwy filltir a hanner.

Maint y plwyf y 13,000 o erwau, a'i hyd yw rhwng wyth a naw milltir o Bont ar Gonwy, ger ffordd yr A5 i Fwlch Carreg y Frân yng nghyffiniau Meirion, a thua pedair milltir o led, o Ben y Llech ar derfyn Eidda i Fwlch y Groes ar ffin plwy Dolwyddelan. Dengys yr ystadegau yma mai dyma'r ail blwyf mwyaf o ran maint yn yr hen sir.

I geisio rhoi rhyw syniad o bellter y pentref, ac wrth sôn am 'y pentref' yn y cyswllt yma, golygir Llan Penmachno, sydd wedi ei leoli ynghanol y plwyf, o rai o'r prif ganolfannau cyfagos; gwelir i Fetws-y-coed a'r orsaf reilffordd agosaf fod bedair milltir oddi yno; Llanrwst, neu'r 'Dre' i'r plwyfolion, sef y dref farchnad agosaf sydd saith milltir i ffwrdd yn nyffryn Conwy, a Llandudno, y brif ganolfan siopa i'r dyffryn ugain milltir ymhellach. Os dewisir dringo dros y Migneint i Ffestiniog, yna dengys hyn bellter o ddeng milltir, a'r Blaenau dair milltir ychwanegol. Mesurir y pellteroedd mewn milltiroedd hen ffasiwn yn hytrach na'r drefn fetrig fodern, sydd yn adlewyrchu oedran a natur y cofnodydd! Arweinir y teithiwr i Benmachno o ddau gyfeiriad yn bennaf, sef o briffordd yr A5, lôn bost Telford ar waelod y dyffryn, gan groesi Pont ar Gonwy, a godwyd yn 1826, ond a elwid hyd heddiw yn 'Bont newydd' yn lleol, a dilyn ffordd y B4406 am bellter o ddwy filltir a hanner nes cyrraedd y Llan.

O gyfeiriad Ffestiniog dilynir y ffordd gul sy'n torri i ffwrdd o'r B4407 i Ysbyty Ifan ger Ffynnon Eidda yn yr ucheldir yma, a chario ymlaen am ddwy filltir a hanner o'r ffynnon, ac wedi tramwyo i lawr gallt serth Hafodredwydd a rhyfeddu ar olygfeydd godidog y fro, cyrhaeddir croesffordd Carrog. Wrth edrych i'r chwith o'r groesffordd daw Cwm Penmachno i'r golwg oddeutu hanner milltir draw yng nghysgodion creigiau serth Twll y Cwm; bydd y rhan uchaf yma o'r plwyf yn cael sylw pellach gennym wedi gorffen ein taith i gyfeiriad yr hen ran o'r fro, Llan Penmachno, ddwy filltir arall o bellter o Garrog. Fe ellir teithio i'r plwyf ar olwynion drwy ddefnyddio un neu ddwy o ffyrdd bychain eraill, a chaiff y cerddwr bleser wrth droedio ambell lwybr cyntefig sy'n arwain yno, ac wedi dod o hyd i'r llecyn efallai mai gwell fyddai ceisio dehongli ystyr yr enw 'Penmachno'.

Penmachno: O ble tarddodd yr enw? Er i lawer geisio dehongli ac esbonio, yn cynnwys yr arbenigwr ei hun, y diweddar Bedwyr Lewis Jones, nid oes sicrwydd o'i wir ystyr. Dyma ddywed Owen T. Davies, (Owain Machno 1853-1925) wrth y darllenydd yn ei lyfr *Telyn Machno*. Ceisir ateb yr hen gwestiwn "O ba le y tarddodd yr enw Penmachno, a beth yw ei ystyr?" Traddodiad yw hanes wedi ei drosglwyddo o dad i fab ac o oes i oes; beth ddywedir gan draddodiad? Mae yr enw wedi tarddu oddi wrth y Pen mynachlog a fu yma yn y canrifoedd bore, ond pa fodd bynnag, nid yw yn amhosib y gall fod sail i'r traddodiad, oblegid ceir yn eglwys y plwyf nifer o feddfeini o'r bumed neu'r chweched ganrif. Dengys y rhain fod personau o nod mewn safleoedd uchel yn wladol ac eglwysig wedi eu rhoi i huno yn y fro.'

Esboniad Myrddin Fardd o'r llyfr *Enwau lleoedd Sir Gaernarfon* yw hyn — 'Am y gair *Penmachno* tyfodd yr ystyr allan fe ymddengys o *Mach*, yr hwn mewn un ystyr sy'n golygu arglawdd, cronfa, a mam. Ystyr *no* hefyd yw *yr hyn a saif* neu *a geidw i mewn*. *Penmachno* yn y dull yma yw — *Pencronfa sefydlog* neu *mam-gronfa ddisigl*.'

Mae traddodiad yn cadarnhau eglurhad Myrddin Fardd, oherwydd i'r hynafiaethydd lleol Owen Gethin Jones (1816-1883) ddweud mai dau lyn mawr oedd yr ardal yn yr oesoedd cynnar; un yn y Cwm mawr a'i argae ym Mhen Bryn Tŷ Coch, a'r llall ym mhen isa'r plwyf a'i argae yng Nghlogwyn y Wern.

Yn hen lawysgrifau Iolo ceir cofrestr o achau yr hen dywysogion Gwyddelig a daethant drosodd i Gymru tua dechrau y bedwaredd ganrif, yr hon sy'n cynnwys rhai enwau adnabyddus i ni ar leoedd ac ardaloedd megis Eilio, Einion, Gelert, Marchan a *Machno* ac eraill. Onid yw'n rhesymol i ni gasglu felly i un o'r tywysogion yma ymsefydlu yn yr ardal, a'r pentref gael ei enwi ar ei ôl?

Cyfeirir at y pentref mewn ambell hen ddogfen fel *Pennantmachno* hefyd.

O ran tirwedd, fel y dywedwyd eisoes, bro wedi ei lleoli yn nyffryn hyfryd Machno yw'r plwyf, gyda dau gwm, y Cwm mawr a Glasgwm yn ymestyn o'r prif ran, y Llan. Ceir amrywiaeth o dirwedd yn yr ardal, sydd yn adlewyrchu natur y creigiau, olion rhewlifiant ac effeithiau arydiad oherwydd hinsawdd laith y cylch ar y tir o gwmpas. Gwelir hefyd olion o weithgareddau folcanig mewn ambell le yn yr ardal. Ymestyna'r dyffryn o 500 troedfedd uwch lefel y môr yn y pen isaf o'r plwyf i 1,928 troedfedd y Graig Goch ar y ffin â 'Stiniog, a 1,920 troedfedd ar gopa'r Ro-wen i gyfeiriad Dolwyddelan. Brithir yr ardal gan amryw o fryniau, ond does yr un ohonynt yn uwch na'r ddau uchod. Fel y daw ffiniau Meirionnydd i gyffyrddiad â'r plwyf yn y Cwm Mawr, daw cadwyn o fryniau serth yn rhwystr naturiol fel petai i selio pen uchaf y fro. Ar waelodion y dyffryn rhed yr afon Machno bron hyd y plwyf ar siwrne hamddenol o gyfeiriad ei tharddiad ger chwarel Cwt y Bugail i'w phriodas â'r Gonwy, dros wyth milltir o'i dechrau yn yr ucheldiroedd. Caiff y Fachno ei chyflenwi â mân afonydd a nentydd eraill megis afon y Foel, afon Oernant, afon Glasgwm, Nant Cadwgan ac eraill cyn diwedd ei thaith.

O ran daeareg, creigiau Ordofigaidd sy'n rhedeg drwy ran fwyaf o Fro Machno, gyda ychydig o greigiau Igneaidd Cyfoesol a chreigiau Cambriaidd hefyd, a fu yn sail i'r diwydiant llechi a'r rheswm dros enedigaeth Cwm Penmachno fel uned ar wahân oddi mewn i'r plwyf yn ystod y ganrif ddiwethaf.

Fe rennir y plwyf yn ddau, megis y Llan, y rhan wreiddiol, hynafol o'r pentref, a'r Cwm neu'r 'Pen Ucha' yn ôl hen ddisgrifiad o gyfeirio at y rhan yma, dair milltir i fyny'r dyffryn. Fel y cyfeirwyd yn barod, daeth y Cwm i fodolaeth yn sgîl y twf yn y diwydiant llechi yn y ganrif ddiwethaf, er i amryw o dyddynnod a ffermydd fritho'r llechweddau ymhell cyn hyn. Wedi agor chwareli Rhiwbach, Blaencwm, Cwt Bugail a Rhiwfachno gwelwyd y boblogaeth yn cynyddu yn sylweddol. Yn 1819, â chwarelyddiaeth yn ei fabandod, roedd 893 o drigolion ym Mhenmachno, ac erbyn diwedd y ganrif roedd rhif y boblogaeth wedi cyrraedd ei uchafbwynt o bron i ddwy fil, a'r bwrlwm yn cael ei adlewyrchu yn y nifer o fasnachdai ar agor i wasanaethu'r plwyfolion, ac economi'r ardal yn ffynnu.

Ychydig o Hanes y Plwyf o'r Dyddiau Cynnar

Daw tystiolaeth fod dyn cyntefig wedi troedio llechweddau'r fro cyn belled yn ôl â'r Oes Neolithig, o leia ddwy fil o flynyddoedd cyn Crist, yn narganfyddiad darnau o gelfi callestr ar lethrau'r Ro-wen yng Nghwm Glasgwm. Daethpwyd o hyd i'r cerrig yn 1928 gan John Roberts, a ffermiai Dŷ'n y Waen ar y pryd. Mae'r casgliad yn awr yng ngofal amgueddfa dinas Bangor. Eto, ar lethrau gogleddol Cwm Glasgwm cawn dystiolaeth o drigfannau hynafol megis gweddillion tai hirion a chytiau Gwyddelod a berthynent i'r Oes Haearn a phellach. Yn anffodus, bu i rai o'r olion yma fynd i ddifancoll wrth i fforestydd y Comisiwn Coedwigaeth gael eu plannu ar y llechweddau. Aeth canrifoedd o hen hanes y fro o'r golwg dan ganghennau tywyll y coed bytholwyrdd, a daw dinistr llwyr i ran anedd-dai ein cyndadau wrth i'r coed gael eu torri a'u llusgo oddi yno i ddiwallu anghenion barus ein hoes ni. Mae tystiolaeth o olion cyntefig eraill i'w cael mewn ambell fannau yma ac acw yn yr ardal, megis y beddau a welir yn ffridd y Foel: cistfeini o'r Oes Efydd, rhwng saith gant a dwy fil o flynyddoedd cyn Crist mewn oed yw'r beddau, â'r carneddau â'i

Map: Daniel Jones

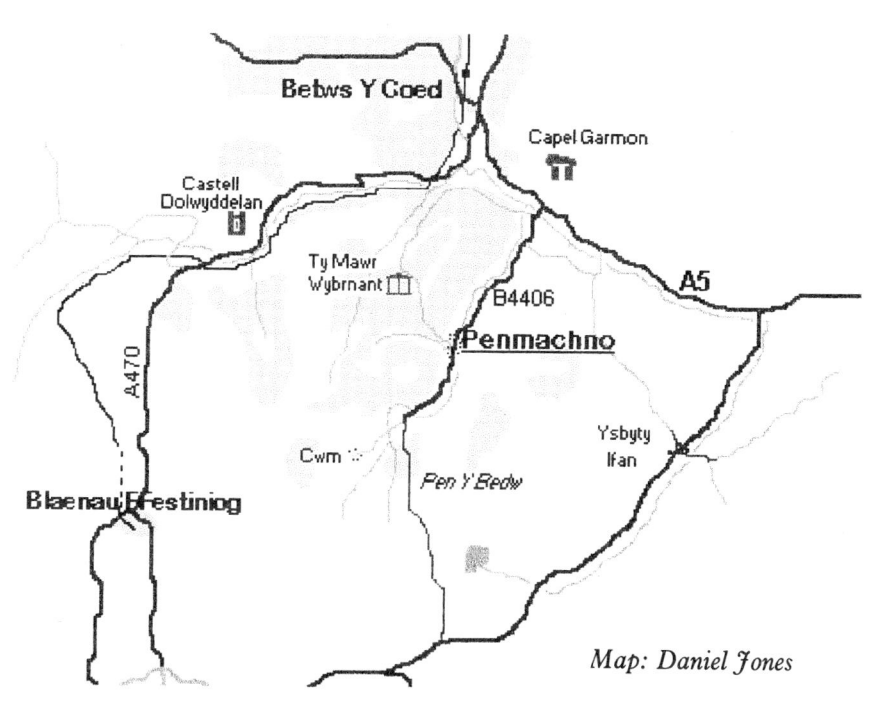

Owen Gethin Jones 1816-1883

gorchuddient wedi hen fynd yn ddefnyddiau waliau cerrig y ganrif ddiwethaf a chynt. Dywed traddodiad lleol i'r sawl a fentrai i ymyrryd â'r beddau gael eu melltithio, ac wrth wybod am rai o'r hanesion yn ymwneud â'r chwedleuon, ac am ddigwyddiadau a ddaeth i ran rhai o'r anffodusion, ni feiddiai'r dewraf ohonom aflonyddu'r safle. Arwyddocaol efallai yw enwau rhai o'r caeau a llecynnau sydd o amgylch y beddau yma, ac wrth gofio i'r Derwyddon addoli duwiau gwahanol, ac iddynt ystyried yr ast neu'r filast yn sanctaidd, hawdd yw cysylltu Carreg yr Ast gerllaw i'r fangre; gerbron hefyd y mae cae o'r enw 'Y Dopan Weddi', sy'n awgrymu man addoliad i ni. Dywed Owen Gethin Jones yn ei lyfr *Gweithiau Gethin*, a gyhoeddwyd wedi ei farwolaeth yn 1883, i gylch o gerrig mawrion a maen mawr arall drostynt sefyll mewn cae arall cyfagos, ond iddynt gael eu chwalu, a'r meini gael eu defnyddio i godi tŷ Carreg yr Ast yn nechrau'r ganrif ddiwethaf.

Ymysg darganfyddiadau diddorol a ddaethant i olau dydd yn ystod y ganrif yma a'r un flaenorol mae'r mowld garreg a ddefnyddiwyd yn yr Oes Efydd i wneud bwyelli, a bwyell efydd a gafwyd yng nghyffiniau Bwlch y Maen. Yn 1920 daeth gŵr o Ysbyty Ifan o hyd i ddagr o'r Oes Efydd ar y ffin rhwng Eidda a Phenmachno; tybir i'r ddagr ddyddio'n ôl tua 1,500 o flynyddoedd cyn Crist.

Gan dreiddio i mewn i'r plwy yn ddigon di-sylw uwch chwarel Rhiwbach daw'r ffordd Rufeinig, Sarn Helen i'r hen Sir Gaernarfon am y tro cyntaf, wedi hirdaith ym Meirion. Er hawdded ei olrhain i gyfeiriad ffin Penmachno o Ffestiniog, nid felly ei thaith o Riwbach ar y siwrne fer i Gwm Penamnen, Dolwyddelan. Bu i'r chwarel hawlio rhan ohoni, gan ddwyn ymaith bob arwydd o'i bodolaeth, yn ystod ehangu'r gwaith yn y ganrif ddiwethaf, a phrin iawn yw unrhyw arwydd o linell yr hen ffordd o'r chwarel drwy'r mawndir i blwyf Dolwyddelan.

Ond nid dyma'r unig brawf o deithiau'r Rhufeiniaid i'r rhan yma o Gymru. Yn eglwys Sant Tudclud yn y Llan mae rhai o gerrig arysgrifiadol enwocaf Cymru i'w gweld. Ar un ohonynt, ceir y dystiolaeth gynharaf o fodolaeth Gwynedd fel rhanbarth yn ffurf yr arysgrif Lladin 'Venedotia', sydd yn dyddio'n ôl tua'r flwyddyn 500. Mae pum carreg yn cael eu harddangos yn yr eglwys, a phob un yn hynod bwysig yn hanes Cymru yn y dyddiau cynnar. Ar un arall gwelir y monogram 'CHI-RO', arwydd o Grist, sydd yn dynodi bod Cristnogaeth wedi cyrraedd y rhan yma mor gynnar â'r chweched ganrif. Sant Tudclud, a enwir ar ôl un o feibion Seithennyn, yw'r drydedd eglwys i'w chodi ar y safle yma, ac yn ystod chwalu'r eglwys flaenorol, Sant Enclydwyn, yn 1857 y daethpwyd o hyd i un o'r cerrig hynafol — carreg 'Oria' — ymysg y muriau; daeth un arall i'r golwg tra yn torri bedd yn y fynwent, ac un â'r arysgrif 'Filavitori' arni o wal gardd tafarn y Tŷ Ucha gerllaw. Dywed y diweddar Gwyn Alf Williams, mewn erthygl 'Twf Hanesyddol y Syniad o Genedl yng Nghymru' yn y llyfr *Y Meddwl Cymreig*, gol. W.J. Rees, mai ym Mhenmachno y codwyd cofgolofn Rufeinig olaf gorllewin Ewrop.

Safle Mynachlog Dolgynwal

 Yn ôl Gethin Jones, adeiladwyd eglwys Sant Enclydwyn yn 1621, ac fe safai ym mhen isaf y fynwent. Wedi chwalu honno yn 1857 fe adeiladwyd yr eglwys bresennol a'i chysegru yn 1859. Yn ystod pumdegau a chwedegau'r ganrif hon fe welwyd fod pydredd ym muriau a choed Sant Tudclud, a bu rheithor y pryd, y Parchedig W.R. Jones wrthi'n ddiwyd yn ceisio adnewyddu'r rhannau a effeithid arnynt, a chwblhawyd y gwaith wedi marw'r rheithor yn ystod y saithdegau.

 I geisio olrhain hanes eglwysig cynharaf Penmachno, rhaid mynd i ran isaf y plwyf i weld olion hen fynachlog Dyngynwal, enw â chysylltiadau amlwg â'r ardal. Gelwir y fynachlog ar brydiau yn Landiglwyd neu Lantyddid. Mae awgrym i'r lle fod yn safle eitha' pwysig fel croesffordd i bererinion yr oesoedd a fu. Dywed A.H. Williams yn ei *History of Wales*, cyfrol 1, nad oedd 'run safle eglwysig o bwys yn Arllechwedd hyd nes sefydlu Abaty Sistersaidd Aberconwy yn 1186, ond gwna'r sylw fod yr eglwys ym Mhenmachno yn dyddio'n ôl i'r 6ed ganrif. Mae'n debyg mai ar sail y ffaith i'r cerrig hynafol fod yn bresennol yn y plwyf y gwna'r datganiad. Yma yn Nolgynwal yn ôl pob tebyg y claddwyd Iorwerth Drwyndwn, tad Llywelyn Fawr yn niwedd y 12fed ganrif. Felly ymddengys i'r fynachlog gael ei defnyddio gan rai o dywysogion Gwynedd, a hawdd credu hynny, oherwydd i Gastell Dolwyddelan, man geni Llywelyn Fawr, fod o fewn taith farchogaeth fer i Ddolgynwal.

 Pan ddiddymwyd y mynachlogydd rhwng 1536 a 1539 gan Harri'r Wythfed, mae'n sicr i Ddolgynwal gael ei dinistrio fel pob mynachlog arall drwy'r wlad. Un o uchel swyddogion y brenin, Thomas Cromwell, fu'n gyfrifol am benodi Elis Prys, Plasiolyn, Ysbyty Ifan, neu'r 'Doctor Coch' fel y'i gelwid, i ymweld â mynachlogydd Cymru i gyd yn ystod cyfnod y diddymu.

Oherwydd i Elis Prys fod wedi derbyn holl diroedd Dolgynwal gan Harri'r Wythfed, hawdd yw dychmygu iddo fod yn awyddus i gael gwared o'r mynaich Sistersaidd o'i diriogaeth ei hun.

Yn ôl sôn, roedd olion tân i'w gweld ar feini'r mynachlog pan y'i defnyddiwyd i adeiladu ffermdy Bwlch y Maen yn yr 17eg ganrif. Dywed Gethin i waith nadd arbennig fod yn nodwedd o rai o feini ym muriau Bwlch y Maen, sydd yn ychwanegu at y traddodiad mai o Ddolgynwal y daeth rhai o gerrig y ffermdy. Gelwir y rhiw serth rhwng y ddôl y saif gweddillion y mynachlog a Bwlch y Maen yn 'Rhiw yr Ychain', yn gofnod o'r hanes mai ychain a lusgodd y meini bob cam i'r fferm.

Mae'n debyg mai'r cofnod cyntaf yn cyfeirio at y plwyf yw'r un dyddiedig Rhagfyr 15fed, 1330 sy'n sôn am Gronw ap Iorwerth Penwyn a'i frawd David yn derbyn rhaglawiaeth Nantconwy a'r felin ym Mhenmachno am wasanaeth i'r frenhiniaeth yn ystod y cyfnodau o deyrnasiad Edward y Cyntaf i amser Edward y Trydydd. Cofnodir hefyd i Gronw Llwyd ap y Penwyn fod yn dal chwe erw o dir ym Mhenmachno yn 1352, ac i Benwyn o Nantconwy fod yn un a fu yn gweithio am 86 wythnos i gryfhau cestyll y Normaniaid yng Ngogledd Cymru rhwng Tachwedd 1285 a Gorffennaf 1287, gan dderbyn 16 ceiniog yr wythnos am y 'fraint' (*calendar of ancient petitions relating to Wales 15.12.1330*).

Yn Llyfrgell Genedlaethol Cymru, Aberystwyth, mewn ysgrifen hynod o gain ar damaid o femrwn, gwelir cofnod, yn yr iaith Ladin eto, o enw'r plwyf yn y ffurf 'Pennantmachno', wedi ei ysgrifennu yn y flwyddyn 1500. Dogfen yw hon yn ymwneud â throsglwyddo tir rhwng Hoell Vichan (Hywel Fychan) ap Hoell ap Eynon, a Meredith ap David ap Eynon.

Diddorol yw sylwi, ymysg llawer o ddogfennau yn ymwneud â'r pentref o'r un cyfnod yn y Llyfrgell Genedlaethol yw enwau fel Moel y Marchyrie, Dôl y Wernen, Dôl y Bont, Dôl y Murie Poethion, Hafod y Rhedwydd, Afon Carrog ac yn y blaen, enwau sydd wedi goroesi'r canrifoedd, enwau a fu ar dafodau ein cyn-deidiau, ac sydd yn dal mewn defnydd heddiw.

Yng nghofnodion Llys Chwarter Sir Gaernarfon gwelir cyfeiriadau at droseddau a gyflawnwyd gan rai o drigolion Penmachno yn yr 16eg ganrif, yn cynnwys hanes cyhuddiad yn erbyn Thomas ap Hywel ap David Fychan, iwmon, am dorri i mewn i fuarth Hywel ap Robyn ap Ieuan ap Ylla, gan adael i'w anifeiliaid sathru a difetha'r borfa yno. Digwydd hyn ar yr 8fed o Fai 1548. Diddorol nodi hefyd rhai o gofnodion eraill o'r un cyfnod, megis cyhuddiad yn erbyn John ap Thomas ap David Fychan, labrwr, am ddwyn caseg gwerth 16 swllt ac 8 geiniog, eiddo William ap Thomas ap David Fychan, — cariad brawdol yn wir!; ac eto, dri diwrnod yn ddiweddarach, ar y 13eg o Ebrill, 1550, daw 'rhen John eto o flaen ei well am ddwyn tri gwregys lledr, gwerth 6/8d, eiddo un William Huxley — mae'n amlwg fod mewnfudo wedi dechrau hyd yn oed yr adeg hynny, yn ôl y cyfenw Seisnig! Ac, yn siŵr i chi, ar Fai 1af, 1552 gwelir cyhuddiad yn erbyn Thomas ap Hywel ap David Fychan, ie, yr un Twm yr iwmon a fu yn amharu ar borfa ei gymydog bedair mlynedd ynghynt, o anfon cant o'i wartheg i gantref, ac ymddiheuriadau am ddyfnu o'r gwreiddiol, 'Mollessabbowe' — i bori a difetha porfa tenantiaid yn y fan honno. Ble ar y ddaear mae Mollessabbowe gofynnwch?; wel Moel Siabod yw'r lle coeliwch neu beidio — enghraifft berffaith o gamddehongli a chamsillafu enwau cynhenid Cymreig gan y sawl a weithredai'r gyfraith yn y Gymru uniaith Gymreig y cyfnod hwnnw, rhai fel Mr Huxley y mewnfudwr y cyfeirir ato yn gynharach mae'n debyg. Ymddengys mai tipyn o gleptomaniacs oedd disgynyddion yr hen Dafydd Fychan!

Teithwyr/Ymwelwyr

Ymysg y rhai a fu'n ymweld â'r plwyf oedd John Leland tra ar daith drwy Gymru rhwng 1536 ac 1539. (Ai cyd-ddigwyddiad oedd y daith yn yr union flynyddoedd y bu Harri'r Wythfed a'i ddilynwyr yn dinistrio'r mynachlogydd?) Yr unig sylw a wnaeth am y pentref oedd mai dyma un o'r lleoedd gyda choed gorau Sir Gaernarfon. Teithiwr enwog a gyffyrddodd â'r ardal oedd Thomas Pennant (1726-1798), yr hynafiaethydd. Er i Lyn Conwy fod yn nefoedd ar y ddaear i bysgotwyr dros y blynyddoedd, nid felly y gwelai Pennant y fangre unigryw yma yn yr ucheldir mawnog, ond fel 'llyn mawr iawn wedi ei leoli mewn lle digalon ynghanol creigiau a chorsydd'; mae'n rhaid ei fod wedi ymweld â'r llyn ar un o'r dyddiau niwlog, llaith a ddaw heibio'r rhan yma yn ddigon aml. Diddorol yw ei sylwadau hefyd am y gwylanod cefn-ddu a arferai nythu ar ynys ynghanol y llyn. Dywed Pennant iddynt ymosod ar ŵr a oedd yn ddigon ffôl i geisio nofio drosodd at eu nythod, nes bron boddi'r dyn. Bu yn ffodus i ddianc gydag ond cleisiau ar ei gorff. Difodwyd y gwylanod yma, a fu yn rhan o'r amgylchedd ers cyn cof, i gyd gan giperiaid stâd Arglwydd Penrhyn tua 1890 am iddynt wneud niwed i wyau a chywion grugieir gwerthfawr y crach.

I geisio gwneud iawn fel petai am eiriau angharedig Pennant am Lyn Conwy, dyma ddywed Edmund Hyde-Hall yn ei *A Description of Caernarvonshire (1809-1811)*, wrth y darllenydd, a dyfynnaf yn yr iaith wreiddiol, '*The property of this lake, the source of the British Conwy, is now in the hands of a saxon, a painful anticipation . . . to the patriotism of former times when the banks of the river had been so often dyed with British blood in the defence of its passage.* Y 'British' oedd y Brythoniaid, yr hen Gymry wrth gwrs, a'r 'saxon' oedd yr Arglwydd Penrhyn.

Syndod mawr darllen geiriau mor ymfflamychol gan ŵr ag enw mor Seisnig â Hyde-Hall yn wir. Da o beth nad oedd M15 yn bodoli yr adeg honno, neu yn y sesiwn fawr yng Nghaernarfon y byddai ar ei ben, ar gyhuddiad o gynllwynio yn erbyn y stad!

Dywedodd y Parch. W. Bingley mewn llyfr am ei deithiau, *North Wales* yn 1814 iddo aros ger Bont y Pandy a rhaeadr y Graig Lwyd gan fwynhau'r golygfeydd, a dychwelyd i'r ffordd a theithio ymlaen dros fynydd nad oedd yn rhamantus nac yn ddiddorol, nes cyrraedd Penmachno, 'pentref wedi ei adeiladu bron mewn cylch o gwmpas yr eglwys'.

Yn 1866 ymwelodd un teithiwr anadnabyddus â'r plwyf, a dyma fras gyfieithiad o gofnod y Sais o'i argraff ef o'r Llan; '. . . yn fuan wedyn cyraeddasom bentref diarffordd Penmachno, sydd yn un o'r pentrefi mwyaf cyntefig yr olwg yng Nghymru. Nid oes yr un tŷ da yn y lle, a mentraf ddweud y byddai Arolygwr Niwsans yn fuddiol yma, os yw iechyd y trigolion i'w ystyried yn bwysig. Efallai bod y bobl yn ddigon croesawgar, ond am y cŵn, fe fu iddynt ein trin yn y modd mwyaf barbaraidd, a dangos eu dannedd i ni ar bob cyfle. Mae'n rhaid fod dyfodiad dieithryn yn ddigwyddiad mawr yn y pentref tawel, anhygyrch yma'!

Dair blynedd yn ddiweddarach, yn 1868 ymwelodd newyddiadurwr o bapur wythnosol *Y Dydd* â'r pentref am resymau gwahanol i'r uchod, sef i adrodd hanes cythrwfl yn ystod etholiad cyffredinol y flwyddyn honno. Roedd Penmachno, fel ardal ddosbarth gweithiol, radical ei gwleidyddiaeth, dan ei sang yn gorfoleddu buddugoliaeth y Rhyddfrydwr Love Jones Parry dros y Tori Douglas Pennant. Yn ystod y dathliadau bu i'r dorf wawdio Hunter, ciper Pennant, yr Arglwydd Penrhyn ac yntau'n Dori rhonc, a oedd yn eu mysg y noson honno; gwylltiodd Hunter gymaint nes iddo danio dryll i ganol y pentrefwyr. (Onid oedd 'Hunter' yn enw da ar Sais o giper?!) Yn dilyn hyn, ymosodwyd ar y ciper yn ddi-drugaredd, ac oni bai iddo gael ei lusgo i mewn i siop gyfagos byddai wedi derbyn gwaeth triniaeth o ddwylo a thraed y dyrfa gandryll. Cyhuddwyd dau ŵr o geisio llofruddio Hunter, a'u hanfon i Frawdlys Arfon o flaen y Barwn Channel. Y dadleuydd dros yr erlyniad oedd Mr McIntyre, a thros yr amddiffyniad Mr Morgan Lloyd. Wedi dadleuon cryf ac 'araith lawn a galluog' dros yr amddiffyniad gan Mr Lloyd, penderfyniad y rheithgor oedd cael un diffynnydd, John Evans yn ddi-euog, ond bu cryn anghytuno ynglŷn â'r ail ŵr, William Owen. Clôwyd y rheithgor drwy'r nos yn ystafell yr uwch-reithwyr, ac am hanner awr wedi wyth y bore dilynol agorwyd y llys drachefn, pryd yr amlygodd y rheithwyr eu bod oll wedi cytuno nad oedd William Owen ychwaith yn euog o geisio lladd Hunter, a rhyddhawyd ef.

Eto, yn *Y Dydd* o'r un flwyddyn ceir adroddiad o dan y pennawd 'Penmachno a'r Amgylchoedd' o rywun wedi torri ffenest yr eglwys, a dyfynnaf, 'Mae y Toris yn ceisio dweud mai rhai o'r Blaid Rhyddfrydol sydd wedi cyflawni y trosedd anfad hwn, ond hwyrach y byddai yn well i'r teulu hynny edrych adref yn gyntaf, rhag ofn fod y troseddwr yn llechu yn eu mysg hwy eu hunain'. Mae'n amlwg, wrth ddarllen yr adroddiad fod cythraul gwleidyddiaeth yr un mor elyniaethus yn y ganrif ddiwethaf ag y mae yn ein dyddiau ni!

Cyn belled ac y gwyddom, ni fu yr un llofruddiaeth erioed o fewn terfynau'r plwyf, er i un achos o leia o ddynladdiad gynhyrfu'r fro yn chwarter olaf y ganrif ddiwethaf. Gŵr o Gerrigceinwen, Llangefni oedd Henry Jones, a oedd yn un o'r mewnfudwyr i'r pentref a ddaeth i weithio i'r chwareli, ac yna ar y rheilffordd newydd a gawsai ei gosod ar y pryd rhwng Betws-y-coed a Dolwyddelan. Roedd yn amlwg nad oedd pethau yn rhy dda yn briodasol rhwng Henry Jones, neu 'Hari Ddu', yn ôl ei ffugenw, ac Ann ei wraig. Daeth yr helyntion rhyngddynt i'w penllanw yn Chwefror 1875 wrth i Hari ymosod ar ei wraig ac yntau yn drwm dan ddylanwad y ddiod feddwol. Yn y ffrwgwd bu i'w dad-yng-nghyfraith oedrannus geisio amddiffyn ei ferch rhag y gurfa, ond iddo yntau gael ei daro i lawr gan Hari Ddu. Oherwydd yr anafiadau a dderbyniodd, bu i'r hen ŵr farw o fewn wythnos, ac ymhen mis yn unig roedd Henry Jones wedi ei gyhuddo o ddynladdiad, wedi ceisio amddiffyn ei hun ym Mrawdlys Caernarfon, ac wedi ei gael yn euog o'r drosedd a'i anfon i garchar Pentonville am gyfnod o bymtheng mlynedd. Mae darllen hanes yr achos yng ngholofnau'r papurau newyddion ar y pryd yn dangos atgasedd y drefn Fictoraidd a rhagfarn amlwg newyddiaduriaeth y cyfnod. Gwelir un gohebydd yn annog y dylid eu 'fflogio hyd asgwrn eu cefn' wrth drafod troseddwyr, a hyn cyn i Hari ddod o flaen ei well hyd yn oed. Roedd y rhagfarn yma yn amlwg ym mhob adroddiad yn ymwneud â'r achos.

Cythraul Etholiadol

Wedi sôn rhywfaint am helyntion etholiad 1868 yn y Llan, rhown ychydig sylw i'r ymdeimlad o atgasedd tuag at ymgeisydd y Ceidwadwyr, a'r edmygedd o'i wrthwynebydd Rhyddfrydol yn etholaeth Arfon yn Ionawr 1910. Gwelir yn *Baner ac Amserau Cymru*, Chwefror 2il y flwyddyn honno adroddiad, na ellir ei galw'n ddi-duedd o bell ffordd, o gyfarfod cythryblus a gynhaliwyd ym Mhenmachno radicalaidd y cyfnod. Dyfynnaf:

'Nos Wener, Ionawr 21ain, yr oedd Mr Arthur E. Hughes, yr ymgeisydd undebol dros Arfon, wedi trefnu i gael cyfarfod i hyrwyddo ei ymgeisiaeth, ym Mhenmachno. Yr oedd y cyfarfod wedi ei drefnu i ddechrau saith o'r gloch yn yr hwyr. Pan ddaeth yr amser i ddechrau daeth yr ymgeisydd i mewn i'r Neuadd Gyhoeddus, a chydag ef ar y llwyfan oedd y cadeirydd, Mr John Griffith Evans, Rhiw Fachno, y Meistri Bowers, Smith, Cobden, T.R. Jones, T. Watts, Y Parchedigon Benjamin Jones a William Morgan, B.A. St Anns, Bethesda. Pan gododd y cadeirydd i siarad ni wrandawid arno o gwbl. Chwibianai y dorf, ac yr oedd y banllefau o gymeradwyaeth i Mr William Jones yn boddi pob ymdrech i anerch ar ran yr areithwyr. Pan gododd Mr Arthur Hughes i feddwl anerch ni chafodd gyfle o gwbl. Gwnaeth y Parch. W. Lloyd Davies (W) ymdrech deg i gael tawelwch a chwarae teg i'r Siaradwyr, ond yn gwbl ofer, a thorwyd y cyfarfod i fyny heb i neb gael cyfle i ddweud gair. A rhyfedd iawn, yn y newyddiaduron Toriaidd dywedid fod yr ymgeisydd wedi traddodi araith ardderchog, a bod y llywydd wedi siarad yn gampus ar Ddiffyndolliaeth. Hefyd, fod Mr Banner A.S. wedi traddodi araith. Nid oedd ef o fewn can milltir i Benmachno y noswaith hono.' (sic).

Ac i roi ei bwt i mewn dyma ddywed y gohebydd . . .

'Y mae eich gohebydd yn dyst na chafwyd cyfle i ddweud gair yn y cyfarfod. I ba amcan y rhoddwyd hanes camarweiniol yn y papurau Toriaidd anhawdd gwybod, os nad i amcanion plaid . . . ond y mae priodoli annhrefn a ddigwyddodd i'r arweinwyr Ymneillduol yn ensyniad creulawn a brwnt, ac yn gelwydd beiddgar, pan y mae y cyfan yn gorwedd wrth ddrws y cyhuddwyr.'

Fel petai i ddangos teyrngarwch *Baner ac Amseroedd Cymru* i achos William Jones, yr ymgeisydd Rhyddfrydol, ychwanegwyd adroddiad am gyfarfod arall yn yr un neuadd y noson ddilynol; dyfynnaf eto:

'Nos Sadwrn, Ionawr 22ain, cynhaliwyd cyfarfod Ryddfrydig yn y Neuadd Gyhoeddus, o dan lywyddiaeth Dr W.M. Williams, M.B., C.S., yr hwn a draddododd anerchiad rhagorol o'r gadair . . . Canwyd yn ystod y cyfarfod ganeuon etholiadol gan y Mri. W. Thomas ac Isaac Roberts . . . Cafwyd un o'r cyfarfodydd mwyaf brwdfrydig a gynhaliwyd yma un amser. Cododd yr areithwyr y cyfarfod i bwynt uchel iawn, ac yr oedd yn amlwg fod yr ardalwyr yn hollol iach yn y ffydd Radicalaidd . . . Terfynwyd un o'r cyfarfodydd mwyaf brwdfrydig dan ganu,

    Rhowch *vote* i William Jones
    I dynu Tŷ'r Arglwyddi,
Rhowch *vote* i William Jones.'

Mewn adroddiad arall o dan y pennawd 'Polio' dywedwyd fod y trethdalwyr wedi bod yn Ysgol y Cyngor yn pleidleisio ar Ionawr 25ain, ac i William Jones 'dalu ymweliad â ni, ac yr oedd holl blant y pentref ar ei ôl yn canu "Rhowch *vote* i William Jones" '.

Dyfynnaf o adroddiad am ganlyniad yr etholiad yma, eto yn yr un rhifyn o'r papur, pryd yr ail etholwyd William Jones gyda mwyafrif o 3594 dros Arthur Hughes y Ceidwadwr.

'Nid oedd neb yn amheu na fuasai Mr William Jones yn uchaf ddydd yr etholiad, ac eithrio ambell i hen gynffongi sydd yn ceisio rhwbio yn y 'swells', neu ddrychiolaethau ar lun ysweiniaid. Beiir yr ardal am rwystro Mr Arthur Hughes i gael cyfarfod. Ond y mae ystrywiau y Toriaid mor ofnadwy fel nad ydyw yn syndod fod y bobl yn cynhyrfu. Cafwyd buddugoliaeth ardderchog. Claddwyd Toriaeth am byth mi obeithiwn, fel na bo gobaith gweld ei hwyneb hagr mwy . . . yr oedd ysbryd dial 1868 mor fyw ag erioed . . . y mae gefynau trais a gormes yn prysur ddarfod o'r tir . . . '

Pwy bynnag oedd y 'D.T.' a ohebai i'r papur yma, roedd yn sicr yn un o'r nifer o radicaliaid y mae Penmachno wedi eu magu dros y blynyddoedd!

Uchel Siryddion/Elusennau

Rhag i neb feddwl mai gwehilion, cleptomaniacs a chŵn gwyllt oedd unig breswylwyr y pentref ddi-freintiedig yma yn y dyddiau a fu, cododd y plwyf bedwar Uchel-Sirydd, y cyntaf ohonynt, John Vaughan yn 1586, yna Richard Anwyl, Hafodwyryd, 'esq.' 1656-7; William Lloyd, 1795; a'r olaf, Owen Molyneux Wynne yn 1804. Mewn ambell restr fe gofnodir Richard Owen yn 1706 a Lewis Owen yn 1716. Roedd y plwyf wedi bod yn ffodus hefyd i gael ymhlith ei thrigolion nifer o wŷr bonheddig a adawsant arian er lles tlodion yr ardal, a dywedir i elusennau plwyf Penmachno fod yn fwy o werth yn ariannol nag elusennau unrhyw blwyf arall o'r un maint yng Ngwynedd.

Y cyntaf i adael arian yn ei ewyllys er lles y tlodion oedd Richard Annwyl. Yn ei ewyllys, dyddiedig 5ed o Orffennaf, 1681, fe adawodd y brawd da yma £12 yn flynyddol, ac 'am byth' i'r sawl a ddioddefent o dlodi. Roedd yr arian i'w dalu allan o rent fferm Braich Dinas ym mhlwyf Penmorfa a thir yn Llanfihangel-y-Pennant. Mae ôl-nodyn i'r ewyllys yn nodi pe byddai ei etifeddion yn rhoi £200 er budd yr anghenus yn y plwyf yna byddai hyn yn dileu yr ewyllys. Ymddengys i'r dymuniad gael ei wireddu gan yr etifeddion ar Ragfyr 22ain, 1752.

Yr ail ewyllys i'w chrybwyll yw un Roderic Llwyd, Hafodwyryd, bargyfreithiwr yn Lincoln's Inn, ac a fu am flynyddoedd yn ddadleuydd i'r Goron yn y 18fed ganrif. Dyma un a adawodd arian sylweddol tuag at dlodion Penmachno. Cynhwysir isod ychydig fanylion am yr ewyllys.

Yn Llawysgrifau Nannau yn Archifdy'r Brifysgol ym Mangor ceir casgliad o bapurau perthnasol i Roderic Llwyd. Ynddynt cawn lawer o wybodaeth am y bonheddwr yma. Deuwn i wybod am rai o'i gysylltiadau teuluol, megis ei rieni Richard, neu Hugh Lloyd, a Barbara Annwyl; Elizabeth Annwyl, chwaer i'w fam, yr hon a gyfeirir ati yn noddi tlodion y plwyf o bryd i'w gilydd, ac ewythr, Richard Lloyd a gladdwyd yng nghapel Lincoln's Inn, Llundain. Gwelir hefyd enwau ei frodyr a'i chwiorydd, sef John, Gullimus, (enw Lladin ar Gwilym neu William; bu hwn yn rheithor y plwyf, ac iddo ef a'i olynwyr y gadawodd Roderic £10 yn flynyddol i gadw ysgol), Margaret, Jonnet, Barbara, Mary a David. Bu i Roderic briodi Anne, gweddw Robert Pugh, 'Benarth a Middle Temple' yn 1703, ac o'r briodas yma y daeth Anne eu merch, yr hon a briododd Edward Williams, Ystumcolwyn. Priododd eu merch hwythau, Anne â Robert Howel Vaughan, Nannau a dyna ddechrau cysylltiad teulu Anwyliaid a llwydiaid Hafodwyryd â theulu hynafol y Fychaniaid o'r Nannau.

Ymysg y papurau mae copïau o ewyllysiau'r teulu, gan gynnwus un Roderic ei hun, dyddiedig y 4ydd o Dachwedd, 1729. Yn hwn y gwelir ddymuniadau Roderic o'r modd y dylid dosbarthu ei eiddo wedi ei farw, a hefyd ei ddymuniad i gael ei gladdu yn Lincoln's Inn, yn agos at fedd ei ewythr Richard Lloyd 'esq'., ger ochr ddwyreiniol y capel, ac i garreg farmor gael ei gosod ar y bedd, gyda'i arfbais arni. Yn ei ewyllys, sydd yn llawn o amodau yn ymwneud â dosbarthiad yr eiddo, dechreua gan adael £100 i'w ferch, Anne, ynghyd â gwerth £50 o eiddo, gyda rhenti o 'stocks' yn ddyledus iddo. £10 yn flynyddol i'r offeiriad neu giwrad y plwyf i gadw ysgol, gyda'r cymal *to read and write English* yn amod. Roedd y cyflog yma heb newid dros gan mlynedd yn ddiweddarach, canys dengys adroddiad 'Brad y Llyfrau Gleision' yn 1847 i'r tâl fod yn union 'run faint; mae'n amlwg nad oedd chwyddiant yn bod y cyfnod hwnnw! Clustnodwyd £150 ar gyfer codi tŷ i'r offeiriaid neu giwrad ym Mhenmachno, ac i'r tŷ gael ei ddefnyddio fel ysgol hefyd. Tybir mai yn stryd Newgate yr adeiladwyd y tŷ, ac mae'n debyg mai'r adeilad a elwid yn *Church Rooms* gynt oedd hwn, ac a fu mewn defnydd gan yr eglwys hyd at y 1950au.

I'r offeiriad, ciwrad neu wardeiniaid yr eglwys gadawodd £100 i'w fuddsoddi, â'r llogau i'w ddefnyddio i brynu 12 torth i'w rhannu ymysg y deuddeg tlotaf yn y plwyf ym mhorth yr eglwys bob Sul. Fe elwid y rhodd yma yn 'Bara yr Eglwys'. Gyda gweddill y llogau gorchmynwyd iddynt brynu cig eidion, porc a *mutton* i'w rannu rhwng y tlodion ar y Nadolig, a hynny 'am byth'. Gadewid y gyfrifoldeb o ddewis y dwsin tlotaf yn y plwyf i'w nai, Lewis Lloyd a'i ddisgynyddion. Bu'r traddodiad yma o rannu bara ar y Sul, a'r cigoedd yn ystod y Nadolig yn cael ei weithredu hyd bumdegau'r ganrif hon, ond yn ôl pob golwg, daeth yr 'am byth' i ben ar lawer o'r hen elusennau yma, wedi dwy ganrif a mwy o fendithion i rai anghenus plwyf Penmachno. Ond wedi dweud hyn, erys dosbarthiad o arian o gyfuniad rhai ohonynt. Diolch i weledigaeth ambell ymddiriedolwr y dyddiau gynt, a fu yn ddigon doeth i fuddsoddi cyfuniad o arian elusennau'r plwyf i brynu fferm Bryn Ifan, Llanycil, sydd yn dal ym mherchnogaeth plwyf Penmachno; fe rennir yr 'Arian Rhan', sef cyfran o rhent y fferm i henoed y plwyf bob Nadolig. Mae ysgrifennydd yr Arian Rhan yn atebol i'r cwrdd blynyddol, y 'Festri Fawr', y sawl sydd yn penderfynu sut y dosberthir y pres.

Daeth y cytundeb i brynu Bryn Ifan i rym ar y cyntaf o Fawrth 1758, sy'n profi i'r fferm fod ym meddiant y plwyf ers bron i ddau gant a hanner o flynyddoedd.

Wedi i £120 o elw rhent fferm arall, Penybryn, Meirionnydd gael ei godi, roedd Dr John Wynne, esgob Caerfaddon a Wells, James Brynker esq., Thomas Kyffin, Maenan; Lewis Owen, Penniarth esq; Robert Meyrick o Ucheldre a Lewis Lloyd, Hafodwyryd i ofalu fod yr arian i'w ddefnyddio i godi elusendy *'in or near the churchyard'* i'r tlodion, — pum dyn a phum dynes, ag amodau llym i'w cadw gan y preswylwyr, yn cynnwys gorchymyn iddynt fynychu'r eglwys yn rheolaidd. Roeddynt hefyd i wisgo clôg neu *jerkin* gyda bathodyn o bres wedi ei osod ar fraich dde'r wisg, â dwy lythyren 'R' ac 'L' arno, ynghyd â dyddiad blwyddyn marw Roderic. Er i'r ewyllys ddatgan mai oddi mewn neu yn agos at fynwent yr oedd yr elusendy i'w godi, am rhyw reswm anesboniadwy fe'i hadeiladwyd gryn bellter o'r eglwys, ar allt serth yn arwain o'r Llan, a elwir hyd heddiw yn 'Allt Sendy', ac yn safle anghyfleus iawn i'r hen a'r musgrell a drigai yno.

I'w chwiorydd Margaret Lloyd, Jonett Williams, Barbara Lloyd a Mary Ffoulks gadawodd £50 yr un, ac i chwaer arall, Ellin £10. Yn nes ymlaen yn yr ewyllys, mae'n debyg iddo newid ei feddwl ynglŷn â Jonett, gan ostwng ei harian i £20. Rhai eraill oedd i elwa o'r ewyllys oedd ei forwyn Anne Pritchard, £20, ei nith Ellin Lloyd *'of London, spinster'*, y swm enfawr o £200. I'w ferch yng nghyfraith Anne, gwraig esgob Caerfaddon, ac i'w merch hithau £50 yr un. I'w glerc Thomas Vaughan £10. Gadawsai £50 i'w forwyn, Sarah Bollas, petai hi yn dal i wasanaethu arno hyd ei farwolaeth, gyda'r wybodaeth ei fod mewn gwaeledd, yn y geiriau *'for her care and dilligent attendance on me in my illness'*. Pe na byddai yn dal gydag ef, byddai'r swm yn gostwng i £10. Roedd £10 i'w was John Boddew, gyda'r un amod, ond ni chawsai ddim petai wedi gadael ei wasanaeth.

Roedd Roderic wedi trefnu i £100 gael ei adael i Gymdeithas i ehangu gwybodaeth o'r Efengyl dramor, neu yn Saesneg *'The Society for Propogating the Gospel in Foreign Parts'*. Yn dilyn traddodiad elusengar y teulu mae'n gadael £5 i dlodion Nefyn, ym mha le yr oedd ganddo eiddo. Mae tlodion Penmachno yn cael 50 swllt, a'r un swm i brynu llyfrau diwinyddol yn yr iaith Gymraeg hefyd, gyda'r dymuniad i'r llyfrau gael eu darllen i'r tlodion hynny. Enwir ei ferch-fedydd, Maria Longuoville, yr hon a oedd i dderbyn £50 o'r ewyllys wedi iddi gyrraedd ei 21 oed, a'r un swm i Maria-Margaretta Longuoville, *'separate from her husband'*.

Mae Roderic Llwyd yn enwi'r ymddiriedolwyr hynny a oeddynt yn gyfrifol am weithredu dosbarthiad ei eiddo wedi ei farwolaeth, sef Esgob Caerfaddon, Robert Price esq., Watkin Williams Wynne o Wynnstay; Thomas Lloyd o Gwernhaelod; John Briscoe, Lincoln's Inn; Robert Meesmoor o New Inn, *'gent'* a'u disgynyddion oll. Mewn cymysgedd o iaith gyfreithiol fe geir cyfeiriadau aml i'w ferch Anne, gydag amodau o sut yr oedd unrhyw arian a ewyllysiwyd iddi i gael ei drafod ar achlysur ei phriodas, neu petai iddi farw cyn ei thad. Crybwyllir symiau yn amrywio o fil o bunnau i bum mil, ynghyd â'i eiddo arall.

Yn niwedd yr ewyllys, mae'n newid ei feddwl am adael arian i'w nith, Barbara Lloyd, merch ei frawd Lewis Lloyd, oherwydd iddi briodi heb ei fendith, ac yn rhannu ei chyfran rhwng merched chwaer arall iddo, Margaret Ffoulkes.

Bu farw Roderic Llwyd ym Mai 1730, a chladdwyd ef, yn ôl ei ddymuniad, yn Lincoln's Inn.

Eraill a fu'n gyfrifol am adael arian yn eu hewyllysiau i achosion teilwng Penmachno oedd David Price o'r Fedw Deg, yr hwn a adawodd mewn ewyllys ddyddiedig Chwefror 14eg, 1728 y swm o ugain swllt y flwyddyn i dlodion y fro 'tra rhed dŵr'. Un arall o'r caredigion oedd John Morris, Swch, a ddymunai i chwech o rai tlotaf yr ardal dderbyn arian o logau'r deg punt a ewyllysiai. Gadawodd Maurice Hughes £70 i'r tlodion yn 1723, a chyda'r arian yma a'r gweddill o elw elusennau eraill y plwyf y prynwyd fferm Bryn Ifan. Gwelir adroddiad yn y *Genedl Gymreig* ar y nawfed o Ionawr 1894 yn trafod yr achlysur o dan y pennawd 'Gwaddolion Elusennol Sir Gaernarfon, Plwyf Penmachno' yn dweud — 'Maurice Hughes eto, yn 1723 a adawodd 70 punt i'r tlodion, yr hyn a wna y cyfanswm o 370 punt . . . Aeth oddeutu 325 punt i brynu fferm Bryn Evan, Llanycil, Bala . . . Cymerwyd y 45 punt gweddill o'r 370p at adeiladu dau dŷ o'r enw Bwlch y Gwynt, un o ba rai, gydag ychydig dir, a osodid am £8, a'r llall a osodwyd at wasanaeth rhyw deulu tlawd yn ddi-rent'.

Gwaetha'r modd, er holl obeithion Roderic Llwyd, aeth yr Elusendy o afael y plwyfolion pan werthwyd yr hen adeilad urddasol gan y sawl a weithredai'r rhan yma o'r elusen, i deulu o fewnfudwyr o Loegr yn y 1960au, a'r un fu tynged Bwlch y Gwynt hefyd.

Ymddiriedolaeth Dyrpeg Ysbyty a Phenmachno

Crewyd yr ymddiriedolaeth yn y flwyddyn 1826 i wneud ffordd gyswllt rhwng y lôn bost, ffordd fawr Telford (yr A5 erbyn hyn) a dyffryn Ffestiniog. Roedd angen ddirfawr am ffordd i hwyluso'r daith o Ffestiniog, Maentwrog ac ymhellach i Lanrwst, un o drefi marchnad pwysica'r Gogledd yn ystod y cyfnod. Roedd rhan fwyaf o lwybrau y ffyrdd arfaethedig yn croesi mynydd-dir a chorsydd dros 1,500 o droedfeddi uwch lefel y môr, a'r unig ddau bentref ar y daith i'r lôn bost dros uchelfannau'r Migneint oedd Penmachno ac Ysbyty Ifan. Ymunai'r ddwy ffordd dyrpeg yn ymyl Ffynnon Eidda, sydd yn agos i ffiniau y tri phlwyf, Penmachno, Ysbyty Ifan a Ffestiniog, ac yma y safai tafarn Tŷ Newydd y Mynydd, a oedd yn lloches groesawgar i'r porthmyn ar eu teithiau i ffeiriau'r Gogledd a Lloegr. O Ffynnon Eidda cychwynnai cangen Penmachno o'r ffordd dyrpeg ar ei thaith drwy 'Penucha'r Plwyf', 'Rhan Ganol Plwyf', ac i'r 'Penisa', cyn troi i'r chwith dros Bont y Pandy ac ymlaen i lawr y 'Graienyn' tuag at Bont ar Ledr, cyn cario 'mlaen ar hyd yr hen ffordd i Lanrwst, cyn sôn am Bont yr Afanc. Yn y Penisa, neu 'Ochor Ffatri' erbyn heddiw, gwelir yr hen dŷ tyrpeg yn dal ar ei draed, yn union fel ag yr oedd ar enedigaeth yr ymddiriedolaeth, ar y groesffordd yn arwain i Lanrwst, Ysbyty, Penmachno a Ffestiniog.

Yn ystod bywyd cynnar yr ymddiriedolaeth gwnaed defnydd o'r ffordd dyrpeg newydd gan droliau a llwythau trymion o nwyddau rhwng Llanrwst a 'Stiniog. Er i'r siwrnai fod yn bedair milltir ar hugain, hon oedd y ffordd fwyaf cyfleus i fasnachu gyda chertiau, gan nad oedd ffordd Bwlch Gorddinan, neu'r 'Crimea' ond megis llwybr bras yr adeg honno.

Deuthai rhan go helaeth o gyllid y ffordd dyrpeg yma o fasnach y llechi a gariwyd o chwarel Rhiwfachno i Drefriw i'w llwytho ar longau yno. Dywed sylwebydd yn 1866 ei fod yn rhyfeddu sut y gallai'r chwarel wneud elw o gwbl a hwythau yn talu chwe cheiniog y dunnell am gludo'r llechi oddi yno.

Yn 1834, incwm *Trust* Penmachno oedd £154, ond erbyn 1870 gwelwyd gostyngiad i £88; y rheswm am hyn mae'n debyg oedd i Fwlch Gorddinan fod wedi bod ar agor ers blynyddoedd y rhyfel a roes i'r bwlch ei enw Seisnig, y 'Crimea', a'r angen am ffordd dyrpeg dros fynydd-dir anial uwch Penmachno wedi gostwng. Erbyn heddiw defnyddir y ffordd gan drigolion lleol a chan ymwelwyr a ddewisient deithio drwy Ddyffryn Machno yn hytrach na'r heolydd prysurach gerllaw.

Fe roddir ychydig sylwadau yn nes ymlaen am ffyrdd a llwybrau eraill y fro.

Dengys mantolen ymddiriedolaeth ffordd dyrpeg Penmachno am y blynyddoedd 1825-1833 fanylion difyr am dderbyniadau a chostau'r *Trust* yn ystod y cyfnod. O gasgliad QR/TT/54-62 o ddogfennau'r *Ysbytty and Penmachno Turnpike Trust'* yn archifdy Gwynedd yng Nghaernarfon cawn wybodaeth megis y ffaith i'r ymddiriedolwyr fod wedi benthyca £1,130 i gychwyn, gan ychwanegu at y ddyled ychydig yn ddiweddarach, fel y £200 yn 1827, gan brynu hen ddarn o ffordd gydag £20 o hwnnw. Daeth amrywiol symiau o arian i law drwy'r tollau megis £81 yn 1827-28; dwy bunt yn fwy y flwyddyn ganlynol, ond gostyngiad i £60.19.4½ yn 1829-30 yn erbyn gwariant o £55.14 swllt a dimau. Bu gostyngiad arall yn arian y tollau yn 1830-31 i £58.14.0. Er nad oes modd profi'r ffaith, mae'n debyg mai llwythi o lechi o chwareli'r Cwm yn mynd drwy lidiardau'r ffordd dyrpeg, ar eu ffordd i iard lechi ger Pont yr Afanc ym Metws-y-coed, neu i gyfarfod â llongau Trefriw oedd y rheswm am gynnydd sylweddol yn incwm yr Ymddiriedolaeth yn 1831-32 a'r flwyddyn ganlynol; roedd casglwyr y tollau wedi derbyn £106.13.7½ a £131.3.4 am y ddwy flynedd hynny.

Ar fantolen 1827-28 dengys y gwariant canlynol:

'*Surveyors Account of payments for completing the New Bridge*', (Pont ar Gonwy, Pont Newydd ar lafar).. £120.0.8

Account of Day Labour between 22 August, 1827 and 28th Aug. 1828'... £31.17.8

'*Account of work executed by Contract upon the Road. Auctioneer letting Tolls, Advertisements, Hand bills & Sundries*'............................. £2.1.4

1 yrs Interest at £5 per cent paid upon £300 advanced (last) upon the credit of the Tolls... £15.0.0

1 yrs Do. paid Messrs Williams and Evans Solcs upon £100 remaining due to them.. £5.0.0

Payments for painting Toll House etc...................................... £0.17.0

Do. for tresspass with carriages of Materials............................. £2.19.6

Surveyors years salary.. £5.5.0

Stationary, Postage etc.. £0.7.3

(Casglwyd £81 o dollau y flwyddyn hon.)

Ar fantolen Awst 13eg, 1830 i Awst 13eg, 1831 fe welir bod gwariant y deuddeng mis yn cynnwys £2.16 swllt (£2.80c) am gyflog dyddiol ac am drwsio berfa, £20 am waith *Contract* ar y ffordd, 3 swllt a chwe cheiniog am bosteri yn hysbysebu prisiau'r tollau ac yn y blaen; cyflogau'r clerc a'r syrfeiwr £7.7.0., a chyflog casglwyr y tollau £6.2.6. Roedd dyled yr ymddiriedolaeth wedi cynyddu i £1,430 erbyn hyn.

Dengys mantolen 1831-32 fod rhan o'r gwariant yn cynnwys llogau ar fenthyciadau fel yn y blynyddoedd blaenorol, gydag £11.4.2 wedi ei dalu am lafur ac am drwsio'r ferfa unwaith yn rhagor! Talwyd cyfanswm o £6.10.0 fel cyflogau i gasglwyr y tollau, y rhai a oeddynt wedi gweithio rhywfaint yn galetach yn ystod y flwyddyn honno yn amlwg, wrth i golofn y derbyniadau ddangos i'r swm o £106.13.7½ gael ei dalu gan deithwyr am y fraint o gael defnyddio'r ffordd dyrpeg. Er y cynnydd sylweddol yn arian y tollau dim ond £6.5.9½ oedd elw'r flwyddyn. Er, ym mhob tebygrwydd, i ddatblygiad y diwydiant chwarelyddol yn yr ardal gyfrannu'n helaeth at y cynnydd yn incwm yr ymddiriedolaeth, roedd rhai o deithwyr yn cael mynediad i'r ffordd dyrpeg heb dalu, ac ambell lwyth o lechi hefyd efallai, wrth i'r fantolen ddangos fod £12.16.7 yn ddyledus fel tollau heb eu talu.

Ai gormodaeth yw awgrymu mai fel hyn y tarddodd yr idiom 'rhoi'r ddyled ar y lechen'?!

Cadeirydd Ymddiriedolaeth Ffordd Dyrpeg Ysbyty a Phenmachno oedd yr Arglwydd Mostyn.

Diddorol yw'r map o gynllun y ffordd sydd ymysg y dogfennau yn ymwneud â'r ymddiriedolaeth yn archifdy Caernarfon (X/RD/4/1824), sydd yn olrhain llwybr y ffordd o'i chychwyniad yn Ffynnon Eidda, yng nghyfeiriad deheuol y plwyf, i'r *Great Irish Road* chwedl cofnodydd y map, ger Ffrith Newydd, sef hen enw ar y darn tir y saif gwesty'r *Conway Falls* presennol arno. Dengys hefyd lwybr yr hen ffordd, sydd yn dal yn cael ei defnyddio heddiw, o'r groesffordd ger y ffatri wlân i Bont ar Ledr, sef ffordd y Graienyn. Roedd rhyw lun o ffyrdd yn bodoli eisoes drwy'r plwyf o derfyn ffin Meirionnydd. Deuai un drwy Fwlch Carreg y Frân, ac un arall o gyfeiriad Ffynnon Eidda, ond dim ond megis llwybrau brâs oeddynt, ac yn anaddas i dramwyo cynyddol y bedwaredd ganrif ar bymtheg. Dyma'r cyfnod yr agorwyd Penfforddnewydd drwy'r Llan, a elwid yn ôl yr enw hwnnw hyd heddiw, i ddisodli'r llwybr gwreiddiol o Bont y Llan heibio Glanypwll.

Hyd y ffordd dyrpeg o Ffynnon Eidda i ffordd fawr Telford oedd, ac yn dal i fod i bob pwrpas, 'saith milltir a chwarter a 176 llath' yn ôl mesuriadau M. Sisson, y tirfesurydd, a fu'n archwilio'r ffordd ar Dachwedd 19eg, 1824, ac sydd wedi arwyddo'i enw ar y map. Dengys y map ddarnau newydd y ffordd a oedd i gael eu hychwanegu i'r hen lwybr, neu eu gwyro oddi wrtho. Cynlluniwyd hanner milltir o ffordd newydd o groesffordd Pont y Pandy — Dylasau i'r 'Great Irish Road'; dyma'r cyfnod y cynlluniwyd rhywbeth a elwid yn ffordd osgoi ein dyddiau ni, gan wyro heibio ffordd y Sarn drwy dir Pen y Bryn i gyfeiriad tafarn y Tŷ Ucha. Newidiwyd cwrs y ffordd ger Penybont hefyd, gan ei symud o'i llinell a arferai fynd yn union drwy hewl y fferm i'w safle bresennol, ac o Hafodredwydd bob cam i Bont Rhydygro, gan wyro'r rhan ohoni a fyddai'n agos i gefn ffermdy Carrog i'r llwybr a welwn heddiw.

Erys llinell y ffordd drwy'r plwyf bron yn union fel ag y'i gwnaed yng nghyfnod yr ymddiriedolaeth, ac er i lawer ohonom gwyno am gulni neu gyflwr y ffordd bresennol mewn mannau, daeth llawer o welliannau iddi ers chwarter cyntaf y bedwaredd ganrif ar bymtheg.

Mân Ddiwydiannau

Er i un neu ddwy chwarel fechan gael eu hagor yn ystod y ddeunawfed ganrif, dim ond ar raddfa fechan y bu gweithio yn y rhain, a bu ambell ymdrech i gloddio am blwm mewn rhai mannau o fewn terfynau'r plwyf yn yr un cyfnod hefyd. Hyd nes i'r chwyldro chwarelyddol gyrraedd y fro, amaethyddiaeth oedd prif ddiwydiant yr ardal, gyda dwy felin flawd, melin wlân a phandy ar yr afon Machno er budd yr ardalwyr. Oherwydd natur y tirwedd a hinsawdd laith y cyffiniau, ni ystyriwyd y tir yn un cynhyrchiol iawn erioed, ond serch hynny, un nodwedd arbennig o'r plwyf yw'r rhif anarferol o uchel o blasdai a ffermydd mawrion yn dyddio'n ôl i'r ail ganrif ar bymtheg a chynt a godwyd yma, megis

Tŷ Tyrpeg 'Ymddiriedolaeth Ysbyty a Penmachno Turnpike Trust',
a sefydlwyd yn nauddegau'r ddeunawfed ganrif

Bennar, Bwlch y Maen, Coed y Ffynnon, Dugoed, Dulasau, Fedw Deg, Hafodwyryd, Pen y Bryn, Penybedw ac eraill. Bu newid mawr yn nulliau amaethu dros y blynyddoedd, a dau gan mlynedd yn ôl llafurid y tir ag ychain, a dywed Gethin Jones mai yn y Ffridd Wen, sydd yn furddun ers degau o flynyddoedd, y gwelwyd yr ychain olaf dan yr iau. Un o fanteision cael gwedd o ychain oedd y byddai digon o wrtaith ar gael i'w gario ar y cartiau llusg i deilo'r tir gwael ei ansawdd. Arferid 'wthio' tir yn yr hen ddyddiau, gan ddefnyddio aradr bren, a thrwy geibio a phalu'r tir gyda llaw. Ychydig o feirch a gedwid bryd hynny, a phrif waith y rhain oedd cario pynnau o geirch ac ati i'r marchnadoedd. Cludwyd pob peth drwy ei lusgo neu ei gario, gan nad oedd yr un cert ar gael hyd nes i'r olwyn gyntaf gyrraedd ffermdy'r Benar yn y flwyddyn 1778. Dyma ddywed Gethin Jones yng *Ngweithiau Gethin*: 'Clywais fy Nhaid yn rhoi darluniad o'r amaethwyr yn ei faboed ef. Gweithient bob dilladau gartref, a byddai ganddynt gorn o wlanen, corn o stwff, corn o frethyn, corn o liain etc., y cyfan wedi eu gweithio yn y tŷ yn gaerog o lin a gwlan. Un set o sachau wna'r tro i'r ffarmwr am ei oes. Tyfent lin mewn cwr o'r caeau . . . a byddai ganddynt ardd gywarch wrth gefn y tŷ bob amser, ac y mae lle o'r enw 'Pant y Cywarch' ar dir Henrhiw Isaf'.

Dyna ddisgrifiad o'r math o ffermio a fyddai'n gyffredin yn yr ardal yn adeg oes taid Gethin, tua chanol y ddeunawfed ganrif. Cawn ganddo hefyd ddisgrifiad o'r modd y gweithid y cywarch i wneud rhaffau, a sut y byddent yn trin y llin a'r gwlan, â'r ddwy droell 'fel dwy gath, yn herian ac yn chwyrnu, y naill ar y llall, yn ddibaid, a'r cenglwr yn y pen arall wrthi yn ddiwyd, fel yr oedd pob amaethdy fel Manchester fechan'. Celfi o bren oedd y rhan fwyaf o offer y tu mewn i'r ffermdai, o'r llwyau a'r piseri i'r cawgiau; o'r un defnydd crai y gwnaethpwyd yr offer allan ar hewl y fferm hefyd megis y car llusg, y ferfa lusg a'r ferfa ddwy-fraich, sled, cawell, basged, aradr; roedd hyd yn oed yr ôg wedi ei gwneud o bren; felly hefyd y ffust i ddyrnu, y wyntyll, y gribin, y bicwarch a'r rhaw o bren, ynghyd â mân gelfi eraill.

Yn nechrau'r bedwaredd ganrif ar bymtheg, roedd dwy felin flawd, y Felin Isa, yn nolydd Ysgwyfrith, a'r Felin Ucha ar Ddolydd Penmachno a Phandy a Melin wlân yn y Penisa er budd y trigolion. Bu melin hefyd gan Ben y Bryn yn y Singrug islaw'r fferm, a melin risgl ym Mhenybedw, ond golchwyd y ddwy ymaith gan lifogydd mawr 1779, pryd y dinistrwyd Pont y Llan gan y genlli yr un diwrnod. Mae un o feini yr hen felin risgl i'w gweld hyd heddiw, o flaen beudy Bryn Tŷ Hen, Penybedw, yn dyst i'r llifogydd gwaethaf yn hanes y dyffryn. Erbyn diwedd y ganrif, cofnodwyd naw ar hugain o fân felinau ar yr afon Machno, heb gyfri rhai yn y chwareli. Defnyddid rhain i gorddi, ac mewn mannau lle nad oedd dŵr ar gael gwnaed defnydd o geffylau, mulod neu hyd yn oed cŵn mewn ambell i le i wneud y gwaith. Cyn hyn, y morwynion a'r gwragedd fyddai yn gorfod codi am bedwar o'r gloch y bore i gorddi gyda buddai gnoc, a chario 'mlaen wedyn â'r nifer fawr o orchwylion eraill ar y ffermydd. Rhyfeddai un sylwebydd o'r cyfnod at ddygnwch y merched wrth rifo'i dyletswyddau megis gwneud y dillad a'r bwyd, codi mawn, teilo, gweithio yn yr ŷd a'r gwair, corddi, magu'r lloi a'r moch, gwneud y gwlân yn ystwff at ei werthu yn ffair Ffestiniog, a hel cen i'w liwio, a llosgi rhedyn i'w werthu at wneud sebon. Gyda'r sylwadau yma, anodd yw ceisio dirnad heddiw, yn oes y peiriannau ar y fferm ac yn y gegin, galedi gwragedd y dyddiau a fu.

Un diwydiant a arferai ffynnu yn y plwyf oedd gweu hosanau . Dywed Lewys Morys o Fôn fod gwerth £200 o 'sanau yn cael eu gwerthu yn ffair y Bala yn wythnosol yn 1747, a chyfran dda o'r rhain yn dod o ddwylo 'sneuwyr Penmachno. Gwerthid y 'sanau am 2s.6ch. hyd 7s.6ch y pâr, a hyn yn 1747! Yn 1773 roedd Pennant yn adrodd bod gwerth £350 yn cael eu gwerthu yn y Bala yn wythnosol. Wedi gweu'r 'sanau, byddai gwragedd Penmachno yn cwrdd â phrynwyr o'r Bala yn Ffestiniog ac yn gwerthu'r cynnyrch am y pris uchaf. Yn y cyfnod hwnnw, cododd llawer o drigolion y plwyf yn 'saneuwyr, a byddent yn mynd â llwythi o 'sanau cyn belled â Chaer a Wrecsam i'w gwerthu yn rheolaidd. Cofnodir gan Brysiog Machno i saith o 'saneuwyr fod yn masnachu yn y plwyf tua 1828. Gwelir hefyd yng nghyfrifiad 1851 o blwyf Penmachno i bedwar person fod yn ymwneud â'r grefft yno y flwyddyn honno. Dyma ddywedodd Clwydfardd am un o'r 'sneuwyr yma, neu yn hytrach 'sneuwraig, Sian Thomas, Elusendy:-

'Mwynhau ei hoes ni fu mewn hedd
Heb hosan rhwng ei bysedd.'

Tua'r un adeg yr oedd chwech o borthmyn gwartheg ym Mhenmachno, a'r rhain yn anfon yr anifeiliaid cyn belled â Chaint. Ceir adroddiadau o fferm Bryn Cryg yn cael ei throi yn dafarn yn niwedd y ddeunawfed ganrif i ddisychedu'r nifer fawr o borthmyn a ddefnyddiai'r ffordd a arferai fynd heibio i'r lle ar eu taith dros Ben Llech i Ysbyty Ifan ar eu teithiau i ffeirau Lloegr. Porthmyn o Ffestiniog, Maentwrog a chyn belled â Phen Llŷn, â'r angen arnynt am fwyd, diod a llety, a phedolau i'r gwartheg oedd y teithwyr yma. Daeth y masnach yma i ben yn raddol tua diwedd y ganrif ddiwethaf. Yn 1851, roedd pum porthmon wedi eu cofrestru ar gyfrifiad Penmachno, ac un ohonynt, John Parry, Penygraig yn 73 oed, a'r ieuengaf, Griffith Jones, Tŷ Ucha', yn 19. Ym mynwent yr eglwys cofnodir enwau dau o borthmyn yr ardal, John Williams, Bron y Foel ac Evan Williams, 'Drover', heb gyfeiriad, a'r ddau wedi eu claddu yn 1810; y peth sy'n arwyddocaol am y ddau feddargraff yw iddynt fod mewn Saesneg, ynghanol ugeiniau o gerrig ag arysgrif Gymraeg yn unig arnynt; adlais o'r ffaith i'r ddau ymadawedig, fel eu cyd-borthmyn yn sicr, fod yn gyfarwydd â'r iaith fain wedi'r aml deithiau i ffeiriau Lloegr. Wrth sôn am ffeiriau, efallai mai priodol yn y fan yma fyddai cyfeirio at ffeiriau Penmachno a gynhaliwyd ar Ebrill 17fed, Awst 14eg a Medi 21ain. Prin iawn yw'r wybodaeth sydd ar gael am y ffeiriau yma heblaw'r dyddiadau uchod. Mae'n sicr mai ffeiriau amaethyddol oeddynt, a chynnyrch lleol, megis ymenyn, 'sanau a brethyn ymysg y nwyddau a werthid ynddynt. Cynhelid y ffeiriau, yn ôl pob tebyg, ar glwt o dir y Benglog, ond dywed rhai o'r trigolion hynaf i Gae'r Eglwys, sydd yr ochr uchaf i Bont y Llan, gael ei ddefnyddio i'r pwrpas yma yn y ganrif ddiwethaf. Yn anffodus nid oes sicrwydd ychwaith pa bryd yn union y daeth cyfnod y ffeiriau i ben.

Un o'r rhai a arferai ymweld â ffeiriau Penmachno yn rheolaidd oedd Thomas Edwards, neu 'Twm Ffeltiwr' ar lafar. Gwneuthurwr hetiau oedd Twm, a theithiai bob cam o Lancyfelin, Taliesin, Aberteifi i ffeiriau'r fro gyda blwch enfawr ar ei gefn, yn llawn o hetiau i'w gwerthu. Dyma ddywed erthygl yn *Cymru* rhif XIII (1897) 'Mewn 'box' o faintioli enfawr ar gefn dyn yr arferid eu cario. Yn ochr y box yr oedd dwy strap, a rhoddai y cariwr ei freichiau trwy'r strapiau, a'i cario felly drwy Gymru, heb gymorth anifail nag agerbeiriant.' Yn ffeiriau Bala, Pwllheli a Phenmachno y gwerthid llawer o gynnyrch gwaith dwylo pobl Llancyfelin. Byddai Thomas Edwards yn cario chwe dwsin o'r hetiau ar ei gefn, a gwerthu pob un cyn dychwelyd i'r De. Yn ôl ei dystiolaeth ef ei hun, i Benmachno y gwnaeth ei siwrnai gyntaf. Wedi cyfnod Twm, byddai hetiau o Sir Aberteifi yn cael eu hanfon i fasnachdy a gedwid gan wraig y Parch. David Davies yn y Llan.

Coed y Ffynnon

Pigion o Lyfrau Festri Penmachno yn y Ddeunawfed Ganrif

'26 Nov. 1713':
'Layd out by Mrs Ellen Lloyd of ye charity money whole sum of six pounds in part year 1713, and sixteen shillings beside which remainder of ye payment in ye year 1712.'

Un o deulu'r Llwydiaid o Hafodwyryd oedd Ellen Lloyd, gyda thraddodiad o fod yn elusengar. O'r arian uchod rhanwyd symiau yn amrywio o rhwng chwecheiniog a choron i dlodion anghenus y plwyf.

Cofnodir incwm o'r trethi, a'r gwariant yn flynyddol yn y llyfrau, e.e. ym Mehefin 24, 1714 cofnodir y gwariant ar y tlodion, ac hefyd ar addysg i blant y tlodion. Ym mysg y cofnodion yma gwelir 'Mr Roberts at gadw ysgol y plant tylodion £1.0.0.', ac eto, yr un swm y ddwy flynedd ddilynol. Yn 1717 cofnodir *'Thomas Evans for teaching charity boys — thus six pounds may distributed between ye schoolmaster & poor of this parish'*. Roedd y cofnodion wedi eu harwyddo gan Maurice Roberts, *'clerk'* a Morris Hughes a John Owen y wardeniaid. Yn 1719, gwelir fod Richard Parry y ciwrad yn cofnodi iddo rannu £5 o arian elusen a dderbyniwyd gan Mrs Ellen Lloyd, Hafodwyryd eto.

Amrywia'r arian a rannwyd rhwng y tlodion yn flynyddol o £5 yn 1715, £10.18.0 yn 1740 ac £13.4.6 yn 1752. Roedd dros hanner cant o dlodion yn derbyn arian o'r 'plwyf' yn wythnosol, ac ym mysg y rhai a dderbynient yr arian yn nechrau'r 18fed ganrif oedd Seimon Sion, Jane ach Sion Pugh, Katharin Rosedd, Gwen Jeffrey, Margaret Foulke, Katherin Foulke, Ann ach Evan a Gwen Roger.

I ddangos natur deyrngarol y swyddogion, ceir y cyfnod yma yn 1720 *'A public banns of Marriage between Sir Francis Drake of the parish of Southwark and Miss Elleanor Anton of the parish of Chelsea, London'*.

Ym mysg 56 o eitemau ar gofrestr 1722, ceir y dilynol, *'For schooling of Rich. Davids son 2/6 inclusive.'*

Dengys taliadau'r festri yn 1753 fod David Roberts wedi derbyn 2/6 o goffrau'r plwyf am ladd llwynog, ac yn rhyfedd, Richard Thomas yn cael deuswllt am ladd draenog! *'for killing hedgehog'* ddywed y cofnod o leiaf; efallai i'r cofnodydd wneud camgymeriad am ryw anifail rheibus arall! Ynddynt ceir sôn i'r festri roddi 2/0 i *'blind child'*. Difyr yw'r cofnod *'To Mr Jones for sending vagabond'*; o le ag i ble tybed? Ym mysg crefftwyr y plwyf ceir *'Tailor, cobbler, joiner, weaver, slater* (mor gynnar a hyn), *fidler, bigel a melinydd'*. Dyna drefn y cyfnod, Saesneg a Chymraeg yn gymysg wrth gofnodi.

Yn 1762 gwelir mai Ellis Evan a William Bevan oedd wardeiniaid y Llan.

Yn 1773 talwyd allan £4.8.6½ i'r tlodion, a deg swllt i rai yn wael, ac fel ar sawl achlysur, roedd 'diod yn y festri' yn rhan o gostau'r plwy; roedd y cofnod 'Diod yn y festri 2/0' wedi ei nodi am y flwyddyn yma. Roedd taliadau am 1774 yn cynnwys 'dwy blanced i Dafydd Pugh 9 swllt; Am flawd a menyn i Robert Owen 5/6; Am femrwn neu barsmant 2/8; Cyflog diwrnod am dorri ywen swllt, ac am gwrw wrth y gwaith.' Roedd cwrw yn cymryd rhan eitha o gyllid y plwyf bob blwyddyn, ac fe yfid llawer o'r ddiod tra yn trafod materion yn y Festri; y flwyddyn hon, gwelwyd fod 5% o gyllid wedi ei roddi ar gyfer cwrw. Dywed y cofnodion lawer wrthym am wahanol agweddau o fywyd y cyfnod, megis prisiau nwyddau, a'r ffaith iddynt fod yn defnyddio memrwn neu barsment i sgwennu arno, a hefyd rhoddant syniad i ni faint o dâl oedd i'w gael am wneud gwahanol dasgau. Yn wir, maent yn un o ffynonellau mwyaf gwerthfawr o hanes lleol sydd ar gael. Un o gofnodion diddorol yn y llyfr oedd yr un yn y Gymraeg am ran o wariant 1774 yn mynd i Mary Dafydd at ddiod y scyrfi — swllt. Hyn yn ein hatgoffa am afiechydon yn gysylltiedig â thlodi a diffyg maeth ymysg y werin bobl yn y ddeunawfed ganrif.

Un o'r ffeithiau eraill sydd yn synnu rhywun oedd y taliadau a wnaethid i feddygon y cyfnod. Yn 1774, derbyniwyd bil o £6.12.0 gan feddyg o Ddolgellau am ei wasanaeth, a thalwyd 5/- i ddyn am ddanfon yr arian i gartref y meddyg ym Meirionnydd. Byddai sôn am daliadau i feddygon yn dod i'r amlwg yn achlysurol. Talwyd 8/6 am arch, a 3/6 am ½ pwys o ganhwyllau yr un flwyddyn. Talwyd i Owen Richard am wneud amdo i Joshua Jones, a naw swllt i Gruffudd Hughes am ladd llwynogod. Hefyd, talwyd —

'I Rees Roberts am fagu'r plant 14/6
3/3 am fawn i Jane Jones.
Gadwaladr Roberts am geffyl i gersio Mary ych Edward 3d.'

Dyma ddywed cofnodion dyddiedig Rhagfyr 15, 1775:

John Davies, A.B. Curate of Penmachno. Owen Luke appears as pauper 1773
Eleanor Israel.......................... 1770
Thos. Owen, Fidler 1772
Thos. Owen (one arm) 1772

Dyna gynnwys tri chofnod difyr gyda'u gilydd, cyfenw anghyffredin, 'Israel', nis gwelwyd ar unrhyw ddogfen arall yn ymwneud â'r pentref; Yna enwi crefft anghyffredin — *Fidler*. Mae'n siŵr mai un yn chwarae'r ffidil oedd y Thomas Owen yma, ac nid un yn twyllo'r plwyf, ac yn sicr nid yr un â'r Tom un fraich.

Ar yr un dudalen mae'r geiriau canlynol:

'Derbynes am fasyrnen yn y fynwent 10/6
I Mary ych Edward am gruns 2/6
I Mr Tilley (Dr.) am siwrne am ddrygs at E.H. 8/6'

Yn 1776 daw cofnod am ffair y Llan, wrth i'r Festri dalu — 'Am grio ffair Penmachno 4d.' Mae'n debyg i rywun gael ei gyflogi i fynd o amgylch y plwyf i gyhoeddi ffair y Llan yr adeg yma.

'Am lifio coed y fynwent £1.0.0.; I Edward Morgan y Pen Constable 10/-;
Am Bich Pipe i'r Cantorion Psalms 4/6;
Am liw ag oil ag *ysglowring* 2/2½.'

Yn 1777, blwyddyn y 'tair caib', fel ei gelwid, talwyd y swm enfawr y pryd hynny, o £8.5.0., i'r 'Doctor am giwrio'r Gwyn Briwiedig'; enw'r cyfnod am y frech wen oedd hwn mae'n debyg, ac roedd yr atgofion am yr haint a fu'n gyfrifol am farwolaeth 60 o drigolion Penmachno rhwng 1705-06 yn codi arswyd drwy'r ardal i gyd, a'r mestri yn fwy na pharod i sicrhau na ddychwelai'r afiechyd marwol yn ôl, ar unrhyw gost. Yn ychwanegol i'r bil afresymol yr olwg, roedd llogau o bum swllt ar yr arian yn ddyledus hefyd.

Talwyd 6 cheiniog am fenthyg ceffyl i fynd â Lowri Dafydd i Lanrwst am rhyw reswm; talwyd 8d am gwrw yn Llanrwst yn achos Lowri Dafydd.

'I John Ellis am ysgrifennu y penillion pum swllt'
'Yn achos gwraig ddiarth a fu ar ei gwelu (camsillafiad y cofnodydd) 6d'
'I Mr Fultey am Bottel i Rees Thomas 1/0'
'Am gwrw yn Llanrwst ar yr un achos 6'
'Am gwrw yn Ysbyty efo Mr Owen yn achos yr ysgol 6.'

'Am lwyf Lowri Dafydd 1/0. Am gwrw yn y cytundeb hwnnw 1/2.'
'Am gwrw yn y Festri efo Doctor Roberts 1/3.'
'Am gwrw wrth setlo efo Janet Thomas 2/0.'

Fel y gwelir, bu'r cwrw'n llifo'r flwyddyn hon, ar draul y trethdalwyr!
Ymysg taliadau a wnaed o goffrau yn 1778 oedd y canlynol:
'I dalu am arch Elizabeth Dafydd 9 swllt'
'I Robert Maurice am wasanaeth fel Pen Constable 6/6'
'I Robert Maurice am dderbyniadau y militia 1/6'
'Am gario cerig at doi yr eglwys 4/0'
'Pecaid o flawd ceirch 3/6 Phioled o flawd a phwys o fenyn 1/6'
'Am gwrw wrth fesur yr Eglwys 6/0'
'Am gwrw yn y festri cyn myned i Fangor 3/0'

Yn ychwanegol i'r cofnodion am y taliadau, gwelir y nodyn yma —
'Coffadwriaeth fod yn sefyll yn Llan . . . o'r arian sydd yn perthyn i wragedd y militia y swm o £2.8.0.'

Talu am siwrneon i wahanol leoedd oedd yn mynd a pheth o arian 1779, megis i Bala 2/0, Wrecsam 4/0, am siwrnai i wyth o bobl i Fangor £1.0.0.
'Am goppi o gwyllus Maurice Hughes 6/6'
'Bwyd 2 longwr 6d. Eu danfon i Ffestiniog 2/6'

Byddai'n ddiddorol gwybod beth oedd dau longwr yn ei wneud ym Mhenmachno, a pham talu am eu hanfon i Ffestiniog?

Yn 1780 talwyd cost claddu William Jones, 18/2, a £4.14.6 i Dr Roberts dros Hugh Davies. (Roedd y meddygon yn byw yn frâs iawn yr adeg yma hefyd mae'n rhaid, yn ôl yr arian a dderbyniasant o Benmachno yn unig.)
'Am ddal Evan Hughes 10/0' (Tybed beth oedd trosedd y dyn?)
'Cwrw yn y Festri 7.6.' Mae'n rhaid fod yfed go drwm yn y Festri y flwyddyn hon!

Wardeiniaid y plwyf yn 1781 oedd William a Griffith Pritchard a gofnodai gyfrifon y flwyddyn honno:

Talwyd arian i Jane Jones am rolio haidd, a chyfrifwyd y 2½d a dalwyd am fynd â cheffyl drwy dyrpeg. Ymysg taliadau eraill oedd am bâr o esgidiau 3/6, pwys o fenyn 6d, Ffioled o haidd, 1/2 pwys o gaws 3d, ac am ffioled o flawd 1/8. Cofnodwyd yr arian dyngarol a rannwyd:

'To Margaret Morris and two children 1/0.' For one week lodging 6d.'
'For cut load of firewood 2/0'
'Am gwrw wrth ysgrifennu llythyr 3d'
'Cario dodrefn o'r Bala i Benmachno 2/6 i Marged Morris. Am du (camsillafiad) Mgt. Morris 5/0 i Wm. Sion Ifan am fawn i'r uchod 6.6.' Gellir dehongli'r gwariant uchod efallai trwy ddeall y byddai ambell deulu yn gadael eu plwyfi yn achlysurol, i geisio gweld er enghraifft, ond os nad oedd gwaith ar

gael, yn aml ni fedrai'r crwydriaid fforddio teithio yn ôl i'w plwyfi genedigol, a byddent yn cael eu hystyried yn draul ar eu plwyfi mabwysiedig. Byddai gorfodaeth ar eu hen blwyfi i sicrhau eu dychweliad yn ôl i'w pentrefi eu hunain, a thalu'r costau'n gysylltiedig â hynny.

Amrywiol daliadau eraill oedd:

'I Thomas Jones, fidler 2/6' (yn dal i ffidlan!; arferid cyflogi crythor i berfformio yn y gwylmabsantau a gynhelid yn y plwyf)
'I Griffith Hughes am ladd llwynog 1/0.'
'I Luke Ellis am dafod i'r gloch.'
'Am siwrne i Bwllheli 7/6. Am siwrne i Lanbedrog 5.0. eto Bangor 2/6.'
'Am drwydded a bond i godi treth bedyddio 5/0.'
'Tŷ Jane Jones 6/0.'
'I Rees Roberts am y plentyn amddifad 3/6.'
'Crys i Marg. Edward 3/3. Cannwyll y Plygain 9d.'
'Llogau am fenthyg £3.3.0.,6d.'
'Torth o fara 6d. Esgidie 5/0.'
'Am ddiod wrth rannu arian Fedw Deg i'r tlodion 1/0.'
'Am gwrw wrth osod pwlpud 2/6.'
'I John Jones am gwrw wrth dderbyn rhent Bryn Ifan a'i osod 2/0.'
'Diod ysgyrfi i Mary Dafydd.'
'Am grio ffair newydd yn y Llan yma 8d.'
'I John Humphries am wydro'r Eglwys 3/6 a 1/0 am gwrw iddo.'
'I Dafydd Jones am drwsio llyfrau'r Eglwys 13/0.'
'Am ddau bwys o ganhwyllau i'r Cantorion 1/2.'

Yn 1791 cofnodwyd sawl taliad digon anghyffredin megis y canlynol:

'I Wm. Richards, *Shinging Master* 6/0.'
'Am ddal Richard Cadwaladr i John Owens 1/0.'

Eto yn 1792, gwelir y cofnodion trist yma:

'I Robert Maurice am arch plentyn diarth, 2/6.'
'I Robert Maurice tu at gost y claddu plentyn 2/6.'

Bu prysurdeb ar drwsio adeiladau'r plwyf yn amlwg yn 1793, wrth weld costau'r flwyddyn honno:

'I William Davies am flew 2/6' (i'w cymysgu â chalch poeth mae'n debyg)
'I Owen Luke am slates 10/0'
'I Thos. Owen am goed £3.2.6.'
'I Owen Luke am waith £1.9.7.'
'I Griffith Davies am raw 3/2.'
'I John Owen am slates 2/0.'
'I Joseph Luke am slates 2/4.'
'I Elis y saer am droed rhaw sgwar 9½.'

Gan symud ymlaen i'r flwyddyn 1818, gwelir mai Rice Jones o'r Benar a John Evan o Lechwedd Hafod oedd dau arolygwr y tlodion yr adeg honno, ac ar Ebrill y chweched yr un flwyddyn cofnodir i'r dreth 'Ddechref yn ôl swllt y bunt, yn gwneud swm o £28.8.10.' Un o'r rhai yn derbyn tri swllt yr wythnos o dreth y tlodion oedd 'Betty Richard, Llan'. Tybed ai'r un Betty Richard oedd hon â nant wedi ei henwi ar ei hôl yn Nhwll y Cwm?

Cofnodir mai Richard Roberts, Henrhiw oedd arolygwr y tlodion am 1825 a rhan o'r flwyddyn 1826, ac yn 1826 y talwyd ceiniog i rywun am *'singing the bell'*.

Ar dudalen wag yn un llyfr fe ysgrifenwyd y pennill isod gan Edward Jones, 'y pobwr', ac er nad yw yn glasur o bell ffordd, mae'n werth ei gynnwys, i brofi y dylai 'rhen Edward wedi aros uwch ei does!

> Byrdwn a thrytho medd rhai heb fetho
> Yw cynnull Treth i gynnal gwan.
> Ond pawb su a chalon rydd hwyron
> Wrth gofio'r sôn sydd yn y Llan.
> Mae'r gair yn traethu a digon gwir
> Ers amser hir fod rhaid hyn fod
> Mai gennych y Tylodion rai radd.

Mewn copi o lythyr Saesneg ei iaith, a hwnnw heb ei lofnodi, yn gynhwysiedig gyda'r llyfrau, ac wedi ei ddyddio Medi 28, 1801, gwelir i'r ysgrifennydd hysbysu 'My Friend, Robert Rowland' sut i gael gafael ar eiriadur Saesneg-Cymraeg. Ymddengys i'w gyfaill fethu â dod o hyd i un yn unlle. Awgryma'r llythyrwr enwau llyfrwerthwyr yn Llundain i Robert er mwyn iddo geisio prynu'r geiriadur. Cynghora hefyd, '*I wish you to make the most of your mother tongue and more of the Welsh Bible, which is the best Dictionary in the whole world . . .* ' Mae'n debyg mai un o alltudion Penmachno yn Llundain oedd derbynydd y llythyr.

Dyna, yn gryno, rhyw gipolwg ar wahanol agweddau o blwyf Penmachno ddwy ganrif yn ôl. Rho gofnodion y Festri wersi am ffordd o fyw tra gwahanol i'n hoes ni. Cawn wybodaeth am drefn elusennol y cyfnod, am gostau nwyddau, am afiechydon ac am dlodi enbyd amlwg yn yr ardal, fel ag ym mhob bro gyffelyb. Er y caledi, daw tystiolaeth am elusennau dyngarol y fro i'r golwg, ymhell cyn sôn am nawdd cymdeithasol y wladwriaeth.

Treth Aelwydydd

Yn 1662 gosododd y llywodraeth dreth o ddau swllt ar bob aelwyd ym mhob tŷ, ac eithrio bythynnod bychain, treth a brofodd yn amhoblogaidd dros ben. Mae tystiolaeth am y sawl a oedd yn talu treth aelwyd ym mhob plwyf yn Sir

Gaernarfon ar gadw ar femrwn yn archifdy'r Sir yng Nghaernarfon. Yn wahanol i'r plwyfi eraill yn y Sir sydd yn cofnodi *enwau perchenogion* neu denantiaid, heb enwi'r eiddo, cofnodwyd enwau'r tai a oeddynt yn ddyledus i'r dreth ym Mhenmachno, sydd yn werthfawr iawn er gwybodaeth am oedran anheddau'r ardal, rhai ohonynt yn furddunod erbyn hyn, gwaetha'r modd. Rhestrir isod enwau'r cartrefi a gofnodwyd gan Evan Griffith, cwnstabl y plwyf, ynghyd â'r nifer o aelwydydd ynddynt.

Oherwydd gwrthwynebiadau chwyrn yn erbyn y dreth yma, fe'i diddymwyd yn 1689.

(Sillafir yr enwau yn union fel y'i cofnodwyd)

Dulase issa	(2 aelwyd)	Blaen y Cwm bychan	(1)
Dulase ucha	(2)	Blaen y Cwm	(1)
Penrhyn issa	(1)	Moel Marchyrie	(1)
Penrhyn ucha	(1)	Havod redwydd	(2)
Dugoed	(1)	Carrog	(1)
Bryn Eithin	(1)	Havod Fraith	(2)
(John Pritchard)		Llechwedd Havod	(2)
Cae Heilin	(1)	Tythyn Du	(1)
Ffrith Wen	(1)	Brynidal	(2)
Park	(1)	Penybont	(2)
Moel Ewig Fynydd	(1)	Penybedw	(2)
Erhw yr Clochydd	(1)	Penybryn	(3)
Tythyn Cethin	(1)	Havod wrhyd	(4)
Ysgwifrith John Evans	(2)	Llanucha	(1)
Bwlch y Maen	(2)	Llanissa	(1)
Vedw Deg	(3)	Blaenglasgwm	(2)
Llawrynys	(1)	Glas Cwmissa	(2)
Pentrwy'r Felin	(1)	Wybrnant	(2)
Bennarth	(3)	Llwyn teg	(1)
Coed y Ffynnon	(1)	Rherhiw issa	(1)
Tan y Rhiw	(1)	Tythyn Dôl	(1)
Swch	(1)		

Gwelir yn ôl yr ystadegau uchod i 64 o aelwydydd gael eu trethu yn y plwyf yn 1662.

Treth Tir

Ffynhonnell werthfawr o wybodaeth am y sawl a oedd yn trigo yn y plwyf y dyddiau a fu yw cofnodion trethi tir a dalwyd gan berchenogion neu ddeiliaid tiroedd yn y fro. Yng nghasgliad cofnodion trethi tir archifdy Caernarfon, gwelir ystadegau Penmachno am y blynyddoedd 1747, 1748, 1761, 1775, 1776, 1792, 1793-94, 1796, 1797, 1810 ac 1812.

Yn ystadegau 1747 dengys mai John Evan a Robert Jones oedd y casglwyr

*Bwlch y Maen. Un o anheddau'r plwyf
a enwir ar restr Treth Aelwydydd 1662*

trethi, gyda John Hughes a Hugh Jones yn *assessors*. Gwnaed 55 o alwadau â thalwyr y dreth y flwyddyn hon, a chyfanswm o £50.12.0 yn dod i law. Efallai mai addas fyddai cynnwys rhai o ystadegau 1747, gan mai dim ond enwau'r tenantiaid ac enw ambell annedd a gofnodir am y flwyddyn honno, fel ag yn 1748.

Yr enw cyntaf ar y rhestr yw un Morris Griffith, a dalai £2.8.9; yna daw Cadwaladr Owen, yn amlwg yn denant tir tipyn llai o faint, yn talu 11 swllt a thair ceiniog, (tua 56 cheiniog ein hoes ni). Cofnod arall yw i *Roderick Andro & partners* orfod talu £1.6.3 o dreth. Enw adnabyddus arall o'r cyfnod yw Mr Arthur Robinson, yr hwn a dalodd £1.11.11., gwerth oddeutu £1.60c heddiw. Roedd y teulu Robinson wedi bod yn flaenllaw iawn yn y plwyf ers dod yma fel mewnfudwyr o Ogledd Lloegr yn gynharach yn y ddeunawfed ganrif, ac wedi dysgu siarad Cymraeg ymhen dim.

Amrywiai'r taliadau, o 2/10 (14c) a dalai Morris Roberts a Thos. Jones i £2.8.9 (£2.44c) a fu rhaid i'r Morris Griffith uchod ei dalu. Diddorol yw gweld i dair melin gael eu cofnodi fel rhai a oedd yn ddyledus i'r dreth tir, sef *the mill* a gadwai Thos. Jones, ac a dalai 2 swllt ac 11 ceiniog o dreth amdani; *Dolydd tyddyn mill*, gyda threth o £1.2.6., a'r felin ucha', â threth o 7 swllt ac wyth geiniog yn cael ei dalu arni gan William Pughe.

Rhoddwyd dwy neu dair sêl mewn cŵyr ar gefn y dogfennau trethi yma, gyda llofnodion megis Hugh Davies, Owen Holland, Hu. Davies a Wm. Stodart arnynt; mae'n debyg mai bonheddwyr oedd rhain, a chynrychiolwyr y llywodraeth i dderbyn yr arian ar ran y wladwriaeth.

Yn 1775, yn asesiad trethi y gwahanol eiddo yn yr ardal, roedd enwau'r anneddau i'w gweld wedi eu cofnodi, ond nid y tenantiaid. Am rhyw reswm, roedd gostyngiad sylweddol yng nghyfanswm yr arian a gasglwyd y flwyddyn hon, o'r £50.12.0 a ddaeth i'r coffrau bron i 30 mlynedd yn gynharach yn 1747 gyda £37.12.0 yn cael ei hel gan Robert Roberts a William Pritchard, yr *assessors & collectors*. Rhestrir isod enwau rhai o'r anneddau hynny, ynghyd â'r trethi a dalwyd yn 1775.

Blaen y cwm	£1.16.10
Tan y Rhiw & Tyddyn bach	£0.14.02
Swch	£0.08.06
Moel y Marchyrie	£0.19.10
Carrog	£0.19.10
Havod Fraith	£0.19.10
Llechwedd hafod	£0.19.10
Havod y Redwydd	£0.02.10
Penbedw	£1.04.1
Bryn Eidal	£0.12.09
Pen y Bont	£0.18.05
Oer Nant	£0.18.05
Havodwyryd	£1.19.08
Pen y Bryn	£1.16.10
The Eaggles	£0.05.08
Tu Isaf & Cau'r Eglwys	£0.04.03
Dolydd Machno	£0.12.09
Tyddun y Meistr	£0.04.03
Tyddyn Du & Dolgochun	£1.04.01
Gefnen Wen	£0.11.04
The Upper Mill	£0.05.08
The Lower Mill	£0.02.01
Benardd & Waen dofn	£2.02.06
Bwlch y maen	£1.06.11
Vedw Deg	£0.19.01
Coed y Ffynnon & Tŵr Teg	£1.05.06
Dugoed & Cae Heilin	£1.05.06
Ysgwifrith	£1.02.08
Tyddun y Cethin	£0.08.06
Park	£0.12.09
Erw y Clochwydd	£0.02.01
Bryn Eithin	£0.08.06
Pentre'r felin	£0.02.01
Penthrun Isaf & Pant y maen	£0.07.09
Dylase ucha	£0.19.10

Henrhiw uchaf	£0.05.08
Henrhiw isaf	£0.05.08
Tun Ddôl	£0.09.11
Brun y Bedydd faen	£0.02.10
Llawr Ynys	£0.02.01

Yng nghofnodion 1793-94 cynhwysir enwau'r tyddynnod neu ffermydd, enwau'r tenantiaid a'r perchenogion yn ogystal â chost y dreth. O'r 65 deiliad ar restr y blynyddoedd hynny, y syndod yw mai ym meddiant tri ar ddeg o fonheddwyr oedd y cwbl, ac eithrio Rhos y Mawn, a berthynai i Evan Ellis a drigai yno. Roedd gan Wm. Wynne a'i berthnasau Watkin Edward Wynne, John Wynne, Robert Wynne a Watkin Williams Wynne gyfran helaeth o'r tair mil ar ddeg erw drosodd sydd yn gyfanswm o dir y plwyf; eraill o fonedd y cyfnod a hawlient eu darnau o dir y fro oedd Syr Edward Lloyd, 'Bart', yr Arglwydd Penrhyn, Arthur a Morgan Butcher Bankes, Syr Robert Williams Vaughan, a Lewis Lloyd Williams, disgynydd o deulu Roderic Llwyd, Hafodwyryd.

Roedd asesiad 1793-94 wedi mynd yn ôl i raddau 1747, gyda Owen Thomas, tenant Blaen y Cwm yn talu £2.8.9, yr un swm â Griffith Jones ym Mhenybryn, tra gorfu i Lewis Lloyd Williams, a oedd yn byw yn Hafodwyryd, dalu swm uchaf y plwyf, sef £2.12.6, cyfartal â 2.62c heddiw. Cadwai y Lewis Lloyd Williams, *gent* yma y felin ucha' yr un adeg.

Cofnodir enwau cyfarwydd, a rhai anghyfarwydd erbyn hyn ar y rhestrau yma, sydd yn ddogfennau pwysig iawn at bwrpas ymchwil i hanes y plwyf. Rhoddant wybodaeth amhrisiadwy am amcan oedran yr anheddau, am enwau perchenogion, ac am y drefn annheg a fodolai, gyda thiroedd ac adeiladau yr ardal i gyd, bron, ym meddiant estroniaid heb unrhyw gysylltiad â'r fro.

Gwelir enw tafarn yr *Eagles* ar ddogfen 1761 am y tro cyntaf, sydd yn rhoi amcan inni o oedran y gwesty hwnnw, ac ar restr 1775 gwelir enw 'Tu Isaf', sef yr hen *Red Lion* yn cadw cwmni i'r Eagles, fel y ddwy dafarn a gofnodir y flwyddyn honno. Erbyn 1792 roedd yr Eagles yn cael ei galw yn ôl yr enw llafar 'Tŷ Uchaf', gyda John Williams yn ei gadw, ynghyd â'r tir a oedd yn perthyn i'r lle.

Diddorol yw sylwi ar rai o'r enwau ar y dogfennau sydd yn anghofiedig bellach, fel 'Y Gefnen Wen', a leolir ger Tyddyn Du a Ty'n y Waen, 'Waen Ddofn', 'Cae'r Moch', a 'Pentre'r felin', enw'r cyfnod ar Benisa plwyf. Ymysg enwau eraill sydd yn gyfarwydd, er i'r defnydd o'r tyddynnod neu'r ffermydd ddarfod ers tro maith yw Bryn y Gogan, Cae gwaew, Ffrith wen, Llwyn teg, Penrhyn canol, Hafod y chwaen ac Oernant.

Mewn llythyr swyddogol i gasglwyr plwyf Penmachno, dyddiedig Gorffennaf 24ain, 1776 gan gynrychiolwyr y llywodraeth yn eu hawdurdodi i ymofyn, casglu a gosod y dreth yn lleol, gwelir y gorchymyn, yn Saesneg, i'r casglwyr gymryd eiddo unrhyw berson a fyddai'n gwrthod talu y swm a oedd yn ddyledus, a chadw'r eiddo am bedwar diwrnod. Wedi'r cyfnod yma, byddai hawl ganddynt i werthu'r cyfan i gyflenwi'r dreth ddyledus. Diwedda'r llythyr gyda'r rhybudd *'And hereof fail not at your peril'*.

Dyma'r math o awyrgylch a wynebai'r casglwyr yn y Bennar yn ystod 1810 mae'n debyg, wrth i Robert Jones, y tenant, fethu neu wrthod talu'r dreth oherwydd rhyw drafferth ariannol rhyngddo a Robert Thomas, Carrog. Gorfu cael beiliaid i'r Bennar i geisio'r arian, gan arwain at helynt a adroddir mewn pennod arall.

Y Cyngor Plwyf
(o lyfr cofnodion 1894-1906)

Wedi ethol aelodau i gynrychioli'r plwyf, fe gyfarfu'r Cyngor plwyf newydd am y tro cyntaf ar Ragfyr 31, 1893 i ddewis swyddogion.

Y rhai a oedd yn bresennol yn y cyfarfod gwreiddiol hwnnw oedd Dr W. Michael Williams, meddyg yr ardal; John E. Roberts; R.E. Jones; I. Morgan Jones; Lewis Richards; John Williams,; Richard Morgan Jones; Dafydd Williams, crydd; Henry Roberts; Rees Roberts; David Hughes; David D. Jones; William Roberts; John Jones a Humphrey Roberts; ynghyd â'r boneddigion canlynol — E.D. Jones ysw., Glasgwm Hall; y Parch. T.M. Jones (Gwenallt); Llywyddion y cyrddau plwyfol yn ward y Cwm a ward Penmachno; a Mr Jared Evans, Arolygwr. Costau'r etholiad i'r cyngor oedd £8.9.2.

Etholwyd y swyddogion canlynol:
Cadeirydd: Dr W. Michael Williams, M.B., Mostyn Villa;
Is-gadeirydd: David Hughes, Rhosgoch, Cwm;
Ysgrifennydd: J. Morgan Jones, Llys Caradog;
Trysorydd: Cynigiwyd gan Mr Lewis Richards, Foel, Mr W. Bleddyn Lloyd, Metropolitan Bank, Llanrwst yn cael ei benodi i'r swydd. Cynigiwyd gan R.E. Jones fod Mr E. Jones, North and South Wales Bank, Llanrwst yn cael ei benodi.

Pleidleisiodd 13 dros Mr W.B. Lloyd a dau dros E.J. Owen.

Cyfarfu'r Cyngor yn un o ystafelloedd yr hen ysgol yn y blynyddoedd cynnar, a thalwyd £1 y flwyddyn i D.A. Hughes, y prifathro, am gael defnydd o'r ystafell, y pris yn cynnwys y golau, tân, a glanhau'r ystafell.

Yng nghyfarfod llawn cyntaf y cyngor newydd ar Ionawr 31ain, 1894, un o'r materion a drafodwyd ac a basiwyd oedd i anfon copi o gofnodion y cyfarfod i'r Faner a'r Rhedegydd.

Ym mysg cofnodion diddorol y cyngor plwyf gwelir y canlynol:
Cyfarfod Ionawr 23ain, 1895: 'Pasiwyd y penderfyniad canlynol yn unfrydol,

ar gynigiad Mr John Williams, a chefnogiad Mr R.E. Jones,'

> *"That we, the members of the Penmachno Parish Council unanimously wish to express our disapproval of the recent action of the L. & N.W. Rlwy Coy, in dismissing from their service the Welsh speaking platelayers, considering that the platelayers could not, in that capacity be of any inconvenience to the English tourists making use of the lines of the said company whilst visiting Wales, as it is not within their province as platelayers to give any information to facilitate traffic — and thereby they could not be the cause of any loss to the company."*

Copi o'r penderfyniad i'w anfon i'r cyfarwyddwr a'r tri aelod seneddol dros Sir Gaernarfon.'

Stori gyfarwydd ein dyddiau ni yntê? Ni anghofiwn hanes Brewer Spinks a'i waharddiadau ar yr iaith Gymraeg ym Mlaenau Ffestiniog yn y chwedegau, a digwyddiadau tebyg yn ddiweddar ym Mhorthmadog a Betws-y-coed. Wrth gwrs, roedd dyddiau'r *Welsh Not* yn dal yn fyw yn yr ardal ddiwedd y ganrif ddiwethaf.

Ymysg cofnodion cyfarfod Mawrth 9fed, 1895 o'r cyngor gwelir y canlynol:
'Penderfynwyd ein bod yn gwneud pob ymdrech, mewn pob ffordd deg a chyfreithlon i adfeddianu y *Red Lion* i'r plwyfolion . . . '

Ystyriwyd ffordd y Llech yn ffordd hylaw i deithio arni yr adeg yma, ond cofnodwyd cŵynion am ystâd y ffordd yn rhan Ysbyty Ifan, yn enwedig yn ffridd Eidda.

Mawrth 16eg, 1895: Rhybudd o gynigion diddorol o'r cyfarfod hwn oedd —
1. 'Ein bod yn gwneud cais i'r Cyngor Sir i adnewyddu ffeiriau yn y plwyf.' (Cofnod sydd yn profi i'r ffeiriau fod wedi darfod yn llwyr cyn hyn; dyddiadau'r ffeiriau yma oedd Ebrill 17, Awst 14 a Medi 21. Cynhaliwyd rhain, yn ôl pob tebyg hyd at 1884, ond ni wyddys pam y bu iddynt ddod i ben, wedi bod yn rhan o ddigwyddiadau'r plwyf ers ugeiniau o flynyddoedd.)
2. Ein bod fel Cyngor yn rhoddi sylw i'r angen o gael rheilffordd i'r ardal, ac i wneud pob peth yn ein gallu er hyrwyddo y symudiad.

Yng nghyfarfod Ebrill 9fed, 1895 o'r cyngor rhoddwyd sylw i'r ohebiaeth rhwng yr ysgrifennydd a'r Rheithor ynglŷn â'r *Parish Safe*. (Bu cryn drafod mewn cyfarfodydd blaenorol ynglŷn â throsglwyddo llyfrau'r plwyf i'r Cyngor.)

Mewn is-bwyllgor ar Ebrill 20fed, 1895, penderfynwyd cymryd yr hawl am y tŷ hers drosodd oddi wrth yr eglwys.

Gorffennaf 2, 1895: Trafodwyd cael mynwent newydd i'r plwyf oherwydd i fynwent yr eglwys fod yn llawn, ac awgrymwyd i'r Wesleiaid gael un eu hunain, fel y Bedyddwyr a'r Hen Gorff. (Aeth deugain mlynedd heibio cyn i'r fynwent newydd gael ei hagor ar ffordd Cwm, yn 1936.)

Tachwedd 11fed, 1895: Yn y cyfarfod hwn cafwyd trafodaeth frwd am diroedd comin oddi mewn i ffiniau'r plwyf, Rhyd Sarn, clwt ger pont Penybedw a'r ffordd yn arwain at Fryn Cryg. Hefyd, yn yr un cyfarfod, penderfynwyd dewis pwyllgor i sefydlu darllenfa yn y Llan, a'r pwyllgor i wneud cais i holl eglwysi'r ardal osod blychau casglu tuag at gael arian i gychwyn y ddarllenfa.

Yng nghyfarfod cyntaf pwyllgor y ddarllenfa, fe dderbyniwyd pris Mr E.R. Jones, Liverpool House, o £7 am logi ystafell i gynnal y llyfrgell arfaethedig. Pasiwyd i ofyn i drigolion y plwyf am fenthyg llyfrau i'r ddarllenfa. 'Anogwyd ein bod yn ceisio cael llyfrau Diwynyddol, cerddorol, llenyddol, gwyddonol a unrhyw lyfrau eraill y bydd eu darlleniad yn foddion i ddiwylliant a dyrchafu moesol.' Awgrymwyd hefyd cael y papurau newyddion canlynol — *Y Genedl, Y Faner, Herald, Gwalia* y *Daily Post* a'r *Mercury* dyddiol.

Mawrth 17fed, 1896: Dyma ddywed un cofnod o'r Cyngor Plwyf ar y dyddiad yma, 'Penderfynwyd anfon llythyr at Gyngor Plwyf Corwen am eu cyd-weithrediad ynglŷn â chynllun rheilffordd ysgafn o Gorwen i Benmachno.' Cofnod sydd yn ein hatgoffa bod y freuddwyd o gael y lein i ddod i'r plwyf yma yn fyw iawn ar y pryd, wedi'r siomedigaeth o weld y cynllun o gael y brif linell o Fertws-y-coed yn cael ei dargyfeirio drwy Ddolwyddelan ugain mlynedd ynghynt, yn lle trwy Benmachno fel y gobeithid.

Cynhaliwyd cyfarfod arbennig o bwyllgor y ffeiriau ar Chwefror yr 17fed, 1896, ac yn bresennol ar y noson honno roedd Mr W.M. Jones, Tyddyn Du, cadeirydd y pwyllgor; Owen Davies, Tyddyn Cethin; Owen Jones, Blaen Ddôl; W. Llewelyn, Penybont; David Roberts, Bwlchymaen; John Williams, Fourcrosses a J.M. Jones yr ysgrifennydd, dyma a basiwyd yn y cyfarfod:

1. 'Cynigwyd gan Mr Owen Davies ein bod yn galw cyfarfod â'r amaethwyr a phawb sydd yn cymeryd diddordeb yn y cwestiwn o sefydlu ffeiriau yn yr ardal, a phasiwyd yn unfrydol.'
2. 'Cynigwyd gan Mr John Williams a chefnogwyd gan Mr Owen Jones ein bod yn gwahodd amaethwyr Eidda i'r cyfarfod, a phasiwyd yn unfrydol. Mr Rbt. Parry yn gynullydd.'
3. 'Y cyfarfod i'w gynnal nos Fawrth, Chwefror 2, 1896, ar ôl y ddarlith ar amaethyddiaeth.'

Yn anffodus, ni chofnodwyd dim am ganlyniad y cyfarfod hwnnw, ac ni welir 'run cofnod arall yn sôn am ail-godi ffeiriau'r plwyf wedi hyn.

Roedd yn amlwg i hers y pentref fod mewn cyflwr gwael, oherwydd ar Hydref y 10fed, 1896, pasiwyd yng nghyfarfod y cyngor i bwrcasu hers newydd.

Awst 10fed, 1897: Cynigiodd Dafydd Williams, a chefnogwyd gan John Williams y byddai yn beth priodol i'r plwyf i geisio ffurfio gwirfoddolwyr o dân-ddiffoddwyr i wasanaethu'r ardal, ac fe enwyd y personal canlynol a fyddent yn barod i ymgymryd â'r dasg — Dafydd Williams; John Williams; R.

Davies; Thos. Owen, teiliwr; Thos. Williams, Chester House; Evan Jones, Liverpool House a Morris Griffith, Llys Ifor.

Hydref 23ain, 1897: Pasiwyd 'Ein bod yn anfon at y *Postmaster General* i wneud *Post Office* y Cwm yn *Money Order Office*, a bod *wall boxes* yn cael eu rhoddi yn nhop y Cwm a mannau eraill yn y lle yn ogystal â'r Llan.'

Hysbyswyd ar Chwefror 22ain, 1898 fod yr hers newydd i'w chael am £14, ac ymhen blwyddyn, ar Chwefror y 10fed, 1899, gwelid cofnodion o brisiau am logi'r hers, sef swllt am ei gwasanaeth oddi mewn i'r plwyf, a 5/- oddi allan. Trafodwyd tendrau am ei glanhau, a derbyniwyd pris W.H. Davies, Machno Hotel o 25/- y flwyddyn am wneud y gwaith.

Penderfynwyd gwerthu'r hen hers i Rees Davies, o Fetws-y-coed am £1 yng nghyfarfod Hydref 30, 1899 y cyngor.

Daeth rhybudd o gynnig gerbron y cyngor ar Ionawr y 7fed, 1901, o gyfeiriad neb llai na'r cadeirydd dylanwadol, Dr W. Michael Williams, ei fod am alw am symud ymlaen i gael pwerau dinesig yn y plwyf.

Tachwedd 11fed, 1901. Un o'r materion a drafodwyd yn ystod y cyfarfod y noson hon oedd y *'tenders'* a ddaeth i law gan fasnachwyr yr ardal am gyflenwi'r Llan ag olew i oleuo lampau strydoedd y pentref. Y ddau bris a drafodwyd oedd un am 10½d y galwyn oddi wrth Mr D.P. Davies, Old Post Office ac un am 9½ y galwyn gan R.P. Pritchard, London House. Derbyniwyd pris R.P. Pritchard.

Pasiwyd, yn yr un cyfarfod, i oleuo'r lampau o 6 o'r gloch hyd 10.15 bob nos, tan 11 ar nos Sadwrn a than 9 o'r gloch ar y Suliau; hynny am y bythefnos ddilynol. Penderfynwyd, mewn cyfarfod arall i beidio goleuo'r lampau o gwbl ar nosweithiau olau leuad.

Ionawr 3ydd, 1902: 'Penderfynwyd ein bod yn anfon cais at Sgt. Breese, Betws-y-coed i gael yr Heddgeidwad yma yn arhosol gan ei fod yn cael ei gymeryd oddi yma ar adegau i Fethesda.'

Daw'r rheswm am eu pryder o golli'r heddgeidwad yn achlysurol yng nghofnodion cyfarfod y mis dilynol, ar y 13eg o Chwefror:

'Dygwyd cŵyn gerbron fod bechgyn yn myned i mewn i'r Tŷ hers i chwarae cardiau etc. ar dop yr hers, ac yn rhwarae ringo ar y drws oddi allan. Pasiwyd fod y Cyngor i hysbysu yr heddgeidwad o'r peth, a gofyn iddo arfer ei awdurdod.'

Cafwyd mwy o drafodaeth ar y gobaith o gael y rheilffordd i'r plwyf yng nghyfarfod Ebrill 1903.

Mai 15fed, 1903: Derbyniwyd llythyr gan y Postfeistr Cyffredinol yn dweud y caniateid cais y cyngor i gael cysylltu'r Cwm gyda gwifrau telegraff, ond i'r cyngor ymrwymo i ddwyn hanner y gost am y gwaith.

Galwyd cyfarfod arbennig o'r cyngor ar Dachwedd y 4ydd, 1904, wedi ei alw er pasio yn erbyn, neu yn ffafr adnewyddu trwydded y White Horse Inn. Presennol: Dr Williams, (Cad); Mr H. Hughes; Richard Thomas; R.A. Edwards; J.R. Hughes; R.T. Evans; John Williams; A.J. Roberts; Peter Roberts a J.G. Evans.

Ar ô. rhoddi y mater gerbron y cyfarfod gan y cadeirydd a Mr John Williams, a chael rhydd-ymddiddan gan yr oll o'r aelodau ar y mater, cynigiodd Mr John Williams, a chefnogaeth R.T. Evans ein bod fel cyngor yn argyhoeddiedig nad oes angen pedair tafarn yn y plwyf, ac o gymaint fod y White Horse Inn yn newid llaw, ein bod yn erfyn ar yr ynadon yn Betws y Coed i wrthod trosglwyddo nac adnewyddu y drwydded, gan y buasai lleihad yn nifer y tafarndai yn lleihau y temtasiwn i anghymedroldeb. (Unfrydol.) Y cadeirydd yn cynnig, Mr Peter Roberts yn eilio ein bod yn nodi Mr John Williams i gario cenadwri y cyngor, ac ymddangos o flaen yr ynadon ar ein rhan. (Unfrydol.)'

Dylanwad effeithiau Diwygiad mawr 1904-05, a oedd wedi cyrraedd Penmachno fis ynghynt oedd y rheswm am yr alwad i'r cyngor wrthwynebu adnewyddu trwydded y White Horse yn sicr, gyda llawer o'r cynghorwyr yn hoelion wyth eu henwadau, ac yn llwyr-ymwrthodwyr.

Cwynai Richard Thomas, am rhyw reswm, fod y masnachdai yn y Llan yn cael eu gadael yn agored yn rhy hwyr ar y Sadyrnau yng nghyfarfod fis Tachwedd 1905 o'r cyngor.

Ar brydiau, cyfarfu'r amrywiol is-bwyllgorau i drafod materion perthnasol, y rhai a welwyd yn cael eu cofnodi o dro i dro oedd y pwyllgorau canlynol:
Pwyllgor y Ddarllenfa
Pwyllgor y Goleu
Pwyllgor y Mynwentydd
Pwyllgor y Ffeiriau
Pwyllgor yr Hearse Newydd
Pwyllgor y Rheolau Sefydlog
Pwyllgor yr Elusennau

Y meddyg lleol, William Michael Williams oedd cadeirydd cyntaf Cyngor plwyf Penmachno, a bu'n gwasanaethu'r fro yn y swydd hon o'r dechrau hyd ddiwedd 1912.

Cofnodion 1906 — 1923

Fel llawer blwyddyn flaenorol, digon undonog, ar y cyfan yw cofnodion 1906. Gwelir cofnodion am gwynion ynglŷn â chyflwr llwybrau a ffyrdd y fro, llwybrau'r Waen a'r Gors yn arbennig; caiff ffordd y Sarn, neu Rhyd yr afon, fel y cyfeirir ati, sylw aml iawn, fel Pont Oernant a Phont Selar yn y Cwm. Bu trafodaeth mawr am fisoedd am lwybr Rhiwbach a Chwt y Bugail dros y blynyddoedd, a dim penderfyniad pendant yn cael ei wneud amdanynt. Y rheswm am yr oedi, yn ôl pob tebyg oedd fod y sawl a gawsent eu dewis i drafod y cwynion am gyflwr truenus y llwybr i Riwbach gysylltiadau â'r chwarel, ac yn gyndyn o wneud hynny gyda rheolwr dylanwadol y gwaith, Mr Humphries. Cofnodwyd hefyd gwynion yr ardalwyr am safon y dŵr yn y Llan a'r Cwm, a galw cyson ar yr awdurdodau perthnasol i wella'r sefyllfa.

Rhagfyr 31, 1906: Dengys cofnod olaf y flwyddyn hon i'r cyngor anfon eu diolchiadau i'r Arglwydd Penrhyn am ei haelioni, trwy y rheithor, 'am ei rodd o £10 i dylodion y plwyf, i'r ymneilltuwyr fel ag i'r eglwyswyr'.

Mai 10fed, 1907: Anfonwyd llythyr i J. Eldon Bankes, tirfeddianwr yn yr ardal, i ofyn iddo drosglwyddo ffordd y Graienyn drosodd yn eiddo'r plwyf.

Tachwedd 26, 1907: Trafodwyd cael gwasanaeth *Motor Bus* o Gorwen i Benmachno, ac ym Medi y flwyddyn ganlynol, anfonwyd llythyr i gwmni rheilffordd yn y Betws i ofyn iddynt ystyried rhedeg bws o'r Betws i Benmachno tua 8 o'r gloch yn y bore, ac i ddychwelyd yn ôl o'r Llan tua wyth o'r gloch yn y nos.

Mawrth 19, 1909: Dafydd Williams yn cael ei benodi i siarad â bachgen o Fetws y Coed a oedd wedi torri gwydr un o lampau'r stryd. (Yng nghyfarfod Ebrill o'r cyngor datgelodd D. Williams iddo dderbyn 1/6 o dâl am y difrod gan y bachgen.) Dewiswyd rheolwyr i ysgolion y plwyf yn y cyfarfod yma hefyd — Ysgol y Cyngor Llan; J.R. Hughes ac R.E. Williams; Ysg. Cyngor Rhiwbach, D. Ellis Jones a Wm. Jones; Ysg. Wladwriaethol Llan, Parch T.J. James, Ysg. Wladwriaethol Cwm, J. Griff. Evans.

Mehefin 29, 1909: Cafwyd cynnig dadleuol gan Dafydd Williams ynglŷn â'r Ysgol Wladwriaethol yn y cyfarfod yma, a chofnodwyd megis — 'Yng ngwyneb y ffaith fod ysgol wedi ei darparu yn ddiweddar gan y Cyngor Sir ym Mhenmachno, a bod yr adeilad yn ddigon eang i gymwyso holl blant y gymdogaeth, ac oherwydd rhagoroldeb yr adeilad a manteision eraill i sicrhau addysg effeithiol, ein bod o'r farn na ddylid beichio y trethdalwyr i gadw ysgol enwadol mwyach, ac yn taer erfyn ar y Cyngor Sir i'w chau.' Pasiwyd y cynnig, ond nid yn unfrydol, gan i rai eglwyswyr fod yn aelodau o'r cyngor. Roedd yr ysgol wladwriaethol, eglwysig yn dal ar agor, a rhwng 35-40 o blant, eglwysig, mae'n debyg yn ei mynychu, er i'r ysgol newydd fod wedi agor ddechrau'r flwyddyn hon. Digon yw dweud mai radical o Ryddfrydwr ac aelod selog o Salem oedd Dafydd Williams y cynigydd.

Awst 6ed, 1910: Trafodwyd llythyr oddi wrth y Postfeistr Cyffredinol yn gofyn barn y cyngor ynghylch lleihau oriau'r is-swyddfeydd, i agor am 8 o'r gloch y bore yn lle saith.

Awst 11fed, 1910: Penderfynwyd galw cyfarfod arbennig i ystyried y priodoldeb o hysbysebu Penmachno fel lle i ddieithriaid yn ystod yr haf. (Pwy fyddai'n meddwl ynte, ein dyddiau ni, fod adeg wedi bod pryd roedd y werin-bobl yn croesawu dieithriaid i'r fro!)

Yn yr un cyfarfod, pasiwyd i 'hysbysu'r heddgeidwad o'r "nuisance" gymerodd le yn Yard y Machno ddechrau'r haf'.

Gorffennaf 1911: Pasiwyd i wneud cais i'r Cyngor Sir am gael arwydd i fodurwyr wrth yr ysgol.

Medi 1911: Rhybudd o gynnig gan Dafydd Williams, — 'Nuisance yn y Llan'.

Tachwedd 1911: Galwodd Richard Thomas sylw at yr ymosodiad arno yn y cyngor diwethaf gan Mr David Williams, Collfryn House ynglŷn â glanhau y 'nuisance' yn y Llan.

Mawrth 1912: 'Cyffredinol' . . . 'I alw sylw Bwrdd y Pysgodfeydd Nant Conwy at afon Machno, nad oedd amddiffyniad o gwbl rhag rhwydo pysgod ynddi, am yr arian a delir i'r Bwrdd o'r plwyf.' Pasiwyd hefyd fod angen galw sylw'r Cyngor Sirol am yr angenrheidrwydd o gael y steam roller ar ffordd Penmachno.

Mehefin 1912: Gwnaed y penodiad mwya' paradocsaidd o reolwr ar yr ysgol eglwysig yn y cyfarfod yma, — Dafydd Williams, Collfryn House, ac yntau, dair blynedd ynghynt wedi bod yn galw'n groch am ei chau!

Pasiwyd yn yr un cyfarfod i anfon llythyr i'r Barnwr Eldon Bankes o ddiolchgarwch y cyngor am ei 'ryddfydigrwydd ynglŷn â ffordd y Graienyn'.

Gorffennaf 1912: Ateb gan y Bwrdd Pysgodfeydd yn gofyn i'r cyngor plwyf ddewis cynrychiolydd i'r Bwrdd. Os oedd penodiad Dafydd Williams fel rheolwr ar yr hen ysgol fis ynghynt yn baradocs, doedd hyn yn ddim o'i gymharu â phenderfyniad y cyngor o ddewis yr un gŵr i'w cynrychioli ar y Bwrdd Pysgodfeydd. Roedd hwn a'i deulu yn adnabyddus drwy'r fro fel potsiars heb eu hail; yn wir, roeddynt yn rhan o chwedloniaeth yr ardal oherwydd eu gorchestion. Ond nid ysbeilwyr di-feddwl mohonynt, canys dwyn y pysgod roeddynt i fwydo teuluoedd lluosog y cyfnod ar adeg o gyfyngder. Dewiswyd ef yn unfrydol gan y cyngor.

Yn y cyfarfod yma fe benodwyd John Williams, tad John Ellis Williams fel clerc y cyngor, a bu'n gwneud y swydd am dros 25 mlynedd.

Hydref 1912: Pris Alexander Pettigrew o £1.5.0 y flwyddyn am oleuo, glanhau a thwymo ystafell y cyngor yn cael ei dderbyn, a phenodwyd David Hughes fel goleuwr y lampau cyhoeddus ar gyflog o 4/6 yr wythnos.

Ionawr 1913: Deiseb y di-waith yn yr ardal yn cael ei hanfon i Gaernarfon, ynghyd â llythyr yn egluro fod o leiaf 64 heb waith yn y plwyf, ac yn erfyn sylw buan. (Gohebiaeth y mis dilynol yn adrodd fod 12 o swyddi labro ar gael yn chwarel Dinorwig, ac mewn cofnod arall gwelir — 'Dewis gweithwyr i ffordd y Cwm — Eglurodd y cadeirydd, Thomas Rowlands, a Mr Hugh Hughes, y ddau gynrychiolydd ar Gyngor Geirionnydd, fod 20 mewn rhif o ddynion i'w dewis, ac hyd y gellid, i roddi i ystyried i'r rhai mwyaf anghennus ond abl hefyd i waith. Wedi darllen list lawer gwaith drosodd, dewiswyd y deg enwau isod'. (20 mewn ffaith), yn eu mysg Jeremiah Jones, John St.; William Vaughan; Rhys Jones Williams; William Jones, barbar a Thomas Jones, Siop Voel.

(Profa'r uchod i argyfwng yn y chwareli, gyda thair chwarel fod ar gau neu ar fin cau, effeithio'r ardal yn ddirfawr ar y pryd.)

Efallai dylid sôn am yr is-bwyllgor a fu'n cyfarfod y mis hwn cyn symud ymlaen, pwyllgor gyda'r enw ddi-urddas, 'Pwyllgor yr urinals'!

Ebrill 1913: Dewis rheolwyr i'r *pump* ysgol yn y plwyf, sef Ysgol y Cyngor, Llan; Ysgol Wladwriaethol Llan; Ysgol Wladwriaethol Cwm; Ysgol Carmel Cwm; Ysgol y Cyngor Rhiwbach. (Dyma'r tro olaf i ddewis un i Riwbach cyn ei chau.)

Mai 1913: Pleidlais o gydymdeimlad ar farwolaeth y Dr W. Michael Williams, cadeirydd y cyngor plwyf ers ei sefydlu yn 1894. Hugh Hughes yn cael ei ddewis yn gadeirydd newydd.

Medi 1913: 'Bu cwrs o siarad ac o drefnu, diwedd pa un fu fod y goleuni Acetylene yn cael ei ddewis, ac fod 5 o'r lampau yn cael eu prynu, dwy ohonynt yn 100 *candle power* a 3 yn 65 *candle power* . . . Pwyllgor y goleu i gyfarfod nos Wener am saith i drefnu lleoliad a lleihad nifer y lampau, a threfnu hefyd at alw am oleuwr a defnyddiau goleuni.

Cyffredinol: Parch. Ben Jones ddymunai dynnu sylw at fod y plant yn rhedeg er eu perygl o flaen y Motor ac am i rybydd o hyn gael ei hysbysu yn yr ysgol ddyddiol a'r addoldai. Mr Hugh Hughes a ddymunai alw at gyflymdra y Motors drwy y pentref, ac fod sylw y Cyngor Sir i gael ei alw, drwy osod dwy hysbysiad yn nherfynnau'r pentref yn nodi '*8 milltir fel y timelimit drwy y pentref*!

Pwyllgor y goleu, Medi 19, 1913: Penderfynwyd ar leoliad y lampau newydd, (5 ohonynt) Glan y Pwll; Llys Ifor; Bodalaw; Eagles Hotel; Cornel White St. 5 lamp garbeid a 5 olew, cyfanswm o 10 lamp yn lle y 13 gynt. Yng nghyfarfod mis Hydref penderfynwyd, wedi profi effeithiolrwydd y lampau newydd, nad oedd angen goleuo lampau ger ysgol y cyngor, ger Bradford House, lamp y bont a Mary Street y flwyddyn hon, a daeth llythyr gan Richard Hughes, gwesty'r Eagles yn bygwth cyfraith oherwydd safon y gwaith ar y lamp ger ei dŷ.

Roedd pryderon ynglŷn â'r di-waith yn cael sylw, a galw i'r broblem gael ei gwneud yn hysbys i'r aelod seneddol William Jones, ac iddo geisio arian o'r Drysorfa i'r 143 o rai o'r pentref oedd heb waith, mewn gwaith achlysurol neu yn gweithio oddi cartref yng nghyfarfod olaf 1913.

Ionawr 1914: 'Cyffredinol . . . fod dirprwyaeth i'w wneud i weled Mr

Humphreys pan y daw i'r ardal Ionawr 31, i ofyn iddo fedru gweld ei ffordd i gael ail-weithio yn Rhiwbach.'

Ebrill 1914: Heolydd y Llan yn cael eu tario. (Am y tro cyntaf?) Mr Thomas Rowlands yn hysbysu fod casgliad o ffosiliau gwahanol fetelau a chreigiau yr ardal — casgliad y diweddar Cadwaladr Owen, ac wedi ei rhoddi yn rhodd i'r Cyngor, ym meddiant y mab, y Parch. Owen R. Owen. Cynigiodd y Parch. Ben Jones 'ein bod yn gwneud cais amdanynt'.

Tachwedd 1914: Pasiwyd i erfyn ar y Cyngor Sir i gychwyn ar y gwaith o ledu ffordd y Cwm, i greu gwaith i'r dwsinau o ddynion di-waith, neu ei cael i ddechrau malu cerrig yn barod i'r gwaith. Roedd rhai ohonynt wedi ceisio gwaith cyn belled i ffwrdd â Blaenau Ffestiniog a Llandudno heb lwyddiant.

Ionawr 1915: Cyngor Trefol Llandudno yn gofyn am nifer o ddynion o 25 i 30, yn ôl 3/10 y dydd. Llythyr o ddiolch yn cael ei anfon yn ôl gan y Cyngor Plwyf gan egluro anallu'r cyngor i gyfarfod y cais 'oherwydd drudaniaeth llety a chostau eraill'.

Roedd y diweithdra yn amlwg wedi bod yn rheswm i weld cynydd yn un gweithgaredd yn yr ardal, sef herwhela, â llawer wedi gorfod troi at dor-gyfraith i botsio'r afonydd am bysgod; cofnodir cŵyn am ddiffyg rheolaeth ar afon Machno yn y cyfarfod yma, a theulu lluosog Dafydd Williams, crydd, nad oedd erbyn hyn yn aelod o'r cyngor, yn sicr ym mysg y potsiwrs, i geisio cadw'r newyn draw.

Chwefror 1915: Y plwyf yn derbyn cyflenwad o flawd a chaws o Ganada oherwydd cyfyngderau'r rhyfel.

Oherwydd trethi uchel a sefyllfa bresennol gwaith yn yr ardal yn dywyll, gwelwyd angen cwtogi ar y treuliadau, a bu galw am wneud i ffwrdd ag un o'r ysgolion dyddiol.

Mawrth 1915: Mae'n debyg mai am resymau ariannol y pasiwyd i werthu cant, mewn pwysau, o garbeid am £3, yn weddill o'r cyflenwad a gedwid i oleuo lampau'r Llan. Ni chofnodir a oedd y lampau carbeid wedi dod i ddiwedd eu hoes ddefnyddiol ai pheidio.

Ionawr 1919: Wedi blynyddoedd o gwyno am safon dŵr y Llan, trafodwyd safleoedd ar gyfer gwaith dŵr newydd, sef Cae'r Mynach, Bryn Cryg a Choed du.

Anfonwyd cais i'r Arglwydd Penrhyn i agor chwareli y Foel a Charrog.

Ychydig iawn oedd yn mynychu'r cyfarfodydd yn y blynyddoedd yma, gyda dim ond pedwar neu bump yn eu mynychu yn fisol ar gyfartaledd. Ym mis Ebrill 1919 gwelwyd J. Lloyd Morris yn cael ei ddewis yn gadeirydd ar gyngor etholedig newydd y plwyf.

Awst 1919: Cyfrif-len ynglŷn â dathliad heddwch yn yr ardal yn cael ei chyflwyno gerbron y cyngor. Casglwyd £37.13.7½, a'r 'gist lun' yn costio

£44.10.7½, yn gadael diffyg ariannol i'w hwynebu. Pasiwyd i'r diffyg gael ei dalu allan o'r trethi.

Cynhaliwyd cyfarfod arbennig 16 Awst, 1919 i drefnu cofeb i'r milwyr o'r plwyf a laddwyd yn y rhyfel. Cynigodd Ben Jones a chefnogwyd gan Ebenezer Jones fod neuadd gyhoeddus yn cael ei chodi gydag amryw ystafelloedd i ddarparu adloniant, chwaraeon a darllenfa i'r plwyfolion. Cynigiodd Robert Griffiths fod goleuni yn cael ei roddi i ystyriaeth y cyfarfod cyhoeddus fel ffurf y gofeb. Awgrymwyd hefyd fod cofgolofn yn cael ei chodi, ac enwau'r bechgyn a laddwyd arni. Daeth awgrym arall fod 'Public Baths' yn cael eu sefydlu yn y lle. Pasiwyd fod y cyfarfod cyhoeddus i'w alw Sadwrn, Awst 30ain am 7 o'r gloch i drafod y cynlluniau.

Awst 29, 1919: Anfonwyd cais i'r Cyngor Sir am ffordd o Danyrhiw, Cwm i derfyn y ddwy sir, Arfon a Meirion i'w gwneud yn un blwyfol ac yn dramadwy. Roedd rheolwyr Bwlch Slatars yn erfyn am hyn er budd y gweithwyr i'w cludo yn ôl ac ymlaen o Benmachno.

Medi 1919: Cododd mater y rheilffordd ysgafn o Gorwen i Benmachno ei ben eto wrth i Gyngor Plwyf Pentrefoelas ofyn am gefnogaeth Penmachno. Pasiwyd i geisio trefnu cyfarfod unedig i bwyso amdani.

Tachwedd 1919: Anfonwyd cŵyn i'r heddgeidwad fod rhywun yn dwyn olew a gwydrau o lampau'r stryd yn y Llan.

Mehefin 1920: Llythyr yn cael ei dderbyn oddi wrth Ddirprwyr yr Eglwys yng Nghymru yn hysbysu 'nad oes a wnelo y Cyngor Plwyf ddim â mynwent Penmachno yn bresennol'.

Adroddiad yn cael ei ddarllen o gyfarfod undebol i drafod y lein fach o Gorwen.

Gorffennaf 1920: Derbyn llythyr o'r Pwyllgor Addysg yn cydnabod cais i osod cofeb y milwyr ger yr ysgol.

Mewn cyfarfod cyhoeddus ar Fedi'r 9fed, 1921 fe basiwyd cynnig J.W. Richards fod y gontract i osod y gofgolofn yn mynd i Hugh Hughes, Llanrwst, yr isaf o ddau bris ddaeth i law, — £117.10.0., ond y gost o dorri enwau yn ychwanegol at hyn.

Mantolen Pwyllgor y Gofeb o'r Cyngor Plwyf: Yn y banc £157.10.11. Swm am dorri enwau £12.10.0.

Mawrth 1922: Cyfarfod olaf J. Lloyd Morris fel cadeirydd. Etholwyd Ebenezer Jones i'r swydd ym mis Ebrill.

Dewis y Cyngor Plwyf fel un reolwyr ar Ysgol y Cyngor, Llan oedd y Parch. Ben Jones, y ficer, a phrif wrthwynebydd sefydlu'r ysgol newydd yn 1909 ar draul yr ysgol eglwysig.

Bu cryn drafod ar gyflwr yr hers yn rheolaidd, ac ambell i gynghorydd eisiau i'r cyngor fuddsoddi mewn un newydd.

Ebrill 1922: Pwyllgor y gofeb yn datgan fod y gost, wedi talu am bopeth, o osod y gofeb yn £174.0.10., a £167.12.1 mewn llaw, diffyg o £6.8.9.

Medi 1922: Agor tenders am oleuo y 4 lamp baraffin. Pris Herbert Williams, £8 am y goleuo, y glanhau a'r diffodd (y flwyddyn) a 3/6 am eu gosod i fyny a'u tynnu i lawr. Pris Richard Roberts, ffordd Cwm, sef £7.15.0 am y goleuo a 4/0 am eu gosod a'u tynnu i lawr. Ni chofnodwyd pa un oedd yn llwyddiannus.

Cyfarfod neilltuol: Mawrth 1af, 1923: Penderfynwyd peidio prynu hers newydd, ond i atgyweirio'r hen hers.

Goleuo'r Plwyf: 'John Edwards, Electric engineer, Llanuwchllyn i ddod i weld y lle ac i nodi y gost o oleuo â thrydan y ddwy ward.'

Mai 1923: Gohebiaeth oddi wrth y 'North Wales Power Co.' yn datgan eu bwriad i oleuo lleoedd gwledig, a'r cyngor yn gefnogol iawn i'r syniad. Ond er hyn, cymrodd dros ddeng mlynedd ar hugain i drydan o'r Grid Cenedlaethol gyrraedd y plwyf yn 1954.

Yng nghyfarfod Mehefin 1923 o'r Cyngor, fe benodwyd Herbert Williams yn ofalwr yr hers am £1 y flwyddyn.

Gorffennaf 1923: Daeth llythyr oddi wrth R.T. Jones yr aelod seneddol gerbron y Cyngor y mis hwn, yn gofidio nad oedd sefyllfa ariannol y wlad yn fanteisiol i'r symudiad ar y pryd i gael y rheilffordd ysgafn i ddod i'r plwyf.

Wedi trin a thrafod am hydoedd, pasiwyd yn y cyfarfod yma i wario £65.15.0 ar adnewyddu hers y plwyf. Mewn dewis anffodus o eiriau, penderfynwyd i gwmni W.P. Dunne 'roddi *Body* newydd' arni!!

Gorfu i'r Cyngor wneud casgliadau tuag at y costau o'i thrwsio, ond er hyn roeddynt yn £7 yn fyr o'r nôd.

O Lyfr Cofnodion 1924 — 1935

Mehefin 1924: Penderfynwyd codi cyflog y clerc i £6.10.0 y flwyddyn.

Tachwedd 1924: Darllenwyd llythyr oddi wrth y Prif Bostfeistr yn Llandudno yn hysbysu fod y 'telephone' yn barod i wasanaethu'r ardal y mis hwn.

Mawrth 1925: Darllenwyd atebion Mr Ramsay MacDonald, y Prif Weinidog a Haydn Jones, Aelod Seneddol ynghylch helynt y fynwent. (Roedd y Cyngor wedi cysylltu â'r ddau uchod, ynghyd â David Lloyd George a phwysigion eraill i gwyno nad oedd yr Eglwys yng Nghymru wedi trosglwyddo'r fynwent gyhoeddus i reolaeth y Cyngor Plwyf fel y gorchmynwyd iddynt yn ôl Deddf Gwlad.)

Pasio i ofyn i gapel Bethania am bris am gyflenwi'r Llan â thrydan i oleuo'r strydoedd o'r generadur newydd a oedd wedi cael ei brynu gan swyddogion yr achos at ddefnydd y capel, ac yn llwyddiant mawr. (Gwrthodwyd y cais.)

Ebrill 1925: Cwynion am y pysgota anghyfreithlon, yng ngolau dydd ac ar foreuau Sul yn yr ardal yn cael eu trafod.

Gorffennaf 1925: 'Y polyn haearn ger Bodalaw. Galwyd sylw at y ddamwain i'r polyn a'i fod wedi cael ei dorri, a phasiwyd i'r cadeirydd, Owen Williams a'r clerc i weled Powell Roberts, perchennog y modur achosodd y ddamwain.'

Awst 1925: Galwyd sylw at ymweliad y crwydriaid â'r Sarn, a'u harosiad hir yno. 'Am gael y Cyngor Dosbarth i weithredu am mai hwy oedd yn gofalu am ddeddf iechyd y dosbarth.'

Medi 1925: Pris Herbert Williams o £7.10.0 y flwyddyn yn cael ei dderbyn am oleuo y Llan.

Mawrth 1926: Gwasanaeth Herbert Williams yn dod i ben ddiwedd y mis, a'r lampau yn cael eu cadw yn y Tŷ Hers. (Yn amlwg roedd trafodaethau yn mynd ymlaen i gael goleuo'r strydoedd â thrydan.)

Gorffennaf 1926: Darllenwyd llythyr oddi wrth William Roberts, Tanydderwen yn datgan ei barodrwydd i oleuo lampau cyhoeddus yn y pentref am bris rhesymol. (Golau trydan.) Y cyngor yn pasio i wneud ymholiadau pellach ynglŷn â phwy oedd i osod y polion a weirio i bwrpas y lampau.

Medi 1926: Cwmni Crosville yn anfon copi o brisiau tocynnau ac amserlen y gwasanaeth newydd a fwriadent ei gychwyn o Lanrwst i'r plwyf.

Hydref 1926: 'Dyfodiad Crosville i'r ardal. Eglurwyd fod lle i ofni na ddeuai y cwmni i'r plwyf oherwydd gwrthwynebiad iddynt oherwydd personau neillduol.' Atebodd y Cyngor i erfyn arnynt ddod oherwydd i'r *service* a phrisiau y rhai sydd yn gwasanaethu yn bresennol yn anfoddhaol, a dim service o gwbl i'r Cwm'. Datgelir yma lawer o wybodaeth am wasanaeth teithio cyhoeddus cynnar y plwyf. Cawn wybod pryd y bu i Crosville ystyried dechrau gwasanaeth, a hefyd i wasanaeth fodoli yn barod, er nad oedd yn cyrraedd y Cwm, gan gwmni arall.

Tachwedd 1926: Telerau William Roberts am oleuo 13 o lampau y plwyf a'i diffodd yn ogystal, am y swm o £20, sef £18 am y lampau, ei 'ffitings' a'r goleuo, a £2 am eu diffodd. (Y mis dilynol, gwnaed cytundeb rhwng Wm. Roberts a'r Cyngor am gyflenwi trydan i'r pentref.)

Chwefror 1930: Cwynion eto am hyfdra crwydriaid yn y Sarn, a'u bod yn dwyn tatws o gaeau ffermydd cyfagos.

Mawrth 1930: Pasiwyd yn unfrydol i geisio cael y cwrdd plwyf i drosglwyddo hen lyfrau Festri Penmachno i ofal Llyfrgell y Brifysgol ym Mangor — 'Y Cyngor Plwyf o'r farn os y cadarnheir hyn gan y Cwrdd Plwyf i drosglwyddo i Lyfrgell y Brifysgol ym Mangor, er eu cadwraeth er budd efrydwyr hanes a hen arferion Cymreig yn gyffredinol.'

(Diolch am weledigaeth aelodau doeth y Cyngor yma yn wir; mae'r Llyfrau

Festri yn dyddio'n ôl i ddechrau'r 18fed ganrif, ac yn ffynhonnell bwysig dros ben i haneswyr lleol a chenedlaethol. Adroddent am ddigwyddiadau a fyddent yn rhan o fywyd Penmachno'r cyfnod.)

Tachwedd 1930: Ystyried pedwar safle ar gyfer codi 'Public Urinals' yn y Llan.

Ebrill 1931: Penderfynu ar swm y dreth i'w chasglu, £24.

Mawrth 1932: Eglurodd y cadeirydd fod pum mlynedd wedi llithro heibio cyn i delerau llythyr William Roberts, a dderbyniwyd gan y Cyngor Plwyf a'r cwrdd plwyf gael ei gorffori mewn cytundeb cyfreithiol. Y telerau'n nodi fod William Roberts i gytuno i gyflenwi trydan i'r Llan am 15 mlynedd am £18 y flwyddyn.

Mai 1933: Trafodwyd un o faterion y 'Festri Fawr', y cwrdd plwyf, sef cael mynwent gyhoeddus i'r plwyf.

Y mis dilynol pasiwyd i alw cyfarfod cyhoeddus yn y Cwm i gael teimladau'r trigolion yno i'r posiblrwydd o gael mynwent gyhoeddus yn y Cwm neu gael defnydd o'r un a fwriedid ei agor yn y Llan.

Cafwyd pleidlais ar y mater yng nghyfarfod Tachwedd o'r Cyngor Plwyf gyda'r canlyniad — Mynwent i'r Cwm 5 pleidlais, i'r Llan 7.

Rhagfyr 1933: Bu cwynion fod trafferthion gyda'r goleu, y cyflenwad yn torri'n aml; pasiwyd i ofyn i William Roberts roddi sylw i'r mater.

Chwefror 1934: Darllenwyd llythyr oddi wrth y Blaid Genedlaethol yn gofyn i'r Cyngor eu cynorthwyo i gael gwell trefniadau gan y BBC Broadcasting House i Gymru i gael mwy o Gymraeg i Ogledd Cymru. (Ni chofnodwyd yr ymateb.)

Ymddiswyddodd y clerc, John Williams, wedi bod yn aelod o'r Cyngor Cyntaf yn 1894, sef deugain mlynedd, ac wedi bod yn ysgrifennydd y Cyngor ers 22 mlynedd.

Cyngor neilltuol yn cael ei alw gan Bwyllgor Lleol Goleuni Trydanol, ward y Cwm yn gofyn am gefnogaeth i gael Cwmni Trydan Gogledd Cymru i ddod a chyflenwad i'r holl blwyf, gan fod *transformer* wedi cyrraedd chwarel Rhiwbach eisoes.

Mawrth 1934: Dewis clerc newydd. Pedwar yn ymgeisio, D. Emlyn Davies, Cwm; O. Pryce Thomas, Ael y Bryn; J.D. Lloyd, London Terrace ac E. Lloyd Williams, Rosland.

Wedi pleidleisio, dyfarnwyd fod O. Pryce Thomas yn cael ei benodi. (Roedd y cyngor yn arloesol iawn o'r cyfnod, gan wneud defnydd o bleidleisio yn ôl y drefn gynrychioliad cyfrannol. [P.R.])

Ebrill 1934: Dewiswyd Meyrick Morris yn gadeirydd.

Mai 1934: Y Cyngor yn dewis tir Harry Jones, Gwynfa fel safle'r fynwent newydd, — acer am £50.

Pwyllgor neilltuol ail o Orffennaf 1934: Cynghorwyr y Cwm yn datgan eu bod wedi cael pris ar ddwy safle am fynwent yno — un ger Bryn Madog a'r llall yn y Terrace am £60 am ½ acer.

Pwyllgor neilltuol ail o Orffennaf 1934: Cynghorwyr y Cwm yn datgan eu bod wedi cael pris ar ddwy safle am fynwent yno — un ger Bryn Madog a'r llall yn y Terrace am £60 am ½ acer.

Pwyllgor neilltuol Mawrth 18fed, 1935 i agor tenders am y gwaith o wneud y fynwent newydd.

Davies & Jones, Llanrwst	£495.15.0
Wm Jones, Parry Road, Llanrwst	£771.0.0
Evan Jones, Talybont	£762.12.6
Isaac Hughes, Bae Colwyn	£768.0.0
H. & Morgan Jones, Penmachno	£530.0.0

Amcangyfrif y Tirfesurydd Mr J. Summers oedd £518.
Derbyniwyd pris H. & Morgan Jones o £530.

Medi 1935: 'Troethfa gyhoeddus. Llythyr gan Evan Williams yn anghytuno ag ystabl Victoria House fel Troethfa gyhoeddus.'
Cais i'r Cyngor Dosbarth i adeiladu tai yn yr ardal.

Hydref 1935: Llythyr o'r Cyngor Dosbarth ynglŷn â chael dŵr o Lyn Conwy.

O Lyfr Cofnodion 1936 — 1949

Ionawr 1936: Y clerc, O. Pryce Thomas yn ymddiswyddo, a'r mis dilynol gwelir fod pump wedi ymgeisio am y swydd — Price Pritchard, C.W. Williams, Evan Jones, D.E. Roberts a Hywel Gwynedd Thomas. Wedi pleidleisio fe ddewiswyd Hywel Gwynedd Thomas i'r swydd.

Mehefin 1936: Pasiwyd fod y cadeirydd a'r is-gadeirydd i gynrychioli'r Cyngor yn seremoni cysegu'r fynwent.

 Gwelir yn y cofnodion ddau fater yn ymwneud â dŵr yn cael eu trafod yn aml, — mater y cynllun dŵr a charthffosiaeth i'r plwyf, a mater yr 'Urinals'.

Chwefror 1937: Wedi derbyn cwynion ynglŷn â phrisiau taith o'r Llan i'r Cwm ar fysiau Crosville, cytunodd y cwmni i gadw pris y tocyn i chwe cheiniog i Swch a saith geiniog i Teras, am docyn ddwyffordd.

Mawrth 1937: 'Cŵyn i'w anfon i William Roberts ei fod yn rhoi'r golau allan ar yr heolydd pan fydd cyngerdd yn y Llan.' (Yn dilyn hyn, yn arwyddocâol daeth rhybudd o gynnig, 'Mater o gael Trydan i'r plwyf' gan Mr J.W. Jones.)

Awst 1937: Cwynion nad oedd gan Crosville ond un modur yn dod o'r Betws oddi wrth trên 9.30 p.m. nos Sadwrn ac fod llawer yn cael eu gadael ar ôl.

Yng nghofnodion cyfarfod Ionawr 1939, cawn ein hatgoffa fod cymylau rhyfel

✝

TREFN GWASANAETH CYSEGRU

Rhan o'r

GLADDFA NEWYDD

Yn MHENMACHNO,

Gan Ei Ras

Yr Arglwydd Archesgob Cymru

Dydd Sadwrn, Gorphenaf 18, 1936,

am 3-30 p m.

THE CONSECRATION

of a part of

The NEW CEMETERY

at PENMACHNO,

By His Grace

The Lord Archbishop of Wales

Saturday, July 18, 1936

at 3-30 p.m.

Printed by J. Ll. Roberts, Station Road, Llanrwst.

yn bygwth y wlad, wrth ddarllen y cofnod canlynol, — 'Ionawr 23, 1939: "Evacuation Scheme". Fe ddarllenwyd cylchlythyr o Gyngor Nant Conwy yn gofyn am gydweithrediad i fyned o amgylch i ofyn pwy fuasai yn cymeryd plant i fewn pe bai Rhyfel yn torri allan.' Dewiswyd W. Powell Roberts a'r clerc i fynd o gwmpas Llan, a Llewelyn Hughes a Hugh Roberts yn y Cwm.

Yn yr un cyfarfod darllenwyd llythyr gan Miss Cissie Williams yn gofyn i'r Cyngor bwyso ar gwmni Crosville gyflwyno tocyn gweithwyr ar y bws i Lanrwst. Cafwyd cŵyn hefyd gan y Cynghorydd J.W. Jones nad oedd y trenau yn rhedeg i'w hamser a bod y bysiau yn gadael cyn iddynt ddod i mewn. Cofnodwyd hefyd i'r un cynghorydd, J.W. Jones, dderbyn diolch yr aelodau am fyned i Wrecsam i gyfarfod i ddadlau am hawl i siarad Cymraeg mewn Llysoedd Barn, sy'n profi i'r ymwybyddiaeth o'r anhegwch ieithyddol yn y cyfnod fod yn fyw yng Nghyngor Plwyf Penmachno.

Gorffennaf 1939: Anfonwyd llythyr i'r meddyg lleol, Dr Williams, yn ei longyfarch ar ei benodiad fel Ustus Heddwch, ond yn drist, yn y cyfarfod dilynol, gwelir i lythyr o gydymdeimlad gael ei anfon i'w weddw yn dilyn ei farwolaeth.

Hydref 1939: 'Gofynwyd gan Mr D. Davies a oedd yn bosibl dod i gytundeb â'r Doctor newydd ynglŷn â'r gwahanol *fees*, ac edrych fuasai'n barod i dderbyn y *scale* sydd gan Ddoctoriaid y Blaenau.' Penderfynwyd anfon dirprwyaeth i gyfarfod â'r meddyg. Am ryw reswm, ni chodwyd y mater ar ôl hyn, hyd yn oed o dan 'Materion yn codi'.

Mawrth 1940: Cwynion am gyflwr Seston ddŵr Carrog.

Medi 1940: Effeithiau'r rhyfel yn cael ei deimlo yn y Cyngor wrth gofnodi fod angen olynydd i'r clerc tra yn y fyddin.

Trafodwyd casglu hen haearn a phapur, a chyfeiriwyd at y '*Spitfire Fund*'. Ni fu cyfarfod o'r Cyngor wedi hwn tan Chwefror 1941, pryd y trafodwyd y diffyg trefniadau a phrydau bwyd i'r 'Vacuees'.

Ebrill 1941: Y Cyngor yn anfon at Gyngor Dosbarth Nant Conwy "yn gwrthwynebu derbyn rhagor o Vacs i'r ardal yng ngwyneb carthffosiaeth ddiffygiol".

Rhagfyr 1941: Tynnwyd sylw y Cyngor at waith y Comisiwn Coedwigaeth yn cau rhan o fynydd y Llech, cynefin defaid, i bwrpas o blanu coed, a'i bod yn newid cyfeiriad hen ffordd y plwyf yn un rhan.

Pasiwyd i anfon at y Bwrdd Masnach ynghylch prinder *matches* yn y plwyf, ac yn awgrymu y dylid cael cyflenwad i'r chwarel.

Mawrth 1942: Yn y cyfarfod yma newidwyd y drefn o dalu i'r torrwr beddau mewn arian parod, fel ag y bu erioed, oherwydd i'r archwilydd bwysleisio mai gyda siec y dylid gwneud.

Mai 1942: Trafodwyd safleoedd i dderbyn ifaciwîs gyda chyfleusterau i wneud bwyd ynddynt, — Festri Bethania, yr ysgol, y neuadd gyhoeddus yn y Llan, ynghyd â festrioedd Rhydymeirch a Shiloh yn y Cwm.

Ni fu cyfarfod arall hyd Ionawr 1943, ac ni fu llawer o drafodaeth o bwys hyd gyfarfod Hydref y flwyddyn honno, pryd y gwelir y cofnod difyr am gyflwr esgidiau'r trigolion, ac i'r Cyngor benderfynu anfon at y Cyngor Sir ynghylch prinder rhai i drwsio esgidiau a phrinder lledr yn yr ardal.

Mawrth 1944: Cafwyd trafodaeth ar yr arbrofion meddygol yn yr ysgolion, ac argymellwyd i'r swyddogion gadw'r canlyniadau yn 'gyfrinachol o hyn allan'.

Ebrill 1944: Gwelwyd yr unig gyfeiriad yn yr holl gofnodion o'r Cyngor Plwyf, mae'n debyg, i Sarn fel 'Sarn Rhyd y Criafol'. Gelwid y lle yn Sarn Rhyd yr Afon, a Sarn yr Afon gan glercod eraill; fe geir cyfeiriad gan Brysiog Machno yn ei lyfryn 'Chwedleuon Machno' i'r lle fel 'Sarn Rhyd y Riafol'.

Yn y cyfarfod yma fe gefnogwyd apêl trigolion y Cwm i Doctor Parry agor meddygfa yn y Penucha unwaith yr wythnos.

Mehefin 1944: Cofnodwyd i'r Cyngor dalu rhent o bunt i stad Penrhyn am y cae chwarae.

Ni chynhaliwyd cyfarfod arall o'r Cyngor tan fis Mawrth 1945 ac ynddo gwelir un cofnod yn cefnogi gofyn i Mr J. Lloyd Morris anerch cyfarfod cyhoeddus ar 'Hanes y Cynghorau Plwyf'. Ni wyddys a fu cyfarfod ai pheidio, ond fe fyddai wedi bod yn ddifyr cael gwrando ar un o hoelion wyth y Cyngor yn trafod darlith o'r fath.

Gorffennaf 1945: Goleuo'r Llan yn cael sylw unwaith yn rhagor, wrth i'r Cyngor 'sgwennu at Mrs Roberts, Bryn Awelon, ynglŷn â chael golau trydanol i'r plwyf. Roedd y cynllun a arloeswyd gan ŵr Mrs Roberts, y diweddar William Roberts wedi mynd yn ffliwt ers tro, ac heb fod erioed yn rhy llwyddiannus.

Roedd y cynllun dŵr i'r Llan a'r Cwm yn cael sylw rheolaidd gan y Cyngor, ynghyd â chynllun carthffosiaeth i'r Cwm, ac yng nghyfarfod Medi 1945 cafwyd trafodaeth ar y cynllun o gael dŵr o Lyn Conwy. Yn yr un cyfarfod penderfynwyd galw cyfarfod cyhoeddus i drafod codi pwyllgor 'Croeso Gartref, Penmachno'.

Ebrill 1946: Croesawyd Hywel Gwynedd Thomas yn ei ôl fel clerc, wedi cyfnod yn y fyddin, ac ym mysg ei gofnodion gwelir cyfeiriadau at y goleuo trydan unwaith yn rhagor. Eglurwyd fod y North Wales Power yn gwrthod symud ymlaen am nad oedd yn bosib cael polion. Gan fod symudiad yn y plwyf i ddechrau cwmni preifat i oleuo y plwy', ac fod rhaid cael caniatad y N.W.P. cyn iddynt fedru dechrau, ofnai Mr J.W. Jones na fuasai llawer o wrthwynebiad ganddynt, gan y byddai hyn yn esgus da iddynt beidio symud ymlaen, a phe digwyddai hyn, ofnai i'r Cwm fod heb olau trydan am byth. Pasiwyd i anfon cŵyn i'r Aelod Seneddol, Goronwy Roberts.

Gorffennaf 1946: Cafwyd trafodaeth ynglŷn â cherdded terfynau'r plwyf. Pasiwyd i anfon at Gyngor Plwyf Eidda i drafod cyd-gerdded y terfynau. Cafwyd cŵyn gan y Parch. J. Evans hefyd nad oedd Heddgeidwad yn y plwyf.

Tachwedd 1946: Gofynwyd gan y cynghorydd Thomas E. Roberts a oedd posibilrwydd o gael rhai o hen lampau'r plwyf i oleuo rhannau o'r Llan, ond fe eglurwyd gan y cadeirydd eu bod oll wedi malu neu bydru; roedd y Cyngor yn erfyn eto am drydan.

Cofnod arall a ddarllenai fel hyn, 'Glo: I anfon at y *Fuel Controller* i gael *allocation* uwch i'r plwyf.'

Chwefror 1947: 'Gohebiaeth: Darllenwyd llythyr gan Mr West yn hawlio iawndal am niwed a wnaethpwyd i gôt ei wraig trwy gael ei rhwygo yn giât y Waen.' Y Cyngor yn gwrthod derbyn y gyfrifoldeb.

Mawrth 1947: Llythyr gan y *Mens Institute* yn gofyn i'r Cyngor ymgymeryd â'r syniad o gael tysteb i Dr Parry ar ei ymadawiad o'r plwyf. Y Cynghorydd W.H. Fenner yn cynnig fod y mater yn cael ei daflu allan, rhag i'r symudiad o'r fath agor y ffordd i lawer tysteb arall. Pasiwyd y cynnig.

Mehefin 1947: Cŵyn gan un o'r aelodau fod y meddyg yn gwrthod troi allan yn y nos yn arwain at benderfyniad i anfon dirprwyaeth o'r Cyngor i siarad â'r meddyg.

Hydref 1947: Pasiwyd i anfon llythyr at Gyngor Nant Conwy yn gofyn iddynt gefnogi ymdrech Cyngor Dolwyddelan i rwystro'r Comisiwn Coedwigaeth afael mewn ffermydd ffrwythlon er plannu coed, hefyd y perygl i hyn ddigwydd yn y plwyf yma.

Y syndod oedd darllen y cofnod nesa' o'r cyfarfod, wrth i un o'r cynghorwyr dynnu sylw at yr Ysgol Goedwigaeth, perthynol i'r Comisiwn, oedd ar fin agor yng Nghapel Curig, ac am i'r Cyngor gael gwybodaeth am eu rheolau er hyrwyddo unrhyw gais gan fechgyn y plwyf i gael lle yno! Pasiwyd ei gynnig i wneud ymholiadau am y lle.

Gorffennaf 1948: 'Goleu i'r Heolydd. Pasiwyd i anfon at Gyngor Nant Conwy i wneud sylw o'r angen am oleu, a hefyd i roi ystyriaeth o gael *Calor Gas* i oleuo'r heolydd os nad oedd gobaith am drydan.'

Medi 1948: Adroddwyd fod Pont Bryn Crug wedi ei dinistrio gan y dŵr. Hefyd pasiwyd i anfon cŵyn i'r Cyngor Dosbarth fod y drol garthion yn gollwng ac yn drewi oherwydd hynny, hefyd fod y dynion a oedd yn gweithio gyda hi yn aros ger y Co-op Stores ac fod llawer o'r budreddi gerid ynddi wedi ei golli ac yn ogleuo.

Ionawr 1949: Apelio am Heddgeidwad: amryw o gwynion o flaen y Cyngor, — 'y plant yn chwarae peldroed ar y strydoedd, a hefyd slacrwydd ynglŷn â rhai o'r tafarndai'.

Derbyn apêl gan Gyngor Llanrwst am gefnogaeth yn eu cais am yr eisteddfod.

Cwynion am y meddyg yn cael eu trafod, 'fod cleifion yn aros yn y *surjery* am oriau yn y bore, ac yn cael eu troi i ffwrdd ganddo o dan yr esgus ei fod yn rhy brysur, ond gan ei fod yn mynd allan am dro yn ei fodur.' Roedd cwynion eraill am y diffyg cyd-weithrediad rhwng y meddyg a'r fferyllydd hefyd.

Derbyniwyd deiseb gan addolwyr Ochr y Foel am gyflwr y llwybr yn arwain at Gapel y Gors, Soar.

Chwefror 1949: 'Goleu Trydanol. Di-olwg ydyw ar hyn o bryd am gael golau i'r plwyf yn gyfangwbl, ond fod Penmachno efallai i fod yn fwy ffodus, gan fod y Bwrdd Trydan mewn cysylltiad â pherchennog oedd yn goleu y Llan o'r blaen, ymdrech i bwrcasu hwn.'

Un o'r cofnodion olaf i'w weld yn y llyfr yma yw'r un yn dweud y rhoddid hawl i Gyngor Nant Conwy i godi un ar bymtheg o dai yn 1949, a'r cwbl i ddod i'r plwyf.

Dyma enwau rhai o gynghorwyr rhwng 1936 a 1949:
Gwilym Evans, Parch J. Evans, W.H. Fenner, Llewelyn Hughes, J. Watkin Hughes, Caradog Jones, Ebenezer Jones, J.W. Jones, John D. Lloyd, J. Lloyd Morris, Meyrick Morris, Goronwy Owen, W.O. Pritchard, Haydn Richards, John Wyn Richards, Hugh Roberts, Roger Roberts, W. Powell Roberts, Richard Thomas, David Thomas, Dr Williams, W. Ellis Williams.

Cadeiryddion a etholwyd dros y cyfnod oedd Meyrick Morris, John Wyn Richards a W. Powell Roberts.

Ymysg rhai a fu'n gwasanaethu fel clercod y Cyngor Plwyf dros y blynyddoedd gwelir enwau John Williams, a fu'n glerc am bum mlynedd ar hugain, O. Pryce Thomas, Hywel Gwynedd Thomas a'i nai, Arthur Thomas. Y clerc presennol yw Eryl Owain, Tanydderwen.

Dim ond detholiad fechan o gofnodion y Cyngor Plwyf a gynhwysid yma, gan hepgor llawer cofnod am gŵynion ynglŷn â phroblemau bob-dydd y cyngor, megis llwybrau ag yn y blaen. Wrth ddefnyddio'r cofnodion i deithio'r hanner can mlynedd a throsodd o 1894 i 1949, gwelwn y newidiadau a ddaeth heibio'r fro yn ystod y cyfnod hwnnw. Gwelwn ymdrechion glew cynghorwyr a ystyrient ei bod yn fraint cael cynrychioli eu cyd-ardalwyr ar y Cyngor, i wella sefyllfa'r plwyf. Sylwer ar eu hymroddiad i geisio trydaneiddio'r Llan, ac i gael mynwent newydd yno. Cynnwys y llyfrau amrywiaeth o gofnodion, o'r dwys i'r doniol, ac ynddynt caiff yr hanesydd ddarluniau o ddigwyddiadau sydd wedi bod yn rhan o fywyd plwyf Penmachno, rhai yn dal yng nghof amryw o'r trigolion, a rhai yn anghofiedig. Anodd i lawer yw ceisio dirnad ymroddiad y dinasyddion cydwybodol yma, rhai wedi rhoi blynyddoedd o lafur cariad er mwyn eu cyd-drigolion.

Daw'r bennod ar Gyngor Plwyf Penmachno i ben drwy enwi y rhai a etholwyd i Gyngor Cymuned Bro Machno ym Mai eleni (1995)
Daniel Davies, Henrhiw Isa; Islwyn Davies, Bryn Rhosyn; Clwyd Ellis, Plas

Isa; Phyllis Evans, London House; Dafydd Gwyndaf, Llechwedd Hafod; Dafydd A. Hughes, Ty'n y Gornel; Aneurin Jones, Bron y Waen (Cynghorydd ers y pumdegau); Cyril Lewis, Pen y Bryn; Aled Roberts, Fron Olau a Geraint Thomas, Hafod y Gwynt.

Cynghorwyr Sir/Dosbarth

Y cynrychiolydd cyntaf o Benmachno ar Gyngor Sir Arfon oedd Owen Jones, Glasgwm Hall, gŵr dylanwadol iawn yn y fro. Cymaint y parch iddo, fe gaewyd yr ysgol wladwriaethol am y prynhawn ar ddydd ei angladd, Tachwedd y cyntaf 1893, a chyfeirwyd ato fel '*the local squire*' yng nghofrestr yr ysgol ar y dyddiad yma.

Rhai eraill adnabyddus a fu'n gwasanaethu'r ardal ar y Cyngor Sir oedd Ebenezer Jones, perchennog y ffatri wlân, a'r Parch. John Evans.

Un cynghorwr a roddodd ddeugain mlynedd o wasanaeth clodwiw i'r ardal yw T.O. Jones, Bodalaw, a gynrychiolai'r plwyf ar Gyngor Sir Caernarfon o 1956 nes i'r awdurdod hwnnw gael ei ddileu yn 1974, y blynyddoedd olaf fel Henadur. Wedi sefydlu Cyngor Gwynedd yn 1974 bu yn cynrychioli Bro Machno yn enw Plaid Cymru, yn ddi-dor o'r flwyddyn honno hyd nes i'r cyngor unedol newydd ddod i rym yn 1996. Gwasanaethwyd fel cadeirydd pwyllgor y priffyrdd ar Gyngor Sir Caernarfon cyn 1974, ac hefyd yn yr un swydd drwy gyfnod bodolaeth Cyngor Gwynedd. Etholwyd ef yn gadeirydd y Cyngor Sir yn 1978-79.

Mewn cyfarfod i gyflwyno tysteb i Tom fel gwerthfawrogiad o'i wasanaeth i'w ardal, cyflwynwyd englyn o waith y prifardd Myrddin ap Dafydd iddo:

        T.O. Jones
Yn y siambar, bu'n frogarwr — yn daer
   Mewn dadl, ond tra'n gwffiwr
  Tros bethau gorau ei gŵr
  Bu yntau yno'n bontiwr.

Ymysg y rhai o'r fro a fu yn gwasanaethu fel cynghorwyr ar Gyngor Dosbarth Nant Conwy dros y blynyddoedd oedd y Parch. Ben Jones, (rheithor y plwyf ar ddechrau'r ganrif), John Lloyd Morris a John Wyn Richards. Ni etholwyd neb o'r ardal i gynrychioli Bro Machno, a oedd hefyd yn cynnwys plwyf Dolwyddelan, ers sefydlu Cyngor Dosbarth Aberconwy yn 1974, sydd erbyn hyn wedi ei ddileu. O 1996, anfonir cynrychiolydd o Fro Machno i gyngor unedol newydd Conwy, yr hwn yw'r cynghorwr Islwyn Griffiths o Fetws-y-coed.

Rhai Agweddau ar Grefydd y Plwyf

Trafodwyd ychydig ar hanes crefydd yn dyddiau cynnar ym Mhenmachno eisoes wrth sôn am Fynachlog Llantuddud ar Ddôl Bwlch y Maen, a sefydlwyd gan fynaich Sistersaidd, ac a ddiddymwyd tua 1536 gan Harri'r Wythfed. Mae'n amlwg i'r ardal fod yn lle pwysig, yn grefyddol, cyn belled yn ôl â'r bumed ganrif yn ôl tystiolaeth y cerrig arysgrifedig a ddarganfuwyd yn y fro, ac sydd yn awr ar arddangos yn yr eglwys bresennol, Sant Tudclud. Ers canrifoedd cyn hyn wrth gwrs, bu'r Derwyddon yn addoli eu Duwiau Celtaidd, a daw cyffyrddiadau â'r hen grefydd yma yn yr ardal yn enwau rhai o lecynnau'r fro megis y 'Dopan Weddi' a 'Charreg yr Ast', ble, yn ôl traddodiad lleol, y bu cylch o gerrig, fel ag a ddefnyddiwyd gan yr hen Geltiaid yn eu defodau, ar un adeg.

Er i'r plwyf hawlio lle blaenllaw iawn yn hanes crefydd Cymru gyda'i chysylltiadau â'r Esgob William Morgan, Tŷ Mawr Wybrnant, a gyfieithodd y Beibl i'r Gymraeg, ychydig o ddylanwad, yn ôl pob golwg, a gafodd y gŵr mawr ar ei fro enedigol. Dywed i'r ardal fod yn 'amddifad iawn o weinidogaeth effro a phur yr efengyl am y ddau gan mlynedd ar ôl ei ddydd ef,' chwedl un adroddiad yn nechrau'r ganrif bresennol. Un o ffurfiau yr annuwioldeb a geid yma oedd diystyrwch o gysegredigaeth y Sabath. Enghraifft o beth a ystyrid yn rhan o'r 'annuwioldeb' yma oedd hanes gŵr o Hafod y Chwaen, Rhys ap Rhisiart, prif glocsiwr y wlad. Byddai Rhys yn arfer dod â baich o glocsiau i'r Llan bob Sul, i'w gwerthu i'r trigolion ym mhorth yr Eglwys, fel y byddai'r addolwyr yn dod allan o'r cyfarfod boreol. Pan gwynai swyddogion yr eglwys am hyn, gofynnwyd iddynt pa beth fyddai'r gorau ganddynt ei weld, y clocsiwr yn gwerthu ei nwyddau ar y Sul, a chael arian ar law, neu eu gwerthu ar y Sadwrn ar goel a pheidio â chael tâl amdanynt byth. Ni chofnodir yr ateb.

Mae hanes fod John Harris, y Methodist o Sir Benfro, wedi bod yn pregethu ym Mhenmachno mor gynnar â thua 1750, tra ar daith drwy Ogledd Cymru, a dywed i Howell Harris ei hun alw yn y pentref ar ei ffordd yn ôl i'r De, wedi bod ar daith bregethu ym Mhen Llŷn rhyw ddwy flynedd ynghynt. Cynhelid y moddion gan John Harris mewn tŷ a elwid yn Penrhes, ac unwaith, tra yr oedd yn pregethu yn y tŷ, roedd tair o ferched y Llan o flaen y drws yn nyddu, a gwelid hynny yn beth annuwiol i'w wneud hefyd mae'n sicr. Daw mwy nag un hanesyn i'r golwg yn trafod rhai o'r pregethau cynnar a gawsent eu traddodi yn y fro. Ychydig wedi ymweliad John a Howell Harris, byddai John Richards o Fryniog yn dod yno, ac nid mewn tŷ y pregethai bob amser. Dewisiai ambell dro roi pregeth fel ag y byddai pobl yn dod allan o'r eglwys ar y Sabathau, gan gymryd camfa yng nghlawdd y fynwent fel pulpud. Ymddengys mai yn ffermdy Ysgwfrith y cynhelid y pregethu cyson cyntaf, a hynny tua chwarter olaf y ddeunawfed ganrif, ond honnir gan eraill mai yn y Penrhyn Uchaf y cafwyd y bregeth ymneilltuol gyntaf, gan y Parch. Peter Williams, tua'r flwyddyn 1784. Yn ei lyfr *Origin and History of Methodism in Wales* mae'r awdur, David Young yn ein hysbysu fod Ellis Owen o Lansannan wedi cyrraedd Penmachno yn 1806 a datgan y bregeth Fethodist gyntaf yn ei blwyf enedigol, a hynny ger yr Elusendy. Mae'n debyg iddo ddewis y llecyn yma oherwydd i breswylwyr yr elusendy orfod mynychu'r eglwys yn rheolaidd, yn ôl amodau a osodwyd ar y rhai a gawsant eu dewis i gael aros yno. Daeth Robert Humphreys o Ddolgellau i'r plwyf ychydig yn ddiweddarach, ac wedi pregethu yn argyhoeddiadol bu iddo wahodd y rhai a ddymunent gael eu rhyddhau o lid erledigaeth ddod gydag ef i hen fwthyn yn y Llan. Aeth David Jones y gwehydd, Jane Roberts, David Davies a'i wraig, Jane Owen, Owen Jones ac eraill ymlaen i'w ddilyn, gan ddod yn aelodau cyntaf i'r Wesleaid yn y cylch. Dywed Brysiog Machno, yn ei lyfryn, *Chwedleuon Machno*, a gyhoeddwyd gan wasg Gwilym Cowlyd yn Llanrwst yn 1888, mai Richard Owen, clochydd y Llan, er yn swyddog yn eglwys y plwyf a 'agorodd ei ddrws gyntaf' i'r Methodistiaid ym Mhenmachno, a hynny yn amser Thomas Charles o'r Bala. Y pregethwr yno oedd y Parch. William Evans, Fedw Arian, Y Bala. Roedd Rhisiart Owen yn ŵr hynod iawn mae'n rhaid. Heblaw bod yn swyddog yn yr eglwys roedd yn gyfrifol am agor beddau, yn glerc plwyf, yn ysgolfeistr, ac yn 'dipyn o siopwr' chwedl Owen Gethin Jones amdano yn *Gweithiau Gethin*, a'i siop yn gymwys ar dalcen ei ysgol; yn ychwanegol i hyn cafodd nerth rhywsut i gynhyrchu deuddeg o blant!

Tua'r flwyddyn 1770, fel y gellir casglu, y cynhaliwyd Cyfarfod Misol y Methodistiaid yn hen lofft stabl Brynygogan, ac yn bresennol yn un o'r cyfarfodydd hyn oedd pedwar pregethwr o fri y cyfnod, Edward Parry, Brynbugad; Dafydd Jones, Adwy'r Clawdd; William Evans o'r Fedw Arian a John Jones, Llansantffraid. Cafwyd pregeth rymus gan William Evans, a dengys ar y pryd fod gobaith da am gynnydd yn y diddordeb mewn crefydd oddi mewn i'r plwyf. Ond er i'r achos ymddangos yn llewyrchus yn y pentref, pan nad oedd achos o gwbl mewn plwyfi cyfagos, dirywio fu hanes y Methodistiaid am gyfnod, a'r gymdeithas wedi gostwng i dri mewn nifer, a'r rheiny yn gorfod mynd i Ysbyty Ifan a Dolwyddelan i'r cyfarfodydd yno. Ond yn 1790 rhoddwyd ysgogiad i'r achos trwy ymweliad Richard Edwards o'r Bala, a bregethodd mor rymus nes i'r gynulleidfa gael ei heffeithio cymaint fel y bu iddynt dorri allan i weiddi'n uchel mewn gorfoledd, ac fe ychwanegwyd llawer iawn at rifau'r aelodau. Ymhen dim, roedd y diddordeb mewn crefydd wedi ei adgyfnerthu, a phregethwyr yn tyrru i'r Llan o bob cwr o'r wlad. Dywedir i drigolion Penmachno fod yn dynerach 'o ran erlid a baeddu y rhai a anfonwyd atynt, na thrigolion ardaloedd eraill. Nid eu harfer oedd llabyddio y rhai a ddanfonid atynt' meddai un adroddiad am yr adfywiad crefyddol.

Codwyd amryw o drigolion Penmachno i fod yn weinidogion dros y blynyddoedd, ac yn wir cafwyd testun un o gystadlaethau Eisteddfod Machno yn 1912 yn gofyn am restr o enwau gweinidogion a gawsant eu geni o fewn terfynau'r plwyf. Yn rhestr yr enillwyr gwelwyd fod pedwar wedi eu derbyn gan y Bedyddwyr, 14 gan y Methodistiaid Calfinaidd, 13 o Wesleaid a saith Eglwyswr, gydag un ar ddeg pregethwr cynorthwyol yn ychwanegol. Fe ddywedid ar y pryd i Benmachno godi mwy o bregethwyr nag unrhyw bentref o'i faint yng Nghymru. Un stori sydd yn werth ei hailadrodd mewn cyswllt â phregethwyr Penmachno yw honno am rai ohonynt wedi bod yn pregethu yn Llidiardau ger y Bala rywdro ar ddiwedd y ganrif ddiwethaf, ac i un hen wraig yn y gynulleidfa ddweud yn ei gorfoledd wrth wrando arnynt, 'Diolch am y ddau ben yntê, Pen Calfaria a Phenmachno'!

Ymysg llawer o drigolion y plwyf a fentrodd dros fôr Iwerydd i'r Unol Daleithiau yn ystod y bedwaredd ganrif ar bymtheg roedd amryw o'r pregethwyr yma; yng ngholofnau cylchgrawn Trafodion Cymdeithas Hanes Sir Gaernarfon, Rhif 15, 1954, sy'n sôn am ymfudo i America, gwelir i bedwar o Fedyddwyr amlwg Penmachno fynd i Wisconsin, ac i John J. Roberts gael ei ordeinio yn weinidog yn Columbus yn 1850. Aeth William Machno Jones i Blue Earth, eto yn Wisconsin, Joseph Roberts yn weinidog yn Racing, Wisconsin, ac roedd Griff Roberts yn gwasanaethu yn Wisconsin yn 1845 hefyd.

Mewn llyfr dwyieithog a gyhoeddwyd yn yr U.D.a., *Hanes Cymry Minnesota* yn 1895, cyfeirir at amryw o bobl flaenllaw y gymdeithas yno, a rhai ohonynt wedi eu geni ym Mhenmachno. Cyfeiria at y Parch. Joseph Roberts fel un a oedd wedi derbyn addysg grefyddol ofalus yn Rhyd y Meirch, Cwm, pan yn fachgen, ac iddo ymfudo i Fair Haven, Vermont yn wreiddiol, cyn symud i Racine, Wisconsin, ac yna i gapel Cymraeg Minneapolis yn 1889. Oddi yno aeth yn weinidog ar gapel Calfinaidd yn Efrog Newydd yn Nhachwedd 1894, ac iddo fod yng nghanol prysurdeb mawr yn hanes yr eglwys yno. Canmolwyd ei waith a'i ddawn fel pregethwr yn fawr. Mae'n debyg mai genedigol o Flaen y Cwm oedd Joseph Roberts, oherwydd iddo gael ei alw ambell waith yn y llyfr ôl ei lysenw, 'Joe bach Blaencwm'. Difyr oedd sylwi ar lysenw doniol a fathwyd i un o weinidogion eraill Wisconsin ar y pryd, er nad oedd ganddo gysylltiad â Phenmachno, mae'r llysenw yn haeddu ei nodi; enw'r gwrthrych oedd y Parch. Siencyn Jenkins, ond yn ôl ei enw mabwysiedig, adnabu pawb ef fel 'Siencyn Ddwywaith'. Mae'n amlwg i hiwmor Cwm Penmachno ddilyn yr ymfudwyr yn sicr! Ceir yn y llyfr wybodaeth am William Machno Jones hefyd. Ganed hwn, yn ôl y cofnodydd, yn Nhyddyn Bach yn 1845, yn fab i Owen a Catherine Jones. Dechreuodd William fynychu capel Rhyd y Meirch yng nghwmni ei gyfaill, Joe bach, Blaen y cwm, (a gyfeirir ato uchod) ac ar ôl cael ychydig o addysg yno ac yn yr ysgol ddyddiol yn y Llan, bu iddo ddechrau pregethu yn 1862, ac yntau ond yn ddwy ar bymtheg oed. Bu yn dysgu am gyfnod yng Nghlynnog dan oruchwyliaeth enwogion fel Eben Fardd a Dewi Arfon. Wedi hyn bu yn athro yn ysgol Rhyd Ddu, ar droed yr Wyddfa. Yn fuan wedi priodi yn 1868, ymfudodd i'r Amerig. Yno cafodd ei ordeinio yn Cambrian, Wisconsin yn 1870. Bu yn gwasanaethu mewn amryw o eglwysi yn Wisconsin hyd ei ymddeoliad i'w fferm mewn llecyn hyfryd ger Lake Crystal yn 1895. Mewn anerchiad a roddwyd gan William Machno Jones ym Minnesota wrth iddo ymddeol o Gadair Cymanfa Minnesota ar Fehefin 17eg, 1891, rhoddodd syniad o faint y Gymanfa yn y dalaith honno, a'r cynnydd ers ei dechreuad yn 1858. Dywedodd i'r gymanfa gynnwys tri o ddosbarthiadau, agos i 1,500 o gyflawn aelodau, ac agos i fil o blant. Ar gyfer rhain roedd deg o weinidogion a thri phregethwr arall yn gwasanaethu o ddeunaw o 'gapeli hardd'. Daeth ei wersi cynnar yn Rhyd y Meirch o fudd mawr iddo yn amlwg.

Cofnodwyd un neu ddau arall o bwysigion America'r cyfnod â chysylltiad â'r ardal yn y llyfr, megis R.E. Roberts, 'Tenorydd Machno' o Chicago, a'i chwaer Mrs Isaac, ond yn anffodus nid oes unrhyw wybodaeth o ba ran o'r plwyf y daethant yn wreiddiol, ac yn fwy na thebyg ni chawn byth wybod. Ymysg cofnodion eraill a geir yn *Hanes Cymru Minnesota* yw hanesion o drafferthion a gawsai'r ymfudwyr cynnar â thrigolion cynhenid eu gwlad fabwysiedig, yr Indiaid Cochion. Cyfeiria'r adroddiadau at yr Indiaid fel 'anwariaid', a sonnir am eiddo'r Cymry yn cael ei losgi neu'i ddinistrio ganddynt. Mewn un adroddiad, ymflachïa'r cofnodydd yn y ffaith i lawer o'r Cymry, rhai ohonynt o Benmachno efallai, roddi cymorth i gario ymaith gyrff tri chant o drigolion gwreiddiol y dalaith, yr Indiaid Cochion, i'w claddu, wedi iddynt oll gael eu dedfrydu i'w crogi wedi ymgyrchoedd ganddynt yn erbyn y sefydlwyr a ddwynai eu tiroedd.

Dywed J.G. Williams III yn ei lyfr am Gymry Efrog Newydd, *A History of Welsh Americans and their churches* i Hugh Davies, a ymfudodd i'r Unol Daleithiau o Benmachno sefydlu capel bychan yn Frankfort Hill ar Fawrth 25ain, 1849. Trefnodd gymdeithas yn cynnwys ei wraig a phedwar arall i ddechrau achos y Methodistiaid Calfinaidd yn yr ardal, i arbed y daith i gapel Seneca Street yn Utica. Er i swyddogion eglwys Utica gredu y dylai Cymry Frankfort Hill fynd i'r ddinas i bob gwasanaeth ar y Suliau, roedd Hugh Davies yn teimlo'n wahanol. Roedd wedi gwasanaethu fel blaenor ym Mhenmachno, ac yn wir, fel a gofnodir mewn pennod arall bu Hugh Davies, Tŷ Capel yn flaenor gyda'r M.C. yng Nghapel Ty'n y Porth, Penmachno am gyfnod o ugain mlynedd, rhwng 1820 ac 1840, cyn hwylio dros fôr Iwerydd. Beth bynnag, Hugh oedd yr un a fu'n weithgar dros ben yn y gymdeithas newydd, ac yn gyfrifol o gasglu'r arian gan Gymry a thrigolion di-Gymraeg y fro tuag at godi'r capel, yr hyn a wireddwyd yn 1858. Cydnabu pawb a ddaeth i gysylltiad â hwy fod camp Hugh yn un enfawr, gan nad oedd yn gallu ynganu'r un gair o Saesneg, ond dywed iddo ddysgu dau air pwysig iawn sef *dollar* a *church!* Cymaint ei ymroddiad i'r achos yn Frankfort Hill nes i'r capel gael ei alw yn 'Capel Hugh Davies'.

Ar ôl gweld y capel bach wedi sefydlu yn iawn aeth Hugh Davies i fyw i

Utica, a chael ei benodi yn flaenor yn y Capel Cymraeg yno. Bu farw yn 1880. Byddai yn ddifyr gwybod a oes disgynyddion iddo yn dal yn Frankfort Hill neu Utica.

Yn ôl Bob Owen Croesor mewn erthygl yn Nhrafodion Cymdeithas Hanes Sir Gaernarfon (rhif 15) ar ymfudo i'r U.D.A. rhwng 1795 ac 1860, aeth 77 o drigolion Penmachno, mwy nag o unrhyw blwyf arall yn Nantconwy, i'r Amerig yn ysgod y cyfnod yna.

Y Methodistiaid Calfinaidd oedd y cyntaf o'r enwadau anghydffurfiol i godi capel yn y plwyf, capel Ty'n y Porth yn y Llan, a agorwyd yn 1806. Fe'i dilynwyd gan gapel Seion i'r Wesleaid yn 1808. Cofrestrwyd Tabor, ar yr allt serth yn arwain i Ochr y Foel, fel man addoli i'r Bedyddwyr yn 1822, a chawn drin a thrafod ychydig o hanes difyr cyfnod gweddol fer yr enwad yma yn nes ymlaen. Yn uwch i fyny at y Foel codwyd Soar, neu 'capel y Gors' ar lafar, yn 1881 yn addoldy i'r Hen Gorff i'r rhai a fyddai'n trigo yn y 'Topia', fel y gelwid y rhan yma o'r plwyf. Cynhaliwyd Ysgol Sul yn rheolaidd yma, gydag ambell gyfarfod gweddi a phregeth yn achlysurol hefyd. Caewyd Soar tua diwedd y chwedegau, a gwerthwyd yr adeilad, yn ôl y drefn yn anffodus, i fewnfudwyr. Gwasanaethwyd addolwyr y Methodistiaid Calfinaidd yn y Penisa' gan gapel Ebenezer, a godwyd yn 1854, ail-adeiladwyd 1908, ac a gaewyd yn 1974.

Yn y Penucha', y Cwm, codwyd addoldy Rhydymeirch yn 1834 i'r Methiodistiaid Calfinaidd, ac wedi bod yn addoli yng nghartref Robert Edwards yng Ngharrog penderfynodd Wesleaid y Cwm adeiladu capel i ddal hanner cant, ac fe agorwyd hwnnw yn 1853, a'r ddau bregethwr gwadd ar y dydd agoriadol oedd y Parchedigion James Evans ac Owen Williams. Y Parch. J.R. Chambers oedd gweinidog Wesleaid cyntaf yn y plwyf; er i aelodaeth sylweddol gael eu cofrestru gan y ddau enwad yn y Cwm, ni fu gweinidog llawn amser yn gwasanaethu'r pentref, a deuai'r capeli o dan ofalaeth gweinidogion y Llan. Wedi naw mlynedd o addoli yno, aethpwyd ati i godi capel Shiloh newydd i eistedd dau gant o bobl ar bris o £350, a chafwyd grant o £87 tuag at y costau gan bwyllgor cenedlaethol y Wesleaid. Agorwyd y capel newydd ar y 3ydd o Orffennaf, 1862. Daeth y Parchn. John Jones (Vulcan) a William Morgan i annerch yn y cyfarfod cyntaf. Erbyn 1894, oherwydd twf aruthrol yn yr aelodaeth, roedd Shiloh yn rhy fach i gynnal y cynulleidfaoedd, a bu'n rhaid dymchwel y capel a dechrau codi un arall ar yr un safle. Capel oedd hwn â 290 o eisteddleoedd ynddo, a festri ar gyfer 50. Cost y Shiloh newydd oedd £1,336, a daeth y Parchn. Dr Hugh Jones a John Price Roberts draw i'r Cwm i fod yn rhan o'r Gymanfa fawr a drefnwyd ar ddydd agoriadol y capel newydd ym Mai 1895. Yn ychwanegol i Shiloh, fe godwyd capel Carmel ym mhen uchaf y Cwm yn 1878, ar gost o £190, er budd yr hen a'r musgrell na fedrent gerdded i Shiloh, neu fel yr adroddwyd ar y pryd 'er mwyn y gwan hen a'r gwan ifainc.' Gwnaethpwyd defnydd o Garmel fel adeilad i gynnal ysgol ddyddiol i blant y rhan uchaf o'r Cwm ar ddechrau'r ganrif yma, oherwydd gorlenwi yn yr ysgol eglwysig. Prynwyd y brydles am £25 yn 1934, ac i gadarnhau'r hyder a deimlid yn nyfodol crefydd yn yr ardal, cofnodwyd fel hyn mewn llawlyfr perthynol i'r achos, ' . . . fel, bellach, gallwn ystyried Carmel yn eiddo inni tra rhed dŵr.'

Ni chynhaliwyd gwasanaethau yng Ngharmel wedi pumdegau'r ganrif yma, pryd y bu i'r 'dŵr' beidio â rhedeg, a gwerthwyd yr adeilad fel canolfan i blant o Bootle, Glannau Merswy. Gwelir yng nghyhoeddiad chwarterol cylchdaith Llanrwst o'r enwad, *Y Cydymaith*, i aelodaeth y Cwm ddisgyn yn arw wrth i ddiboblogi effeithio'r ardal tua dechrau'r chwedegau, ac wedi cynnal y ffydd yno am dros gant ac ugain o flynyddoedd, daeth diwedd ar enwad y Wesleaid yng Nghwm Penmachno wrth i Shiloh hefyd gau ei drysau am y tro olaf ar Fedi y 12fed, 1987.

Aelodaeth Wesleaidd y Cwm yn 1934 oedd 109, a dwy flynedd wedyn gwelwyd cynnydd i 120, ond yna'n raddol daeth y dirywiad, gyda 91 o aelodau yn 1954, 72 yn 1957, ac yna effaith cau'r chwarel olaf i'w weld, wrth i'r aelodaeth haneru i 36 erbyn 1965, a'r rhybuddion i'w gweld fod y diwedd yn nesáu.

Bu'r Eglwys Anglicanaidd (yr Eglwys yng Nghymru o 1920), yn cynnal gwasanaethau yn yr eglwys yno, dan ofal rheithor eglwys Sant Tudclud y Llan hyd nes ei gwerthu fel canolfan i awdurdod addysgol o Loegr yn 1956. Yn yr eglwys yma y cynhaliwyd ysgol y Cwm o 1870 hyd 1922, pryd yr agorwyd Ysgol y Cyngor, ychydig yn uwch i fyny'r ffordd o'r eglwys.

Sefyllfa Crefydd yn y Plwyf yn 1851

Dengys ystadegau ymchwiliad i sefyllfa crefydd yng Nghymru ym mlwyddyn cyfrifiad 1851 fanylion am addoldai Penmachno.

Cofnodwyd i Eglwys y Llan fod â lle i 200 o addolwyr, ac i 60-70 bresenoli eu hunain ar y Sul ar gyfartaledd. Nid oedd Ysgol Sul yn cael ei chynnal yno ar y pryd, ond dywedid i un gwasanaeth y Sul fod drwy gyfrwng yr iaith Gymraeg.

'Sion':
Methodist Wesleaidd. Codwyd y capel yn 1810. Lle i 209 a 40 yn sefyll. Presenoldeb: Bore 145; Prynhawn 206; Nos 229; Cyfartaledd: 200.

Ty'n y Porth:
Methodist Calfinaidd. Adeiladwyd 1806. Yn cael ei ddefnyddio fel ysgol ddyddiol hefyd. Presenoldeb: Bore 165; Prynhawn 180; Nos 255; Cyfartaledd dros 12 mis: Boreau 220; Nos 600.

Gwnaed y sylw *'This is a high country, and the Sunday a very stormy weather; David Davies, Minister.'*

Capel Rhydymeirch:
'Erected 1834. Not used exclusively as a place of worship.' Presennol: Bore 40;

Prynhawn 52; Nos 40 (Cyfarfod Gweddi). Cyfartaledd dros 12 mis: Bore 100; Prynhawn 80.

Sylw oddi tanodd *'This Sunday was very stormy weather.'* David Davies eto.

Yn rhyfedd does dim gair yn yr adroddiad am gapel y Bedyddwyr, Tabor, er i'r adeilad yno gael ei gofrestru ar gyfer addoli yn 1822, nac ychwaith am achos y Wesleaid yn y Cwm.

Yn 1860, rhifau aelodau y gwahanol enwadau yn y plwyf, yn ôl Gethin Jones, oedd fel â ganlyn:

Methodistiaid Calfinaidd	330
Methodistiaid Wesleaidd	150
Yr Eglwys Wladol	39
Y Bedyddwyr	13

Y Methodistiaid Calfinaidd

Adeiladwyd y capel cyntaf, Tŷ'n y Porth, i'r Hen Gorff, yn y flwyddyn 1805, a'r blaenoriaid a wasanaethent ar adeg codi'r capel oedd Hugh Rolant, Bronfoel; Rhys Gruffydd ac Owen Jones, Coed Ffynnon. Hugh Rolant oedd yr hynaf o'r swyddogion, ac yn ŵr uchel ei barch yn yr ardal. Er na fedrai ddarllen, roedd ganddo gof anhygoel, ac adroddai Salm o'r cof pan yn dechrau cyfarfod. Cafodd ei ddylanwadu'n gryf gan Thomas Charles o'r Bala, tra fyddai'r gŵr mawr yn pregethu ar heol y Llan, ger porth y fynwent. Ymunodd â'r Methodistiaid yn 1791, pan oedd eu nifer ond saith. Dewisiwyd ef yn flaenor yn 1803, ddwy flynedd cyn adeiladu'r capel, a bu yn y swydd am 38 o flynyddoedd, hyd ei farw ar Orffennaf 10, 1841, yn 79 oed. Yn ystod ei oes gwelodd rifau'r achos yn codi o saith i 140. Ym mysg yr ail do o flaenoriaid a enwir, cawn Hugh Davies, Tŷ Capel, a wasanaethodd rhwng 1820 ac 1840. Wedi cadw'r tŷ capel am gyfnod, symudodd i gadw tŷ capel ym Metws-y-coed, ac oddi yno ymfudodd i America, ac yno y claddwyd ef yn 1880.

Un o'r rhai cyntaf i'w gofnodi fel 'pregethwr' yn y capel oedd y Parch. David Davies, a ddechreuodd fugeilio yn y flwyddyn 1834, a chofnodir y Parch. John Jones yno tua'r un adeg. Dau yn enedigol o'r plwyf oeddynt, John Jones yn fab William Jones, Tŷ Coch a David Davies yn enedigol o'r Gorlan, yn 1815, ac felly yn dechrau pregethu cyn dod yn ugain oed. Bu yn gwasanaethu yn Nhŷ'n y Porth am ugain mlynedd cyn ehangu gorwelion, wrth symud i ymgysegru yn llwyrach i waith y weinidogaeth yng Nghorwen. Er nad oedd David Davies yn cael ei alw yn weinidog yn y capel, iddo ef y rhoddwyd y gyfrifoldeb o arwain y gad, fel petai. Heblaw iddo ymgymeryd â'r gwaith, roedd hefyd yn ceisio cadw fferm, yn oruchwyliwr, ac yn cadw siop ar yr un pryd. Gŵr a gadwai felin y Pandy oedd John Jones, ac oherwydd iddo fod yn gaeth i'r masnach yno, byddai yn gorfod bod yn absennol yn aml o'r cyfarfodydd yn y Llan, ond ystyriwyd ef yn bregethwr grymus iawn, a theimlwyd y byddai wedi sicrhau safle uchel iddo'i hun yn y weinidogaeth, ond roedd ei gyfrifoldebau masnachol yn y felin yn cymryd gormod o'i amser. Gan ei fod mor gaeth i'r felin, ni fyddai yn rhoddi cyhoeddiadau oddicartref am bedwar neu bum mis y flwyddyn, ar adeg prysuraf y felin. Gadawodd Dŷ'n y Porth am Ebenezer, yn y Penisa wedi sefydlu'r capel yno.

Un arall a fu'n bregethwr yn Nhŷ'n y Porth tua'r un adeg oedd Thomas Jones, a ddywedwyd amdano, 'er iddo fod yn dra hyddysg yn yr Ysgrythyrau, gan wneud defnydd mynych ohonynt yn ei bregethau, nid oedd ei allu yn fawr, ond yn y diwygiad 1859 cofir am rai o'i bregethau a'i weddïau'.

Yn 1853, ail-adeiladwyd y capel, a gwnaed ef yn llawer mwy na chynt, ac ym mysg y blaenoriaid y cyfnod yma roedd Solomon Jones, un o ffyddloniaid yr ardal mewn llawer achlysur gymdeithasol. Bu yn flaenor am 42 mlynedd gyda'r achos, hyd ei farwolaeth yn 1889. Mab ydoedd i John Williams, blaenor yn yr eglwys hynaf yn Ffestiniog, yr 'Hen Gapel' yng Nghwm Teigl. Solomon Jones oedd y pen blaenor gyda'r Hen Gorff yn y Llan am flynyddoedd, ac ef oedd yn arwain y gân yno hefyd, ac yn arweinydd corawl adnabyddus yn yr ardal.

Yn 1873, dechreuwyd adeiladu capel newydd ar dir cyfagos i'r hen adeilad, gan addasu Tŷ'n y Porth i fod yn Neuadd Gyhoeddus, ac sydd yn dal i gael ei ddefnyddio i'r pwrpas hwnnw hyd heddiw.

Salem, M.C. Llan (Adeiladwyd 1873)

Erbyn canol y ganrif ddiwetha' roedd yn amlwg nad oedd yr hen Gapel Isa yn ddigon addas i gynnal cyfarfodydd i addolwyr yr Hen Gorff, ac fe ail-adeiladwyd capel Tŷ'n y Porth yn 1853. Ymhen llai nag ugain mlynedd roedd hwnnw eto yn anaddas i'r pwrpas, a bwriwyd ati i gynllunio i godi capel newydd hardd ychydig latheni o Dŷ'n y Porth. Bu'r ffyddloniaid wrthi'n brysur yn casglu arian tuag at godi Salem, ac ymhen ychydig fisoedd, roedd cyfanswm o £868.19.11½ wedi dod i law tuag at y costau.

Roedd angen tua £2,000 i wneud y gwaith o godi'r capel newydd, ac fe wariwyd mwy ar brynu tŷ i'r gweinidog, ac ar addasu'r hen gapel yn neuadd gyhoeddus. Rhoddwyd tir at y fynwent yn rhodd gan Robert Thomas, Plas Isa, yr hwn a wnaethpwyd yn flaenor yn 1875, ynghyd ag Owen Williams, a bu'r ddau yn weision ffyddlon yn Salem am flynyddoedd maith.

Gwahanwyd y Llan yn wyth dosbarth er budd y casglu, a gwelir isod y symiau a ddaeth i goffrau'r gronfa gan aelodau'r achos a chefnogwyr eraill.

Dosbarth Glasgwm: £33.19.0 (Cyfraniad Wm. Jones, Tyddyn Du yn £7.15.0)
Dosbarth Bennar: £59.15.6 (John Thomas, Bennar £20.0.0)
Dosbarth Llan 'A': £218.16.1 (Robert Thomas, 'Draper' £100.0.0)

Capel Shiloh, Cwm, Penmachno

Dosbarth Llan 'B': £105.5.1 (Thomas Richards, Glanpwll, £12.0.0)
Dosbarth Gors: £66.7.6 (Parch. Wm. Jones, Frondeg, £15.0.0)
Dosbarth Ochr y Foel: £49.12.0 (Richard Edwards, Bwlch Gwynt, £12.10.0)
Dosbarth Y Felin: £60.7.6 (John Hughes, Felin Ucha, £12.15.0)
Dosbarth Penisaf: £38.6.6 (Parch. John Jones, Pandy, £20.0.0)

Rhoddion achlysurol eraill £236.13.0 (gan rai o alltudion o'r plwyf, a chan unigolion a chwmnïau, megis 2/6 gan Mr R. Jones, 'Hawker'; Penmachno Slate Co. 15/-, a T. Evans, *Oernant Mine*, (sydd yn ein hysbysu fod rhai yn gweithio yn y chwarel fechan yma yn ystod y cyfnod hwn.)

Daeth cyfanswm yr apêl i'r swm anrhydeddus iawn y cyfnod o £868.19.11½, a bwriwyd ymlaen â'r gwaith. Ymddengys i'r ddyled a oedd ar ôl gael ei chlirio erbyn 1905.

Pigion o ystadegau yn ymwneud ag aelodaeth a.y.y.b

	Nifer aelodaeth	Athrawon
1888	410	58
1890	419	45
1894	391	46
1897	438	
1902	433	47
1949	196	12
1995	75	

Roedd wyth diacon yn sêt fawr Salem yn y blynyddoedd cynnar, ac erbyn 1949, gwelwyd y rhif wedi ei ostwng i chwech, sef — Owen Edwards, Tyddyn Meistr; William Lloyd, Bron Llan; C.W. Williams, Tanyclogwyn; J.D. Lloyd, London Terrace; Alun Ogwen Williams, Plas Derwen; W.E. Williams, Penynbedw.

Y gweinidog yr adeg honno oedd Robert Roberts, gyda Bennet Jones, Tŷ'n y Mynydd yn bregethwr ar brawf.

Ym mlynyddoedd olaf y ganrif ddiwethaf a rhai cynnar y ganrif hon, cynhaliwyd ysgol Sul gan yr Hen Gorff yng Nghwm Glasgwm, i arbed taith weddol faith i drigolion Glasgwm i'r Llan; yn un o dai Blaen Glasgwm y bu'r aelodau'n ymgynnull. Cynhaliwyd ysgol Sul yn rheolaidd yn Soar, neu 'Capel Gors' ar lafar, a chaed ambell gyfarfod pregethu yno hefyd. Gwelir yn ystadegau'r achos yn 1949 i 17 fynychu'r ysgol Sul yn Soar, gyda thri athro yn gofalu amdanynt. Daliwyd ati i geisio cadw'r fflam yn fyw yn y capel bach, a bu'r annwyl ddiweddar chwiorydd Lizzie a Kitty Roberts, Tŷ Newydd, ynghyd â'u brawd John Roberts yn gefn i Soar am flynyddoedd, ond gorfu iddynt wynebu sefyllfa o ddirywiad ymysg y mynychwyr, ac fe ddaeth diwedd ar addoli yng Nghapel y Gors yn ystod y chwedegau a gwerthwyd yr adeilad fel tŷ haf, o bopeth.

Fel pob enwad arall yn y cylch, gostyngiad yn yr aelodaeth fu'r rheswm i'r Hen Gorff fethu a chynnal gweinidog ym Mhenmachno ac wedi ymadawiad y Parch. Gareth Alban o'r ardal yn y saithdegau, bu Methodistiaid y plwyf heb weinidog preswyl am y tro cyntaf ers dros 160 blwyddyn o hanes yr achos yno, heblaw am gyfnodau byr o dro i dro.

Enwau Gweinidogion Salem o'r dechreuad

1868 (Tŷ'n y Porth) — 1875: William Jones
1876 — 1886: William Griffith
1886 — 1889: Heb fugail
1889 — 1899: T. Morris Jones
1900 — 1905: Howell Harries Hughes
1905 —   : T.J. James
      — 1934: T. Llywelyn Thomas
1934 — 1940: W. Rawson Williams
1944 — 1950: Robert Roberts
1950 — 1961: Trefor Evans
1961 — 1972: Gareth Alban

Yng ngholofn 'O Lanau'r Fachno' yn y papur newyddion wythnosol y *Rhedegydd* ar Fedi'r 8fed, 1906 gwelir cyfeiriad at adeiladu tŷ'r gweinidog megis 'Llwyn Hudol. Mae palasdy y Radical pybyr, y Parch. T.J. James (M.C.) bron ei gwblhau. Mae sêl a gwasanaeth y cyfaill ffraethbert, Mr Hugh Hughes, Llys Caradog, yn ennyn ein hedmygedd a'n parch dyfnaf. Mae wedi bod yn hynod o lafurus gyda'r adeilad, a than ei gyfarwyddyd medrus ef y cariwyd yr holl waith ymlaen'.

Wedi ymadawiad y Parch. Gareth Alban o Fryn Salem yn 1972, fe wasanaethwyd achos yr Hen Gorff yn y plwyf gan weinidogion nad oeddynt yn breswyl yn y Llan, y cyntaf ohonynt J.D. Hughes, Ysbyty Ifan, gyda saith o gapeli dan ei ofal. Gosodwyd tŷ'r gweinidog, Bryn Salem i deulu lleol, a bu chryn aniddigrwydd ar ddechrau'r 1990au, wrth i Eglwys Bresbyteraidd Cymru geisio gwerthu'r tŷ ar y farchnad agored, a olygai brisio'r lle y tu hwnt i gyrraedd y trigolion lleol. Wedi llawer o wrthwynebiad yn lleol a chenedlaethol, gwerthwyd y tŷ i deulu lleol am bris rhesymol.

Y Wesleaid

Yn yr 'Eurgrawn', cylchgrawn enwadol y Wesleaid yn 1866 ceir hanes Cyfarfod Cyllidol y Rhyl y flwyddyn honno yn trafod Capel Penmachno, yn amlwg heb fabwysiadu'r enw 'Bethania' yr adeg hynny. Dywedwyd i'r capel, ar ôl ei gwblhau, i gynnwys 350, ar gost o £1,147, ac i £500 'wedi ei haddaw (y capel wedi ei adeiladu, yn barod i'w goedio cyn gofyn caniatad i wneud hyny. Pasiwyd fod yr achos yn cael ei adael yn nwylaw Pwyllgor Capeli y Dalaeth).' Agorwyd Bethania yn 1867, wedi i'r achos Wesleaid fod wedi bod yn addoli yn Seion, dros y ffordd i'r capel newydd ers 1808.

Un o'r adroddiadau cynharaf am achos y Wesleaid ym Mhenmachno yw'r un am Robert Humphreys o Ddolgellau yn pregethu yn y Llan, ac yn gwahodd ei wrandawyr i ymuno ag ef mewn cyfarfod yn un o fythynod y pentref, er mwyn iddynt osgoi erledigaeth enwadau eraill. Roedd y Wesleaid yn destun gwawd ac erledigaeth yn y pentref, ac oherwydd hyn, roeddynt yn falch o dderbyn cynnig Hugh Price, y teiliwr, o loches i addoli ynddo. Byddai Dafydd Jones, o Gefn brith yn teithio'r deuddeng milltir o'i gartref dros y mynyddoedd, ym mhob tywydd, i Benmachno bob wythnos i'w harwain yn erbyn yr atgasedd a ddangoswyd tuag atynt, gan eu cefnogi a'u hannog i wrthsefyll y casineb yma. Yn 1808, prynwyd darn o dir gan Richard Parry am £20 i godi addoldy, ac ymhen ychydig fisoedd agorwyd Seion, gyda Hugh Carter, Dinbych; William Jones, Cadwaladr Price, David Jones, Caellwyd; S. Morris ac Ellis Jones, athro ysgol o Faentwrog yn ymddiriedolwyr cyntaf yr enwad yn y plwyf. Cysegrwyd y lle gan Mr Bryan, arolygydd cylchdaith Dolgellau o'r Wesleaid, o pa un yr oedd Penmachno yn rhan ohoni yn y dyddiau cynnar. Un arall a gymrodd ran yn y seremoni gysegru oedd Richard Williams, hefyd o Ddolgellau.

Rhwng Chwefror 1812 a Mawrth 1837, cofnodir i 89 o blant Penmachno gael eu bedyddio gan y Wesleaid, y cyntaf ohonynt Robert Jones, mab William Jones, gwehydd, a'i wraig Elizabeth, ar yr 20fed o Chwefror 1812.

Yn y cyfnod hwn, pan oedd anghydffurfiaeth ond yn ei babandod yn y plwyf, a pharch at grefydd yn isel, arferid cadw Gwylmabsantau yn y Llan, pryd y cynhelid bob math o chwaraeon, cystadlaethau, a hap-chwarae dros y Sadwrn, Sul a Llun o wyliau'r Sulgwyn. Arferai tyrfaoedd mawrion o ardaloedd cyfagos ymgynnull yn y pentref i gymryd rhan yn y dathliadau.

Byddai tafarnau'r Llan yn orlawn dros y tridiau, a meddwi ac ymladd yn beth cyffredin i'w weld ar strydoedd y pentref. Ar ddydd Llun o'r ŵyl yn 1818, ac aelodau capel Seion yn ymgynnull i addoli, gwelwyd digwyddiad anghyffredin iawn. Tra roedd y dyrfa feddw yn gloddesta, a dawnsio a gwamal-ganu i gerddoriaeth y crythor, a'r gynulleidfa yn y capel yn ymdrechu i glywed y pregethwr dros yr holl sŵn o'r tu allan, dywed i ysbryd Duw gael ei dywallt dros y capel, nes gwneud i'r gwrandawyr orfoleddu, ac aeth sŵn y gorfoledd i babell yr oferwyr meddw, ac effeithiwyd ar y dawnswyr yno. Aeth pob un ohonynt, yn cynnwys y crythor i mewn i'r capel i ofyn am noddfa ac am faddeuant am eu pechodau. Enw'r crythor oedd Roger, a gwaeddodd un hen ferch a ddaeth o Lanrwst yn swydd bwrpas i fwynhau'r dawnsio, ond a drowyd i'r ffydd, 'Ffarwel i'r hen Roger, am byth, am byth!!'

Ym mysg arweinwyr cyntaf Seion oedd Owen Luke ac Owen Jones, ac ym mhellach ymlaen daeth Robert Jones, Richard Griffiths, Ellis Williams a Dafydd Jones yn amlwg gyda'r enwad. Roedd Penmachno yn cael ei gynrychioli yn eitha da gan weinidogion Wesleiaid. Ystyriwyd y Parch. Robert Jones yn ddyn arbennig o ddawnus, ac yn bregethwr ardderchog, a galw mawr am ei wasanaeth drwy Ogledd Cymru; dechreuodd ar ei yrfa yn 1841. Er mai byr oedd gyrfa Thomas Roberts, gwnaeth yntau farc da ar yr eglwys yn nechrau'r 1870au. Rhai eraill a wasanaethodd yr enwad yn lleol oedd O.M. Jones, D.O. Jones, J. Price Roberts ac Owen Evans.

Wedi codi Bethania, aeth yr achos o nerth i nerth, a throsglwyddwyd aelodaeth Penmachno i gylchdaith Llanrwst. Codwyd tŷ i'r gweinidog gerllaw'r capel drwy garedigrwydd Owen Gethin Jones a'i deulu, aelodau selog o'r enwad yn y Llan.

Magwyd llawer o gewri ym Methania dros y blynyddoedd, a rhai a wasanaethent yr achos yn ffyddlon. Un o'r rhain oedd Owen Jones, Glasgwm Hall, a fu yn oruchwyliwr y gylchdaith am flynyddoedd. Ym mysg eraill oedd Evan O. Roberts, Tabor, a lafuriodd gyda phlant y capel, ac a ymfudodd i Ohio, yr Unol Daleithiau, ym mha le yr ysgrifenodd lyfr am ei atgofion am gymeriadau y Llan, *'Old Characters of Penmachno'*. Bu Robert Thomas, Swch yn arweinydd y gân yn y capel am flynyddoedd, fel ac y bu Richie Thomas, ei fab yn ddiweddarach. Un arall adnabyddus, a cherddor enwog o'r Llan a fu yn arweinydd y gân ym Methania ar ddechrau'r ganrif oedd C.A. Vaughan, neu 'Andro Fychan' fel ei gelwid, a chyfansoddwr tonau o fri. Rhai eraill a roddodd wasanaeth clodwiw fel swyddogion a blaenoriaid oedd Isaac Roberts, Frondeg, ac yn ddiweddarach ei fab, Glyn; bu Roger Roberts, y postfeistr lleol a Thomas

Capel Salem a Neuadd Tŷ'n y Porth, Yr Hen Gapel

Eglwys St Tudclud a Chapel Bethania yn y cefndir

Roberts, Ael y bryn yn ffyddlon i'r achos am gyfnod maith hefyd, ac yn dal i fod yn gefn i Fethania mae Aneurin Jones a'i frawd T.O. Jones, yr hwn sydd wedi gwasanaethu Bro Machno fel cynghorydd selog ar Gyngor Sir Gwynedd, a Sir Gaernarfon cyn hynny, am flynyddoedd meithion. Ym mysg nifer o weinidogion a fagwyd ym Methania y mae y Parch. R. Glyn Williams, Pwllheli erbyn hyn.

Daeth cŵyn gerbron ymddiriedolwyr Bethania yn eu cyfarfod ar Awst y 24ain, 1924 ynghylch y golau gwael a gaed o'r lampau olew a oedd yn goleuo'r capel. Gofynwyd i T.R. Jones wneud ymholiadau ynglŷn â benthyg arian o'r banc yn Llanrwst, ac i Gethin Davies a Daniel Davies fynd i Landudno i holi cwmni Lance o'r dref honno ynghylch peiriant i gynhyrchu trydan at ddefnydd y capel. Wedi cael adroddiadau boddhaol o'r ddau le, penderfynwyd mentro â phrynu generadur i'r pwrpas o oleuo'r capel, am £126.10s. I gartrefu'r peiriant, fe brynwyd anedd-dy bychan, gwag, gerllaw'r capel, 'Tŷ Crwn', am £30, ac fe aed ymlaen i gwblhau'r gwaith angenrheidiol o wifro'r capel. Bu'r fenter yn llwyddiant o'r dechrau, cymaint nes y daeth cais gerbron yr ymddiriedolwyr o gyfeiriad rheithor y plwyf i gael cysylltu'r eglwys â'r 'wyrth' fodern yma. Cytunwyd â chais y rheithor a daethpwyd i delerau boddhaol â'r eglwyswyr am gyflenwi'r eglwys â thrydan. Bu'r generadur yn effeithiol iawn hyd nes i'r Bwrdd Trydan gysylltu'r pentref â'r Grid Cenedlaethol yn 1954, a gwerthwyd y peiriant. Aelod defnyddiol o'r achos oedd Robert John Jones, a fyddai yn gwneud y gwaith trydanol yn ôl y galw.

Penderfynwyd, mewn cyfarfod o'r ymddiriedolwyr, yng Ngorffennaf 1947 cael organ bibellau i'r capel, ac aethpwyd ymlaen i addasu'r capel ar gyfer yr organ yn ystod haf 1948, dan ofal dau aelod o'r capel, Jeremiah Jones a Vincent Davies, ac fe osodwyd yr organ i mewn ym mis Hydref o'r flwyddyn honno, ac ymhen mis roedd y cwbl o'r gwaith wedi'i orffen, a'r gost i gyd dros fil o bunnau. Cynhaliwyd llawer o weithgareddau yn yr ardal i geisio clirio'r ddyled, a gyda chymorth brwd yr aelodau fe lwyddwyd i gael y llechen yn lân erbyn 1952, gyda £72 yn weddill yn y coffrau.

Gweinidogion Bethania

Y Parch. Raymond Hughes, brodor o Gwm Penmachno, a dderbyniodd y fraint, os dyna'r term cywir, i wasanaethu fel y gweinidog Wesleiaid olaf i breswylio ym Mod Owain. Aeth y draul o gadw gweinidog yn rhy drwm ar yr aelodaeth, a fu yn gostwng mewn niferoedd yn flynyddol, ac wedi ymadawiad Mr Hughes, yn 1973, bu'r capel heb fugail preswyl am y tro cyntaf yn ei hanes. Rhestrir gweinidogion eraill y ganrif hon a fu ym Methania, gan weithio'n ôl; gwasanaethai'r gweinidogion am dair blynedd yn y dechrau ond newidwyd y drefn tua chanol y tridegau.

Llewelyn Hughes
Percival Hughes
Emlyn Williams
W.H. Hughes
George Breeze
John Alun Roberts
Gwilym Roberts
R.G. Hughes
J. Meirion Williams
David Morris
J.E. Thomas
R.H. Pritchard
J. Parry-Brooke (Aeth yn gaplan i Ffrainc yn ystod rhyfel 1914-1918)
? Whittington-Jones
Philip Williams
Daniel Williams

Ychydig o ystadegau aelodaeth Bethania

1934 — 160	1957 — 131
1935 — 163	1965 — 100
1936 — 156	1995 — 36
1954 — 140	

'Jeriwsalem Sinc'

Anghofiedig erbyn heddiw yw'r capel bach a godwyd ger Tŷ'n y Groes er budd aelodau'r Wesleiaid yn y Penisa ac Ochr y Felin. Adeiladwyd y capel yn 1912, ac fe'i bedyddiwyd yn 'Jeriwsalem Sinc' yn lleol, oherwydd mai o'r defnydd metel hwnnw, yn ôl pob sôn, y gwnaed ef. Cynhaliwyd ysgol Sul yn rheolaidd ynddo, ac ambell gyfarfod gweddi hefyd. Yn dilyn gostyngiad yn nifer y mynychwyr wedi'r Rhyfel Mawr, fe gaewyd 'Jeriwsalem Sinc', ac fe werthwyd yr adeilad yn 1926.

Yn *Baner ac Amserau Cymru* ar Hydref 30ain, 1912, gwelir adroddiad prin o weithgaredd yn y capel, ac fe ddyfynir yn llawn o'r adroddiad:

'Gwledd o De

Prydnawn Sadwrn diwethaf, yn Ysgoldy Tŷ'n y Groes, perthynol i Wesleyaid Penmachno, cafwyd te a bara brith. Ysgoldy Bychan ydyw, wedi ei godi gan yr enwad i'r amcan o gynnal ysgol Sabbothol ynddo, gan fod y ffordd yn bell i'r addoldy. Yr oedd y te a'r elw oddi wrth yn myned i'w ddi-ddyledu. Dywedir fod elw da wedi ei wneud. Daeth llu yno am wledd.'

Rhydymeirch, Cwm

Cangen o eglwys Salem y Llan yw Rhydymeirch ac wedi ei chychwyn er budd aelodau'r Methodistiaid Calfinaidd yn y Cwm. Adeiladwyd y capel cyntaf yma yn 1834, â thŷ a stabl yn rhan ohono. Adeilad digon diaddurn oedd hwn yn ôl sôn, ac wedi ei gynllunio yn wael. Dywedid nad oedd gwerth yr adeilad yn fwy na £100 ar y mwyaf. Gelwid y capel yn Rydymeirch am iddo sefyll ger ryd yn yr afon Fachno a arferid ei ddefnyddio gan geffylau yn yr hen oesoedd.

Y rhai a fu yn gyfrifol o sefydlu'r eglwys gyntaf yma oedd y Parchedigion Dafydd Rolant a Dafydd Dafis, y Bennar. Gwasanaethai Dafydd Dafis am ddim, ac mae sôn amdano fel pregethwr grymus a cheryddwr llym. Bu achlysur agor tafarn yn Beniarth yn destun loes iddo, ac nid oedd yn hoff iawn o falchder chwaith, a byddai'n feirniadol o ferched a wisgent foneti gyda blodau arnynt ar eu pennau yn lle'r capiau gwyn syml a arferent ei gwisgo. Credai fod hyn yn bechod, sef gwisgo blodau ffug ar y boneti, gan ddweud iddynt geisio dynwared Duw trwy wneud blodau. Beth fyddai 'rhen Ddafydd yn ei ddweud am ffasiynau'r oes yma tybed?

Y blaenor cyntaf i'w benodi oedd John Roberts, Y Ddôl, neu'r 'hen sgôr', yn ôl ei ffugenw, a roddwyd iddo am mai ef a fyddai yn cadw cyfrif o'r rwbel a gludid o'r chwarel gyfagos, ble y gweithiai. Fe symudodd gyda'i deulu i America, fel llawer eraill o'r cylch yn y cyfnod, a daeth dau o'i feibion, Griffith a John yn weinidogion amlwg yn y wlad honno.

Er mor ddiaddurn yr olwg, bu'r achos yn y capel cyntaf yn hynod lwyddiannus, ac yn 1864 bu yn rhaid ehangu ac ail-adeiladu Rhydymeirch, ac fe welwyd adeilad hardd yn cael ei godi ar gost o £600, a bu hwn yn fodd i weld cynnydd sylweddol yn yr aelodaeth. Yn 1871, cofrestrwyd 240 o wrandawyr yn y capel, ac aelodaeth yn rhifo 90, ond yn amlwg, roedd y capel yn hollol anaddas i dderbyn yr holl addolwyr, ac fe aed ati i gynllunio adeilad i ddal pedwar cant, gan ragweld twf ym mhoblogaeth y Cwm wrth i'r chwareli ddatblygu. Yn 1898 adeiladwyd y trydydd capel ar safle Rhydymeirch. Gwelwyd yr adeilad hardd, presennol yn cael ei godi, dan ofal yr Arch-adeiladydd Thomas Parry, Bae Colwyn, ynghyd â thŷ capel, ysgoldy a festri. Roedd yr holl draul am y gwaith yn £2658, ac ymhen tair blynedd roedd y ddyled wedi ei gostwng o dan £1,000, ac erbyn 1917 roedd pob dimau wedi eu talu. Gwnaed llawer o welliannau eraill, gan ychwanegu organ urddasol ar gost o £166 yn Nhachwedd 1898, ac yn 1926 fe brynwyd generadur bateri i drydaneiddio'r capel, rhywbeth arloesol iawn yn y cyfnod hwnnw yn y Cwm, a bu yn llwyddiant o'r dechrau, er pryderon rhai o'r aelodau hynaf am y fenter.

Roedd Rhydymeirch yn enwog yn ystod y dauddegau a thridegau'r ganrif hon am berfformiadau o oratorias uchelgeisiol yn flynyddol gan aelodau'r capel ac aelodau Shiloh. Gwelwyd cantorion adnabyddus yn dod o bob cwr o Gymru

Capel Rhydymeirch (M.C.)

i gymryd rhan yn yr oratorias, a bu sôn am y cynhyrchiadau yma ym mhob man yn ystod y cyfnod. Gwelodd Rydymeirch 13 o'r rhain yn cael eu perfformio yno rhwng 1910 a 1931.

    Adroddwyd yn y *Rhedegydd* ar 15fed o Ebrill, 1911 i luoedd dyrru i Rydymeirch i wrando ar berfformiad o'r oratoria 'Jeremiah' yn cael ei pherfformio yno. Yr unawdwyr oedd Miss Elsie Williams, Dolgellau, soprano; Mrs Annie Jones, alto; E. Lewis, Capel Curig, tenor a'r bariton oedd D. Pryce Davies, Penmachno.

    Yn ychwanegol i John Roberts, enwau'r blaenoriaid cyntaf yn Rhydymeirch oedd John Ellis, Foel; Owen Jones, Hafod Fraith; Robert Edwards, Carrog; Owen Jones, Ddôl ac Owen Jones, Cae'n y Cwm. Rhai lleol a fu'n pregethu yn y capel oedd Griffith Roberts, a aeth yn weinidog i Dodgeville, yr Unol Daleithiau; William Machno Jones, a J.J. Roberts, eu dau hefyd wedi eu dyrchafu'n weinidogion yn yr U.D.A. wedi cael dechrau da yng Nghwm Penmachno.

    Dywedwyd yng ngholofn newyddion Cwm Penmachno yn y *Rhedegydd* ar Ebrill y cyntaf 1911 i Rhydymeirch fod wedi cyhoeddi ystadegaeth gyflawn, gyntaf, yn ei ffurf newydd, gan ychwanegu fod yr eglwys 'yn fyw i'w dyletswyddau, a gwaith mawr yn cael ei wneud yn yr holl adrannau'. Mae'n amlwg fod hyder mawr yn nyfodol yr achos yn y Cwm, wrth ddarllen adroddiad arall yn yr un papur newyddion, ar Awst 12fed, 1911, i fwriad gan eglwys Rhydymeirch 'i gael gweinidog i'w bugeilio. Y mae yr eglwys wedi pleidleisio yn unfrydol yn ffafr cael bugail'.

Cynhaliwyd ysgol Sul yn Rhiwbach gan y Methodistiaid Calfinaidd hefyd, a gwelir yn adroddiad Rhydymeirch am 1911 fod 30 yn ei mynychu. Aelodaeth Rhydymeirch ar sefydlu'r achos yno yn 1834 oedd 20, ac erbyn 1871, roedd wedi cynyddu i 90; ym mlwyddyn canmlwyddiant yr achos yn 1934, 129 oedd nifer yr aelodau, ond gostwng yn raddol fu hanes rhifau'r capel, wrth i drai yn y diwydiant llechi olygu disgyniad ym mhoblogaeth yr ardal. Yn 1964, wedi cau'r chwarel olaf, gwelwyd i rif yr aelodaeth ostwng i 58, ac erbyn heddiw, yn 1995, gwelir i'r aelodaeth fod yn llai mewn nifer nac ar ddyddiad dechrau addoli yn Rhydymeirch am y tro cyntaf yn 1834, gyda dim ond 19 o ffyddloniaid yn ceisio cynnal yr achos yno.

Un o'r ffyddloniaid yw Eluned Jones, Llechwedd Hafod, blaenor yn y capel ers tro, ac wedi bod yn gefn i'r achos yn Rhydymeirch dros flynyddoedd meithion.

Ebenezer (M.C.)

Cangen arall o'r fam eglwys yn y Llan yw capel bychan Ebenezer, yng ngwaelod y plwyf. Dechreuodd yr achos yn y Penisa mewn tŷ o'r enw Tŷ'n y Coed, cartref David Davies, dyn parchus iawn yn yr ardal, ac yn un a ddewisiwyd yn gynnar iawn fel blaenor yng nghapel Tŷ'n y Porth. Dim ond ysgol Sul a gynhaliwyd yn Nhŷ'n y Coed, ac yn y tŷ ei hun y byddid yn cyfarfod yn y gaeaf, ond yn yr haf mewn adeilad mawr cyfagos, a elwid yn Tŷ Rhisgl. Tybir i'r cyfarfodydd yma ddechrau tua 1840. Wedi bod yn cyrchu i'r tyddyn bychan yma am rai blynyddoedd, codwyd capel i'r achos ar fin y ffordd dyrpeg yn 1854, ac fe enwyd y capel yn Ebenezer, o barch i Ebenezer Jones, y Ffatri, yr hwn a gyfranodd yn fawr mewn llawer ffyrdd tuag at adeiladu'r capel. Sefydlwyd eglwys reolaidd yno yn 1865, a chaniatawyd i'r aelodau fynd yn eglwys ar wahân i'r Llan, a dewisiwyd swyddogion i ofalu am yr achos. Adroddwyd mai 58 oedd rhif yr aelodau yn y flwyddyn honno, a'r ddau flaenor oedd David Roberts ac Ebenezer Griffiths. Ym mysg y 58 aelod ceir enwau y Parch. John Jones, a'i wraig a'i ferch. Dywedir fod pwysau'r achos yn drymach ar John Jones a'i deulu, gan fod capel Ebenezer a'r Pandy, eu cartref, yn gyfagos, yno y byddai holl bregethwyr y capel yn aros, a hynny yn rhad ac am ddim, a byddai llawer yn troi i mewn i'r felin at y Parch. Jones i gynnal cyfarfodydd gweddi ac yn y blaen. Rhai a benodwyd fel blaenoriaid yn y blynyddoedd cynnar oedd David Roberts, Cae Heilyn; Ebenezer Griffiths, Carreg yr Ast; Evan Roberts, Penrhyn Isaf; Rees Owen Jones, Factory; Owen Jones, Tŷ'n y Coed ac R.E. Jones.

Fe wnaethpwyd gwelliannau i'r adeilad yn 1908, gan ddisgwyl cynnydd yn

Capel Ebenezer

nifer yr aelodau yn dilyn y brwdfrydedd a welwyd yn ystod diwygiad mawr 1904/05, ond nid felly y bu, ac wedi bod yn gwasanaethu trigolion y Penisa am dros gan mlynedd, caewyd drysau Ebenezer am y tro olaf yn 1974, a gwerthwyd yr adeilad.

Soar (Capel y Gors)

Agorwyd Capel Soar yn 1881 er budd aelodau'r Methodistiaid Calfinaidd a drigent yn y 'Topia' ac Ochr y Foel, i arbed y daith flin iddynt bob cam i Salem yn y Llan ym mhob tywydd. Mae'n debyg na chynhaliwyd gwasanaethau bore a hwyr yn rheolaidd yn Soar, ond bu ysgol Sul yn cael ei chynnal bob wythnos, gydag ambell bregeth i'w chlywed yn achlysurol. Gwelir yn adroddiadau ariannol Salem i adroddiad flynyddol ysgol Sabothol Soar gael ei chynnwys o 1893 ymlaen. Yn y flwyddyn honno cofnodwyd mai Robert Jones, Penffridd oedd yr arolygwr, Thomas Jones, Benar View yn ysgrifennydd a Chadwaladr Lloyd, Blaen buarth yn ymwelydd.

Erbyn 1949, adroddwyd mai 17 oedd nifer y mynychwyr yn y capel bychan, gyda thri athro ysgol Sul yno. Er i deulu annwyl Tŷ Newydd, y ddiweddar chwiorydd Lizzie a Kitty Roberts, a'u brawd John wneud ymdrechion da i geisio cynnal y ffydd yn Nhabor, penderfynwyd gan swyddogion Salem nad oedd cyfiawnhâd i gadw'r capel ar agor i'r ychydig a fynychai'r lle, a chaewyd Soar yn 1967, a gwerthwyd yr adeilad i deulu o fewnfudwyr.

Capel Tabor (Bedyddwyr)

Nid yw'r capel yma ond megis murddun ers blynyddoedd bellach, a dim ond y cerrig beddau yn y fynwent fechan gerllaw sydd ar ôl i'n hatgoffa o gyfnod digon cythryblus y Bedyddwyr yn y cylch. Nid oes sicrwydd pa bryd y bu i'r capel gau, ond gwelwn mai Sarah, gwraig Ellis Roberts, Penrhiw oedd yr olaf i gael ei chladdu yn y fynwent, a hynny ar Orffennaf 29ain, 1896. Awgrymir, drwy hyn, i Dabor gau rhywdro wedi 1896, ac efallai yn gynnar yn yr ugeinfed ganrif. Un peth sydd yn sicr yw dyddiad cofrestru Tabor fel man addoliad, sef yr ail o Fedi, 1822; daw'r wybodaeth honno mewn llyfryn a gedwir yn y Llyfrgell Genedlaethol, 'Llyfr Cofnodion ac Ychydig o hanes achos Bedyddwyr Penmachno 1845-1847'. Ymddengys mai Cadwaladr Andrew, Pen y Foel a ewyllysodd "i'r tŷ yma, sef Tabor fod ym meddiant y Bedyddwyr". Cyn belled ag y gwyddom, dyma'r unig lyfr cofnodion sydd ar gael ar hanes yr achos yn y plwyf, a difyr yw ei gynnwys, ond difyrach yw gweld enw a chyfeiriad y cofnodydd; ar y câs, gwelir enw Mr Owain Roberts, Cambrian Post Office, Columbus County, Wisconsin, U.D.A. Y cwestiynau a ddylid eu gofyn yw 'sut aeth y llyfr bob cam i'r Amerig, a sut y daeth yn ôl i Gymru?' Daw'r ateb i'r rhan gyntaf efallai yn y ffaith a gyfeiriwyd ato mewn colofn arall ar hanes crefydd y plwyf, sef i amryw o arweinwyr crefyddol yr ardal ymfudo dros fôr yr Iwerydd yn y ganrif ddiwethaf, a chofnodir yn un o 'Drafodion' Cymdeithas Hanes sir Gaernarfon i Fedyddwyr amlwg o Benmachno ddilyn y garfan. Y tebyg yw i'r Owain Roberts y bu'r llyfr yn ei feddiant, fod yn un o deulu o Robertsus a ymfudodd i Wisconsin; bu'r teulu yna, o'r Henrhiw yn gefn i'r achos yn Nhabor, a daw enwau rhai o'r teulu i'r amlwg ar rai o gerrig beddau yn y fynwent yno. Dyna awgrym ar sut 'r'aeth y llyfryn i America, ond sut ddaeth yn ôl? Fe roddwyd y llyfr i ofal y Llyfrgell Genedlaethol yn 1950 gan y ddiweddar Miss Megan Davies o Flaenau Ffestiniog, ac wedi gwneud ymholiadau, deallwyd mai ei thad oedd J.D. Davies, a oedd yn berchennog papur lleol 'Stiniog, 'Y Rhedegydd' am flynyddoedd. Roedd J.D. yn ddyn blaenllaw iawn gyda'r Bedyddwyr ym Mlaenau Ffestiniog, ac yn bregethwr cynorthwyol â'r enwad. Mae'n debyg i lyfr cofnodion Tabor gael ei anfon i'r Rhedegydd o'r U.D.A. gan deulu Owain Roberts rhywdro, oherwydd i gylchrediad y papur gyrraedd blwy' Penmachno. Mae llyfr arall, prin iawn ar gael hefyd, llyfr a gyhoeddwyd yn Jackson, Ohio ac a elwir yn 'A Sketch of the old characters of Penmachno', O.E. Roberts, gyda chysylltiad â'r teulu ag achos y Bedyddwyr mae'n debyg, canys dywed iddo gael ei eni yn Nhabor Uchaf cyn ymfudo i'r Unol Daleithiau.

Yn y llyfr cofnodion ceir cyfeiriadau am y 'casgliad i'r saint', yn amrywio o 10½c i 1s.2½c y Sul, a thaliadau megis '1c am fara', 'am gannhwyllau 3c', ac 'am win a'i gario 2s.1c'. Ynddo hefyd am ryw reswm mae tudalennau o ymarferion

Gweddillion Capel Tabor

ysgrifennu — cynnyrch gwersi ysgol nos Morgan Vaughan, a gynhelid yn nhafarn tad Morgan, y 'White Horse' o bobman; ceir y brawddegau Seisnig 'Bear light your pen' a 'Keep steady hand' am dudalennau undonog drwyddo. Yn 1854 y cynhelid y gwersi nos, a Morgan Vaughan, y tiwtor, yn fachgen tair ar ddeg oed; profir ei oed o gofnodion cyfrifiad 1851, pryd y dengys ef fel 'scholar' naw oed y flwyddyn honno.

Fel y dywedid eisoes, ychydig iawn o hanes y Bedyddwyr a geir yn y plwyf; nid oes lawer o wybodaeth am rifau'r aelodaeth, heblaw ambell gofnod megis yr un o lyfr 'Bedyddwyr Cantref y Rhos', a ddywed mai 15 oedd y rhif yn 1836. Gosodwyd potel gydag ychydig fanylion am y plwyf, dan garreg sylfaen yr eglwys bresennol, pan osodwyd honno yn 1857, ac ymysg y manylion oedd gwybodaeth mai 13 oedd aelodaeth Tabor yr adeg hynny. Yn ôl y Parch. Owen Davies, Caernarfon yn ei lyfr 'Bedyddwyr Cymru' (1905), nid oedd gan y Bedyddwyr Albanaidd a Champelaidd ond 15 o eglwysi yng Nghymru gyfan rhyngddynt, un ohonynt Tabor. Ni wyddys pa bryd yn union y daeth diwedd ar addoli yma, ond yn ôl un o drigolion y Llan, James Griffith, sydd yn 80 oed eleni (1995) roedd ychydig seddau ar ôl yn Nhabor pan oedd ef yn blentyn ifanc, ond dywed nad oedd yn cofio neb yn addoli yno. Mae gweithredoedd y capel yn yr archifdy yng Nghaernarfon, a dengys weithred olaf i'w gwneud oedd trosglwyddo'r capel a'r fynwent o ofal un Margaret Vaughan yn 1897 i werthwr gwartheg o'r enw Morgan Roberts, Henrhiw Uchaf, ac amryw o ymddiriedolwyr eraill. Un o nodweddion amlycaf am y capel bach yma yw'r traddodiad lleol am gysylltiad Bedyddiwr enwog iawn â'r lle, sef David Lloyd George. Bu llawer o'r pentrefwyr yn dweud iddo fod yn pregethu yno ar fwy nag un achlysur, ond heb ddim ond y traddodiad llafar i geisio profi hyn. Fel rhyw ychwanegiad i'r straeon gwelir ymysg dogfennau yn archifdy'r sir yng Nghaernarfon ddarn o bapur ac arno deipysgrif ddwyieithog, dyddiedig Awst 20fed, 1925, sydd yn datgan *'Prynais y bwrdd hwn gan hen wraig oedd yn byw ym Mhenmachno. Dywedodd wrthyf fod iddo hanes. Hwn oedd y bwrdd cymun yn perthyn i gapel y Bedyddwyr ym Mhenmachno. Pan oedd y Gwir Anrhydeddus Mr D. Lloyd George yn ddyn ieuanc mewn swyddfa yn Ffestiniog, croesodd y mynydd lawer gwaith i addoli yn y capel bach, a derbyniodd y cymun oddiar y bwrdd hwn'*. Awdur y deipysgrif oedd Mathew Roberts, Bryn Derwen, Capel Curig, ac yn amlwg mai wedi ei osod ar y bwrdd mewn arddangosfa neu i'w werthu oedd y geiriau. Profa hyn i Dabor fod wedi cau cyn 1925 yn sicr, ac i rywfaint o wirionedd am gysylltiad David Lloyd George ddod i'r golwg. Mae'r bwrdd cymun i'w weld erbyn heddiw yn amgueddfa'r gwleidydd yn Llanystumdwy.

Dengys bywgraffiadau o Lloyd George fod sail i'r hanesion lleol amdano'n cymryd rhan yng ngweithgareddau Tabor; yn wir gallai'r capel bach, a'r pentref ymfalchïo yn y ffaith mai yma y bu i'r gŵr mawr gael ei gyfle cyntaf i siarad yn gyhoeddus. Dywed iddo gamu i'r pulpud am y tro cyntaf i siarad yn gyhoeddus, a hynny'n ddigon petrusgar, yng nghapel Tabor yng ngwanwyn 1881, oherwydd nad oedd llawer yn ei adnabod yno; roedd yn 18 oed ar y pryd. Yn ôl pob tebyg tyfodd ei hyder ddigon drwy'r profiad o bregethu yn y capel bach, nes iddo gael y ffydd i anerch yng nghapel Pen y Maes, yn nes i'w gartref ymhen ychydig dros flwyddyn wedyn. Daeth y byd yn gyfarwydd ag anerchiadau David Lloyd George, ond ychydig iawn sydd yn gwybod am ddechreuad ei ddawn arbennig fel siaradwr cyhoeddus heb ei ail.

Yn ôl ei nai, W.R.P. George, yn ei lyfr 'The Making of Lloyd George', nid yn unig cael profiad o siarad cyhoeddus cyntaf wnaeth y cyfreithiwr ifanc ar ei deithiau aml dros y mynydd o Ffestiniog i Benmachno, ond iddo gael ei brofiad carwrol cyntaf yn y plwyf hefyd. Dengys nad Tabor oedd yr unig atyniad iddo. Tra ar ei amryfal deithiau i Benmachno, disgynodd mewn cariad â Kate Jones o'r Glasgwm. Roedd hi'n ferch annwyl, ugain oed, a gwelwyd y ddau ohonynt yn cerdded law yn llaw ar hyd y ffordd ramantus a arweiniai i gartref Miss Jones yng Nghwm Glasgwm. Parhaodd y garwriaeth, yn ôl pob golwg drwy 1882 ac 1883, ond daeth y cysylltiad rhyngddynt i ben pan glywodd Kate sibrydion fod ei chariad yn 'dipyn o fflyrt', ac yn cael perthynas â merch arall yng nghyffiniau Porthmadog. Serch hynny, cofnodwyd i Kate gyfaddef ar y pryd i ffrind iddi, *'Mi ŵyr yr Arglwydd bod well gen i o na neb y bûm i efo fo erioed'*. Ymhen ychydig wedi gorffen ei pherthynas â Lloyd George, priododd Miss Jones â meddyg lleol, ac wrth ymateb i'r newyddion am y briodas, dywedodd y cyfreithiwr ifanc nad oedd yn ddrwg ganddo wybod, gan ychwanegu ei bod yn well i gydio'n dynn i ddyn a allai roddi bywyd cyfforddus iddi nag i grwt ifanc 19 oed di-feddwl fel efe.

Mae'n sicr i'r Bedyddwyr ddechrau addoli ym Mhenmachno cyn cael y drwydded i ddefnyddio Tabor fel addoldy yn 1822, ac yn ôl pob golwg mai yng nghartrefi'r aelodau y bu'r cyfarfodydd. Cofnodir yng Nghofiant J.R. Jones, Ramoth, i Gadwaladr Andrew o Benmachno gael ei ddiarddel o'r Bedyddwyr yn 1815, ac i ddwsin o aelodau ymadael o'r enwad yn 1819. Efallai y dylid gofyn y cwestiwn sut y bu i'r Bedyddwyr Albanaidd a Chambelaidd ddechrau ym Mhenmachno? Gwyddys i J.R. Jones, Ramoth, ymneilltuo oddi wrth Fedyddwyr Babilonaidd Cymru a mynd a llu o ddilynwyr gydag ef at gredo'r Bedyddiwr Albanaidd, Archibald McLean yn 1798, ond ymddengys mai dylanwad arall a wnaeth i Fedyddwyr Penmachno ddilyn llwybr McLean. Daw'r cliw cyntaf yng nghyfenw'r un a ewyllysiodd Tabor i'r Bedyddwyr yn y Llan, sef Cadwaladr Andrew, sydd yn awgrymu cysylltiad Albanaidd. Yn ôl adroddiad a ddaeth i law gan Mr Arwyn Thomas, Casnewydd, sydd wedi gwneud ymchwil i deulu'r Cadwaladriaid yn ardal Tanygrisiau a phellach, dywed i un o'r tylwyth hwnnw, William Cadwaladr briodi ag Albanwraig o Benmachno, Margaret Andrews, merch i Andrew a Flora Mcleod, ffoaduriaid o'r Alban; roedd Andrew a Flora wedi ffoi o'r Alban oherwydd i'w rhieni wrthod iddynt briodi. Roedd hyn yn 1752, ond pam, a sut y bu iddynt ddewis Benmachno i ymsefydlu yno, does neb a ŵyr. Yn arwyddocâol, yn nechrau'r 18fed ganrif, roedd canghennau o'r Cadwaladriaid wedi sefydlu yn Llanfrothen, Trawsfynydd a Llwyngwril yn ychwanegol i Benmachno, ardaloedd a gysylltid â'r troedigaeth tuag at y Bedyddwyr Albanaidd, — mwy na chyd ddigwyddiad siawns? Mae'n eitha tebyg mai mab, neu ŵyr i'r Andrew a Flora Mcleod uchod oedd y Cadwaladr Andrew a gysylltir â Thabor, yr hwn a gladdwyd yn y fynwent fechan ym Mai 1869 yn 91 oed. Aeth Margaret Andrews, ei chwaer? i Danygrisiau gyda'i gŵr i gadw ffermdy Beudy Mawr, ac yn un o adeiladau'r fferm yr arhosai mintai o chwarelwyr o Benmachno a weithient yn chwareli Ffestiniog, ac fe adwaenid y lle fel 'Hotel Margiad Andro'.

Mae cofnod ar gael o J.R. Jones a Robert Morgan, o Harlech, un arall o hoelion wyth y Bedyddwyr yn pregethu gyda'r enwad ym Mhenmachno mor gynnar â 1811, a dyna'r tro cyntaf y bu trochi gan y Bedyddwyr yn y plwyf. Credir pe buasai'r Bedyddwyr wedi adeiladu capel yn y Llan, yn hytrach nag ar allt serth 'Sendy uwchben y pentref y byddai ganddynt ddilyniant llawer cryfach na'r un a ddringai'r ffordd i Dabor ar y Suliau.

Tybid mai dim ond tri pregethwr a godwyd gan Fedyddwyr Penmachno, y cyntaf a enwir yw'r Parch. David Humphreys, a symudodd i fyw i Dreffynnon. Yr ail i'w enwi oedd y Parch. John Roberts, mab Robert a Barbara Roberts, Henrhiw Uchaf. Yr olaf oedd y Parch. John Williams, a briodd â Hannah Vaughan, White Horse, Penmachno, un â'i theulu yn selog gyda'r achos yn Nhabor. Er nad oes cofnod o ddyddiadau cyfnod John Williams, tybir iddo wasanaethu fel arweinydd Bedyddwyr Tabor tua throad y ganrif. Dywedir iddo farw yn sydyn, a bu yn golled mawr i'r achos ar ei ôl.

Wedi dilyn ffydd y Bedyddwyr Albanaidd am sawl blwyddyn, bu rhwyg rhwng aelodau'r enwad drwy'r rhanbarth, yn yr helynt a elwid yn 'Ymraniad yn Ramoth', gyda rhai o'r aelodau yn dilyn J.R. Jones, gŵr mawr y Bedyddwyr Albanaidd y cyfnod, ac eraill yn newid at y Bedyddwyr Campelaidd. Troi at yr ail garfan yma wnaeth aelodau Tabor i gyd yn y flwyddyn 1845, ac mae'n eitha tebyg mai aros yn Gampelaidd tan y diwedd wnaeth y capel bychan. Ar ddiwedd y llyfr cownt, gwelir yr ysgrifen yma, 'Ac felly mi rwyf fi, Cadwaladr Andrew, yn tystio na fydd yma ddim derbyniad i neb ohonynt (y pregethwyr Albanaidd na neb arall) nes dônt i'r un farn â'r Testament Newydd ag hefyd i undeb a'n brodyr ni ym mhob man, sef Park, Crigieth a Rhos.' Fel y dywedwyd eisoes, hwn oedd y gŵr a roddodd dir i godi'r capel yn Nhabor. Bu farw Cadwaladr Andrew ar Fai 12fed, 1869 a'i gladdu ym mynwent Tabor yn 91 oed.

Trueni o'r mwyaf yw nad oes ychwaneg o gofnodion o hanes yr achos yn Nhabor ar gael, gan gofio'r cysylltiau â David Lloyd George a chyfnod cythryblus Bedyddwyr yr ardal, a rhan aelodau Penmachno yn helyntion yr ymraniadau a fu ym mysg yr enwad. Efallai y gwêl cyngor cymuned Penmachno yn dda rhywdro i osod plac ar weddillion y capel fel cofeb am bwysigrwydd Tabor i hanes y plwyf, a'i ran yn nechrau gyrfa cyhoeddus un o ddynion mawr y genedl a'r byd, David Lloyd George.

Eglwys Sant Tudclud

Hon yw'r drydedd eglwys ar y safle yma, ond fel y dywedwyd mewn pennod arall, nid dyma'r man cysegredig cyntaf yn yr ardal, canys i hen fynachlog Dolgynwal fod yn fangre i addoli yng ngwaelodion y plwyf ganrifoedd ynghynt. Chwalwyd yr eglwys flaenorol, Sant Enclydwyn yn 1858, yr hon a oedd wedi bod yn addoldy ers 1621, a chysegrwyd eglwys Sant Tudclud yn 1859.

Collwyd llawer o gofnodion am fedyddiadau, priodasau a chladdedigaethau'r plwyf pryd y dinistrwyd hen gofrestrau'r Llan, yn dyddio'n ôl i'r 16eg ganrif, drwy wahanol ffyrdd, rhai yn ystod cyfnod pryd y defnyddiwyd yr eglwys fel ysgol ddyddiol.

Un o feibion Seithenyn, a anfarwolwyd yn chwedl Cantre'r Gwaelod, oedd Tudclud, ac un o'i frodyr oedd Tudno; dathlir ei ddydd gŵyl ar Fai 30ain. Ar brydiau, gelwid yr eglwys, yn anghywir yn 'Sant Tyddud'; y tyb yw i rywun gam-ddarllen yr 'c' a'r 'l' fel 'd' rhywdro.

Costiodd yr eglwys bresennol £1,320 i'w chodi, a gosodwyd potel ac ynddi lawer o greiriau a dogfennau perthnasol i'r eglwys, ynghyd â darn o barsment â hanes yr eglwys wedi ei ysgrifennu arno, yn sylfaen orllewinol yr adeilad. Gosodwyd ffenest' yn y pen dwyreiniol o'r eglwys, ac wedi ei rhoddi er cof am yr Esgob William Morgan gan y Dr Lloyd Williams, disgynnydd o deulu Llwydiaid Hafodwyryd. Yn yr eglwys hefyd cedwir cwpan cymun arian, rhodd gan un o hynafiaid Dr Lloyd Williams, yr enwog Roderic Llwyd, a roddwyd yn 1713. Gwnaethpwyd gwelliannau i'r eglwys yn 1896 ac eto yn 1907, ac yn ystod y 1950au darganfyddwyd pydredd yn y muriau, a bu'r Rheithor, y Parch. W.R. Jones wrthi yn ddygn yn adgyweirio'r adeilad, gyda chymorth pentrefwyr, a chwblhawyd y gwaith wedi ei farwolaeth yn 1980.

Ym mlwyddyn cysegru Sant Tudclud, 1859, roedd anghydffurfiaeth wedi cael gafael yn y plwyf, â dim ond 39 o addolwyr yn mynychu'r eglwys i'w gymharu â 150 o Wesleaid a 330 o Fethodistiaid Calfinaidd, ac er i aelodaeth y capeli fod wedi dirywio'n arw erbyn heddiw, yr un yw hanes yr eglwys hefyd gydag ond ychydig iawn o ffydloniaid ar ôl yno.

Cynhelid eisteddfod lwyddiannus iawn gan yr eglwys ar Ddydd Gŵyl Ddewi yn flynyddol, a chawsai ei hystyried yn un o 'steddfodau gorau'r cylch.

Offeiriad Eglwys Betws-y-coed sydd yn gyfrifol am wasanaethu ym Mhenmachno bellach, ers marwolaeth y Parchedig W.R. Jones yn 1980, a gwerthwyd y Rheithordy enfawr a adeiladwyd gan Owen Gethin Jones yn 1862 ar lan afon Glasgwm, yr hwn sydd bellach wedi ei addasu yn westy.

Codwyd Eglwys yn y Cwm i wasanaethu eglwyswyr y Pen ucha' yng nghanol y ganrif ddiwetha', a bu mewn defnydd fel ysgol ddyddiol y rhan honno o'r plwyf o 1870 i 1922. Ychydig fu rhif y mynychwyr ynddi, a chynhaliwyd gwasanaethau achlysurol yno dan ofal offeiriad y Llan. Caewyd hon yn y pumdegau ac fe'i gwerthwyd i fod yn ganolfan i awdurdod addysg o Loegr.

Y rhai fu'n Offeiriaid yn y Plwyf

Cofnodir gan Bezant-Lowe yn *Heart of Northern Wales* i Thomas Byrkdall fod yn rheithor Penmachno, ac oddiyno aeth yn ganon i Fangor yn 1554.

1713:	David Morris, ciwrad.
1724:	Gullimus Llwyd, (brawd Roderic Llwyd).
1735:	Joseph Jones, clerc.
1740:	John Roberts, clerc.
1743:	William Annwyl, ciwrad.
1747:	Robert Lloyd, 'Minister'.
1754:	Joseph Jones, 'Minister'.
1779:	Evan Hughes, 'Minister'.
1782:	William Williams, clerc.

1783:	Owen Davies, A.M. 'Minister'.
1784:	Peter Price, A.B. clerc, yn byw yng Ngallt y Celyn.
1793:	William Williams, clerc.
1798:	Peter Price, clerc.
1799:	William Jones, A.B. 'Minister'.
1804:	Edward Davies, 'Minister'.
1822:	William Annwyl Roberts, yn byw yng Ngharreglleon, Capel Garmon.
1831:	Peter Titley, P.C. a Rheithor. (P.C. — Parish Constable)
1852:	David Roberts, ciwrad.
1855:	David Thomas, M.A. Oxon.
1860:	Hugh Lewis Price, B.A. Cantab.
1871:	Thomas Walters, ciwrad, Llanbedr Pont Steffan.
1872:	Moses Thomas, Rheithor.
1874:	Moses M. Jones, ciwrad.
1876:	William Edwards, M.A. Rheithor.
1878:	John Jenkins, Rheithor, (Durham).
1878:	Edward Edwards, ciwrad.
1882:	M. Roberts, Rheithor.
1905:	Ben Jones, Rheithor (aeth yn Ganon i Fangor).
1923:	Evan Jones, B.A. Llanbedr Pont Steffan.
1937:	John Jervis, B.A.
1943:	J. Evans, B.A.
1950-1980:	W.R. Jones, B.A. Rheithor.

Effeithiau Diwygiadau Crefyddol ar y Plwyf

Bu diwygiad yn 1817 a elwid yn 'Ddiwygiad Beddgelert', oherwydd yno yr effeithiwyd ar y trigolion gyntaf, ond bu Penmachno yn agos iawn yn dilyn wrth deimlo oddi wrth ddylanwad yr adfywiad crefyddol. Dywed i rai o blwyfolion Penmachno 'syrthio megis yn feirw wrth geisio ymatal rhag gweiddi allan ei bod yn nefoedd ar y ddaear i fod yno' yn ôl un sylwebydd. Bu'r diwygiad yma yn fodd i ychwanegu llawer at nerth a dylanwad crefydd yn y plwyf, ac fe achubwyd llawer 'o'r byd' i mewn i'r eglwysi, ac er i lawer lithro yn ôl i'w hen ffyrdd, fe'i hail achubwyd bymtheng mlynedd yn ddiweddarach yn ystod diwygiad 1832.

Ymwelodd y drydedd diwygiad â'r ardal yn 1859, pryd y cynhyrfwyd y plwy' drwyddo, gyda chyfarfodydd addoli yn cael eu cynnal mewn addoldai, anedd-dai, ysguboriau ac ar hyd a lled y meysydd. Yn raddol, fe giliodd y brwdfrydedd crefyddol, cryf a oedd yn nodwedd o'r diwygiad am gyfnod helaeth wedi hyn, â phoblogaeth Penmachno yn cynyddu'n fawr gyda dyfodiad y chwareli a'r cannoedd o ddynion yn gweithio ynddynt. Bu'n gyfnod o chwyldro mawr yn ddiwydiannol ac yn ddiwylliannol. Roedd cwyno ymysg y capelwyr am effaith y twf yn y boblogaeth ar safonau moesol y pentrefwyr; roedd y tafarnau yn llewyrchus a thor-cyfraith ar gynnydd. Gwelwyd y dylanwadau newydd yma, megis y llewyrch a ddaeth yn sgîl yr arian a enillwyd yn y chwareli, yn fygythiad i grefydd yr ardal, ac fel y dywedwyd ar y pryd, 'Hawdd yw bod yn frwdfrydig a selog pan y mae dylanwadau nerthol yn gweithredu o'u hamgylch, ond nid mor hawdd yw cadw i fyny y sêl a'r brwdfrydedd hwnnw pan y mae llanw wedi cilio.' A dyna oedd hanes crefydd ym mhlwyf Penmachno i raddau helaeth ers tro; roed cwyno am fychander cynulleidfaon y cyfarfodydd boreuol yn yr addoldai i'w cymharu â chyfarfodydd y nos. Adroddwyd nad oedd yn rhaid i ddieithriaid ofyn beth oedd sefyllfa'r ardal i berthynas cadwraeth y Sabath. Cafwyd cwynion fod ieuenctid y pentref yn mynd ar eu beiciau, neu ar *draed* o amgylch y Llan ar y Sul, a rhai, yn ôl eu tystiolaeth eu hunain, yn chwarae cardiau a phethau cyffelyb, ac yn dangos difaterwch ac amharch at y Sabath. Rhoddwyd y rheswm am yr ymddygiad yma fel y gafael mawr a gawsai'r ddiod feddwol arnynt; roedd meddwi a diota yn gyffredin iawn, tafarnau llawnion ar nosweithiau Sadwrn yn cael y bai am eglwysi gweigion ar y Sul. — Beth fyddai'r hen saint yn ei ddweud heddiw tybed, â'r tafarnau yn orlawn ar y Suliau? Teimlai rhai mai 'oni bai am y gweddill oedd yn parhau yn ffyddlon, fe fyddai Tŷ yr Arglwydd wedi cau ers blynyddoedd yn yr ardal.' — Stori gyfarwydd ein dyddiau ni yntê?, ond mae' 'Tŷ yr Arglwydd' yn dal ar agor, diolch i'r ychydig ffyddloniaid.

Ym mis Hydref 1904, fe welwyd yr eglwysi yn adfywio ychydig, wedi cyfnod hir o lesgedd, gyda rhai yn gweddïo'n gyhoeddus 'gerbron yr orsedd', rhai heb fod mewn addoldy erioed; gwelwyd amgylchiad arbennig mewn un o'r capeli ar yr 16fed o Dachwedd gyda phedwar o'r 'pechaduriaid' yma yn 'ymofyn lle yn Seion' yn ôl un adroddiad. Tua'r adeg yma hefyd y daeth y newyddion o'r De am y Diwygiad grymus a oedd wedi torri allan yno.

Dal i obeithio yr oedd crefyddwyr Penmachno am i'r 'Arglwydd ymweld â'r pentref.' ac ar yr 8fed o Ragfyr daeth criw o'r 'saint' i ymgynnull i erfyn mewn gweddi iddo Ef ddangos ei bresenoldeb yn eu mysg, ac roeddynt yn sicr i'r diwygiad dorri allan y noson honno, ond er mawr siomedigaeth, nid oedd y cyfarfod yn rhyw lawer mwy neilltuol nag arfer, ond erbyn yr wythnos ddilynol roedd y sêl grefyddol yn cryfhau, ac fe gynhaliwyd cyfarfodydd gweddïau bob nos ag eithrio nos Fercher. Erbyn nos Wener, roedd y cyfarfodydd wedi cyrraedd uchafbwynt, a theimlwyd fod Duw yn ddiau yn y lle. Tybient yn llwyr fod y 'wawr wedi torri', ond eto i gyd cawsent eu siomi, oherwydd er i'r cyfarfodydd gweddïo barhau am bythefnos arall, ac i rai gael eu cynnal tan oriau mân y bore, nid oedd yr arwyddion fod ysbryd yr Arglwydd yn dylanwadu yn gryf arnynt o gwbl.

Daeth y Nadolig heibio, ac fe oerodd y sêl a'r brwdfrydedd a oedd yn bodoli cynt i raddau, ond er hynny fe barhawyd i weddïo am bythefnos arall cyn i ddim neilltuol ddigwydd, ac roedd y 'saint' mewn ofn a dychryn yn ystod y dyddiau yma. Deuai newyddion yn ddyddiol am ddylanwadau'r diwygiad mewn ardaloedd cyfagos, ac ofnent fod Duw yn mynd i basio heibio Penmachno heb dywallt dim o ddylanwadau ei ysbryd ar y plwyf. Y fath oedd yr ofn ar y rhai hyn, fel y gwahoddwyd rhai o 'frodyr' yr ardaloedd eraill atynt i geisio 'cynnau'r tân dwyfol' i ennyn y fflam ym mhobl Penmachno. Fe ddaethant ar y 5ed o Ionawr 1905, a chafwyd cyfarfod nad anghofiwyd byth gan y rhai a oeddent yn bresennol. Yn ôl llygaid dystion i'r digwyddiad, nid oedd yno orfoledd na gweddïo hynod iawn, ond fe achubwyd llawer y noson honno. Roedd yno rhyw ddwyster ofnadwy, a dynion cryfion na welwyd deigryn ar eu gruddiau cynt yn wylo fel plant. Wedi'r cyfarfod gweddi arferol, fe gafodd y bobl ieuainc gyfarfod gweddïo nodedig, gyda rhai yn cymryd rhan na ddychmygwyd ofyn iddynt o'r blaen.

Dyma'r noson y cynheuwyd tân Diwygiad mawr 1904-1905 yn ardal Penmachno, ond ni chafwyd 'gwawr glir' arni hyd nos Sadwrn, Ionawr y 7fed, pryd y torrodd effeithiau'r diwygiad allan yn ei llawn rym. Doedd dim arbennig yng nghyfarfod cyntaf y noson honno 'chwaith, ond yn dilyn y cyfarfod fe ffurfiwyd gorymdaith i fynd trwy'r pentref, a dod yn ôl drachefn i gynnal cyfarfod gweddi, a chyn gynted ag y dechreuwyd y cyfarfod hwn, clywid, fel yr adroddwyd ar y pryd, 'sŵn ym mrig y morwydd', a daeth ton fawr o'r dylanwad nefol dros y gynulleidfa oll. Roedd yr olygfa a ddilynodd yn union fel ag a glywid a oedd wedi digwydd mewn ardaloedd eraill, rhai yn wylo am yr uchaf, eraill yn gweddïo, a phan welwyd chwech o 'hen wrthgilwyr' a rhai o fechgyn anystyriol y Llan yn 'rhoi eu hunain i fyny', mawr fu y gorfoleddu a'r moliannu. Prin y gallai neb gredu fod y cloc yn taro hanner nos gan mor llwyr yr oeddynt i gyd wedi ymgolli mewn addoliad i Dduw. Ond nid oedd hyn yn ddim i'w gymharu â'r cynhyrfiadau a deimlwyd yr wythnos ddilynol; erbyn hyn rhaid oedd cynnal y gorymdeithio yn rheolaidd, cyn neu wedi pob cyfarfod. Cafwyd golygfa anghyffredin yn sêt fawr capel Bethania (Wesla), yng nghyfarfod y bobl ifanc y nos Fawrth ddilynol. Daeth criw o fechgyn a oeddynt gynt wedi bod yn amharchus tuag at grefydd a chrefyddwyr ymlaen a syrthio ar eu gliniau gan gyffesu eu pechodau, ac yn llefain am faddeuant. Tra roedd y dorf enfawr a oedd yn bresennol ym Methania y noson honno yn dechrau gwasgaru, tua hanner awr wedi un y bore, daeth cynnwrf arall yn y cyntedd, gyda phechadur arall wedi teimlo nerth y grym rhyfedd yma yn crefu am faddeuant, a'r dorf yn troi yn ôl drachefn i weddïo am oriau.

Y noson wedyn cynhaliwyd cyfarfod gweddi yng nghanol y pentre', gyda'r holl ardal wedi ei chynhyrfu. Bu cyfarfodydd yn cael eu cynnal yn nhai'r pentrefwyr, ac yn y gweithfeydd ar bob cyfle a geid. Yn ystod yr awr ginio y cynhaliwyd y cyfarfodydd yn y chwareli. Erbyn nos Iau, Ionawr y 12fed, roedd y llanw wedi cyrraedd ei uchafbwynt, a chafwyd noson fythgofiadwy, gyda chapel Salem yn orlawn mewn cyfarfod gweddi; disgynnai ambell un mewn llewyg wrth weddïo. Cymaint oedd y gorfoleddu, nes ei bod yn anodd gan y dorf ymwahanu, a phenderfynwyd dechrau cyfarfod arall am 11.15 y nos. Roedd golygfeydd rhyfeddol yno, y sêt fawr a'r pulpud yn llawn o weddïwyr, y rhan fwyaf ohonynt rhyw bythefnos ynghynt yn erlidwyr pennaf i grefydd. Aeth y cyfarfod arbennig yma ymlaen drwy'r nos, a therfynwyd gyda gorymdaith arall drwy'r pentref.

Roedd digwyddiadau y 12fed o Ionawr wedi gadael eu hôl ar grefydd y plwyf; dyma'r dydd y dywedodd un sylwebydd i lawer gael 'eu hatgyfodi o feddau llygredigaeth a meddwdod, ac a deimlasent gadwynau pechod yn mynd yn rhydd'. Teimlwyd yr un dylanwad ym mhob rhan o'r plwy', ac erbyn Mawrth y 3ydd, roedd nifer y 'dychweledigion', y rhai oedd wedi troi yn ôl at grefydd wedi gwrth-giliad hir, yn rhifo 97. Tystiolai pawb fod ardal Penmachno wedi cyfnewid drwyddi yn ystod yr wythnosau cyffrous yma. Dywedwyd i lu o eneidiau gael eu hachub yn y cyfarfodydd gweddi a gynhaliwyd yn nosweithiol, ac ar y Sabath am 8.30 yn y bore, yn yr ysgol Sul a chyfarfodydd gweddi, a chyn ac wedi cyrddau'r nos.

Roedd yr Achos Dirwestol wedi cael buddugoliaeth hefyd, dros dro beth bynnag, dros 'y gelyn'. Roedd y tafarndai, yn ôl tystiolaeth rhyw un neu ddau a arferent alw ynddynt, yn weigion, a phocedau'r tafarnwyr yn llawer ysgafnach o'r herwydd. Cynhaliwyd cyfarfod Dirwestol cyhoeddus ddiwedd Ionawr gan Gymdeithas y Chwiorydd; fel y gellir dychmygu, cyfarfodydd amhoblogaidd iawn arferai rhain fod, ac amheuai llawer a ddylid cynnal cyfarfod o'r fath yn ystod yr adfywiad crefyddol yn y plwy', ond yn wir, gwelwyd llawer o ddynion yn cynnal cyfarfodydd cyhoeddus eu hunain ar y cae pêl-droed, lle chwaraeai nifer o fechgyn a fu yn ddirmygus o gefnogwyr y ddirwest, ond fe'i gwelwyd yn penlinio mewn gweddi ac yna yn gorymdeithio o'r cae pêl-droed i gynnal mwy o gyfarfodydd o flaen y tafarndai. Cymaint oedd y brwdfrydedd y diwrnod hwnnw nes i 56 o ddynion ardystio'n gyhoeddus i lwyr ymwrthod â'r ddiod feddwol felltigedig a oedd wedi bod yn gymaint o fagl iddynt.

Ymhen rhyw ychydig fisoedd o effaith y Diwygiad, bu pwyso a mesur a fyddai effeithiau'r grym yn parhau. Yn ôl un sylwebydd ar y pryd, dywed ei bod yn credu fod 'gogoniant yr Arglwydd yn dal ym Mhenmachno', ond cyfaddefai hefyd nad oedd sain y moli mor uchel ag yr oedd, na'r un brwdfrydedd a gwres yn meddiannu'r trigolion; clywid ambell i rêg yn dod o enau rhai y tybid eu bod wedi eu hanghofio am byth, ac nad oedd y distawrwydd yn bodoli yn y tafarndai fel cynt, ac i'r ddiod feddwol fynnu codi ei phen dinistriol yn eu mysg, ac fel ar ôl pob Diwygiad fod rhyw nifer yn 'methu y prawf ac yn llithro yn ôl'.

Un o'r rhai a effeithiwyd arnynt oedd y ddiweddar Miss L.K. Evans, athrawes ifanc yn yr hen ysgol Wladwriaethol ar y pryd, ac iddi hi mae'n rhaid diolch am lawer o'r cofnodion a welir yma. Daeth yn fuddugol yn Eisteddfod Machno yn 1905 ar draethawd yn adrodd hanes y diwygiadau yn y plwyf.

Dywed Owen Gethin Jones fod 'Adfywiad mawr ar grefydd am y tro cyntaf yn y plwyf', a hynny yn 1815, a Robert Hughes, Ysgotland Street yn hollti ei glocsiau wrth orfoleddu ym Mhen y Llech!

Gwelir yn llyfr T.J. Morgan, 'Dafydd Morgan a Diwygiad '59', a gyhoeddwyd yn yr Wyddgrug yn 1906 fod Dafydd Morgan ac Evan Phillips wedi ymweld â Phenmachno ar Fehefin 20fed 1859 i weddïo, ond cawsant eu siomi wrth weld na ddaeth neb o'r newydd i'r cwrdd, ond yn Ysbyty Ifan y noson honno dywedwyd y disgwylid i bethau mawr ddigwydd ym Mhenmachno. Cyn canol Ionawr 1860 roedd 140 wedi ymuno o'r newydd â'r Methodistiaid yno.

Addysg ym Mhlwyf Penmachno o'r Dyddiau Cynnar

Cyn dechrau sôn am addysg ym mhlwyf Penmachno, efallai mai gwell fyddai yn gyntaf dweud ychydig am gefndir addysg y wlad yn gyffredinol yn y ganrif ddiwetha' a chynt. Drwy'r cyfnodau yma, rhyw gymysgedd o ysgolion yn cael eu rhedeg fel mentrau preifat gan unigolion, neu gasgliad o unigolion, gan gyrff eglwysig neu gapelig, a chan gymdeithasau elusennol oedd rhain, gyda mwy a mwy o arian cyhoeddus yn dod o goffrau'r Llywodraeth i'w cynnal yn flynyddol.

Fe sefydlwyd ysgolion Griffith Jones rhywbryd rhwng 1731 a 1737, gyda'r bwriad i ddyfnhau bywyd ysbrydol a moesol y werin Gymreig drwy ei dysgu i ddarllen y Beibl, dan nawdd y Gymdeithas er Hybu Gwybodaeth Gristnogol (S.P.C.K.) — cymdeithas Anglicanaidd. Ar ôl marw Griffith Jones yn 1761, fe ddaliwyd ati gyda'r gwaith da yr oedd wedi ei ddechrau gan Madam Bridget Bevan, a bu'r ysgolion yn hynod boblogaidd tan 1777; yn sicr, dyma'r ymgais fwyaf lwyddiannus i ddod ag addysg at gyrraedd y werin. Er mai gŵr Eglwysig oedd Griffith Jones, fe'i cyhuddwyd gan awdurdodau Eglwys Lloegr o gefnogi a hybu Methodistiaeth drwy ei ysgolion. Yn 1854, cymrodd Cymdeithas yr Ysgolion Cenedlaethol y gwaith o weithredu'r ysgolion yma, a daeth mudiad yr ysgolion Cymraeg i ben. Roedd y Gymdeithas yma, sef y *National Society for Promoting the Education of the Poor in the Principles of the Established Church* wedi ei sefydlu ers 1811, gyda'r uchelgais o gychwyn ysgol ym mhob plwy'. Y prif reswm dros ehangu neges y Gymdeithas wrth gwrs oedd i geisio atal dylanwad cynyddol Anghydffurfiaeth ar y trigolion.

Cymdeithas arall a sefydlwyd yn 1806 oedd y mudiad anenwadol, y 'Gymdeithas Frytanaidd', a ddechreuwyd gan ŵr o'r enw Joseph Lancaster.

Diolch i James Griffiths Llys Ifor am fenthyg y llun.

Un o safbwyntiau'r gymdeithas yma oedd fod rhyddid i bob plentyn fynychu unrhyw fan addoli o'i dewis eu hunain ar y Suliau.

Yn dilyn amryw o adroddiadau i gyflwr addysg y wlad, yn cynnwys adroddiad warthus 1847, — adroddiad 'Brad y Llyfrau Gleision' a adlewyrchai ragfarn, diffyg parch a diffyg gwybodaeth y comisiynwyr tuag at yr iaith Gymraeg a dyheadau y sawl a'i siaradai, bu hollt fawr yng Nghymru rhwng y rhai a alwent am fwy o grantiau o gyfeiriad y wladwriaeth i gynnal addysg a'r rhai a wrthwynebent unrhyw ymyrraeth o du'r llywodraeth. Yr ail garfan a fu'n cefnogi'r Gymdeithas Frytanaidd.

Er nad oes sôn am ysgol yn yr ardal hyd nes agor yr un elusennol, a dybir iddi gael ei chynnal yn stryd 'Scotland' yn y Llan, yn 1730, ceir cyfeiriadau o arian o Festri'r plwyf yn cael ei glustnodi ar gyfer cadw ysgol i ddysgu plant y tlodion; rhoddwyd £1 i'r pwrpas yma mor gynnar â'r flwyddyn 1714, a'r un swm y ddwy flwyddyn ddilynol, ac yn 1717 cofnodir i £6 gael ei rannu rhwng Thomas Evans, tuag at *'teaching charity boys'*, a thlodion eraill y Llan.

Noddwr ysgol 'Scotland' oedd Roderic Llwyd, Hafodwyryd, a addawodd £10 y flwyddyn i ddysgu plant tlodion y pentref i ddarllen ac ysgrifennu yn Saesneg. Yr un cyntaf i'w benodi i'r swydd o athro oedd ficer y plwyf, Y Parch.

Gullimus Llwyd, brawd Roderic, a bu hwn wrthi yn porthi'r plant drwy gyfrwng yr iaith fain am gyfnod o bum' mlynedd.

Rhestr o Ysgolion Cynnar y Llan, eu Lleoliadau, Cyfnodau, a'r sawl a fu'n Feistri ynddynt.

Cyfnod	Meistri	Math o Ysgol	Lleoliad
1730-1735:	Parch. Gullimus Llwyd	Ysgol Elusennol	Rhesdai Sgotland
1735-1740:	Joseph Jones, ciwrad	”	” ”
1740-	Dim gwybodaeth, ond bu dwy ysgol Griffith Jones yn cael eu cynnal yn y plwy' rhwng 1741 a 1777. Dim sôn am leoliadau.		
1754-1779:	Joseph Jones, 'minister'	Elusennol/Eglwysig	Sgotland/Newgate
c1790-1812:	Rhisiart Owen, clochydd	Eglwysig	Newgate
c1812-1819:	Harri Ellis (cyn-denant Fedw Deg)	”	”
c1819-1825:	Rbt Ellis: Joshua (mab yr uchod) Thos. Hughes (6 mlynedd rhyngddynt)	”	”
c1825-c1847:	David Williams (Rhydlydan, cyn-ffermwr)	”	Ty'n y Fynwent

Ysgol Capel Isaf (Ty'n y Porth)
(Agorwyd Mawrth 1af 1847)

1847-1848: Peter Luke (cyn-chwarelwr)
1848- ?: Griffith Davies
? -c1855: Thomas Jones

Mae cofnodion ar gael am sefydlu Ysgol Frytanaidd ym Mhenmachno rhwng 1840 a 1854, ac mae'n debyg mai hon yn y Capel Isaf oedd hi.

Cofrestrwyd dros 90 o blant y plwyf fel *scholars* yng nghyfrifiad 1851, er nad oedd gorfodaeth stadudol ar rieni i anfon plant i ysgol tan Ddeddf Addysg 1880.

Ysgol Newgate
(Red Lion wedyn)

? - ? Thomas Jones (o Waunfawr, bu yno am 2½ ml.)

O Adroddiad *Education of the Lower Orders, 1819 Vol. IX Pt. III.*

(Roedd poblogaeth y plwy' yn 893, gydag un ysgol â 60 o ddisgyblion ynddi. Cyflog yr athro oedd £10.)

Edward Davies, curate.

Un o'r chwe ysgol a oedd yn gwasanaethu'r plwyf — yn 1911.
Ysgol Wladwriaethol Llan.

Particulars

A school endowed with £19 per ann. from the tythes of the parish, to which £9 are added from the poor rates, and in which about 60 children are instructed, who only pay a trifling quarterage to the master.

The poorer classes have sufficient means of educating their children.

Roedd yr adroddiad byr yma yn datgelu fod un *Sunday School* yn cael ei chynnal hefyd, ond dim manylion ymhle.

Copi o ran o adroddiad ymchwiliad i addysg yng Nghymru a Lloegr yn 1835.

ABSTRACT, EDUCATION ENQUIRY, ENGLAND AND WALES VOL. 111

Ordered by the House of Commons 20 March 1835.
COUNTY OF CAERNARVON. Abstract of Education Return 1833.

PENMACHNO PARISH pop. 984 — One Daily School containing 30 males and 10 females, is supported by an endowment of £10 yearly, bequeathed by R. Lloyd esq. for teaching the poor children belonging to the parish — Three Sunday Schools; two whereof appertain to Methodists, and consists of 195 males and 135 females; the other consisting of 46 males and 44 females, is connected with Wesleyan Methodists. All these Sunday Schools are conducted by gratuitous teachers.

(I wneud rhyw gymhariaeth — roedd poblogaeth Penmachno yn fwy na Llandudno yr adeg yma. Poblogaeth y lle hwnnw yn 1833 oedd 662, gydag un ysgol ddyddiol yno, a dwy ysgol Sul.)

Rhan o'r *Appendix* i'r Adroddiad . . . *'And it is ordered that the duty of such schoolmasters do consist in teaching children, both male and female, of poor indigent persons to read, in making them learn by heart the Creed, the Lords' Prayer and the Commandments, and the Church Catechism* . . .

Datblygiad Addysg Llan Penmachno wedi 1847

Yn ystod ymchwiliad y Comisiwn Brenhinol i gyflwr addysg y wlad yn 1847, daeth ymweliad y Comisiwn â Phenmachno â'r wybodaeth fod dwy ysgol yn bodoli yn y plwyf chwarelyddol yma, plwyf gyda phoblogaeth o 1274 o drigolion ar y pryd. Cyfeirir at y gyntaf ohonynt fel *Penmachno Church School*, â dim ond 13 o ddisgyblion yn bresennol ar ddydd yr archwiliad, yn bennaf oherwydd i ysgol arall gael ei hagor mewn capel gyfagos, Capel Ty'n y Porth, bythefnos ynghynt, ac wedi denu llawer iawn o blant o'r ysgol eglwysig. Cyflog y prifathro, David Williams, oedd £10 y flwyddyn, swm nad oedd wedi codi ers sefydlu'r ysgol gyntaf yn 1730, cant a dwy ar bymtheg o flynyddoedd yn gynharach! Does ryfedd i'r arolygwyr adrodd nad oedd llewyrch o gwbl yn perthyn i drefn dysgu'r ysgol yma. O'r 13 plentyn, dim ond tri a fedrai ddarllen, ac roedd gwybodaeth Ysgrythurol yn ddim. Efallai i'r ffaith mai cyn-ffermwr, heb gymhwyster addysgiadol oedd yr athro, gyfrannu at annibendod yr ysgol. Yr ail ysgol a adroddwyd arni yn 1847 oedd y *Penmachno Chapel School* a gawsai ei chynnal yn hen gapel y Methodistiaid Calfinaidd, Ty'n y Porth, a safai ger yr ysgol eglwysig yn Nhy'n y Fynwent. Ysgol yn cael ei rhedeg gan bwyllgor o 20 oedd hon, pwyllgor yn cynnwys 12 chwarelwr, 6 ffermwr a dau fasnachwr lleol. Roedd y rhain wedi ymrwymo i dalu £20 rhyngddynt y flwyddyn fel cyflog i'r athro, Peter Luke, a oedd yn gyn-chwarelwr ei hun. Rhif y disgyblion ar y llyfrau ar ddyddiad agor ysgol Peter Luke oedd 62, y mwyafrif wedi eu denu o'r ysgol arall ar draws y ffordd. Y pynciau a ddysgid ynddi oedd *'Reading, Writing and Arithmetic'* — y tair 'R' fondigrybwyll. Ond ymateb anffafriol iawn a gafwyd i gwestiynau'r arolygwyr gan y plant yma hefyd, oherwydd yn ôl yr adroddiad nid oedd y disgyblion yn hyddysg yn yr iaith fain. Pwysleisiwyd y ffaith nad oedd gan yr athro yma chwaith unrhyw gymhwyster o gwbl i ddysgu plant, gan mai cyn-chwarelwr oedd y dyn.

Roedd yn ofynnol i'r plant dalu ffi o rhwng ceiniog a thair ceiniog yr wythnos am y fraint o dderbyn yr addysg yma yn ysgol y capel, ac yn ysgol yr eglwys y gost oedd rhwng swllt a thri swllt y chwarter; chwe cheiniog o dâl mynediad a dwy geiniog tuag at y glo.

Wedi i'r plwyf 'chwythu ei blwc wrth dreio cynnal Ysgol Frytanaidd' chwedl Gethin Jones, fe lwyddwyd i adeiladu ysgol wladwriaethol newydd, ynghyd â thŷ i'r prifathro yn 1857. Rhoddwyd y tir a thri chan punt tuag at godi'r ysgol gan Pennant, yr Arglwydd Penrhyn yn nes ymlaen, ynghyd â deg punt ar hugain y flwyddyn tuag at gostau cynnal yr ysgol. Cyfrannodd y llywodraeth £280 tuag at y gost derfynol o £654. Bu'r 'Hen Ysgol' yn brif ysgol y plwyf hyd nes agorwyd Ysgol y Cyngor yn 1908. Y presenoldeb swyddogol uchaf a gofnodwyd yn yr 'Hen Ysgol' oedd ar Fehefin y 30ain, 1897, pryd y gwelwyd 163 o blant yn ei mynychu, ond adroddwyd fod 196 yn bresennol ynddi yn haf 1907. Rhaid cofio fod ysgol Anglicanaidd ar agor yng Nghwm Penmachno ers 1870 hefyd, a thros gant o blant wedi eu cofrestru yn honno yn 1897. Felly, roedd dros 260 o blant plwyf Penmachno yn gyfangwbl yn derbyn addysg dan y drefn Wladwriaethol yn ystod y cyfnod yma.

Pan agorwyd drysau Ysgol y Cyngor am y tro cyntaf ar Ionawr y 4ydd, 1909 aeth 155 o blant y Llan drwyddynt i gyfarfod F.O Jones y prifathro, tair athrawes gofrestredig a dwy *pupil teacher*. Yn ôl adroddiad yn y 'Rhedegydd' yn ystod agoriad swyddogol yr ysgol newydd, roedd 176 o blant ar y llyfrau ar Ragfyr y 12fed, 1908 a 202 erbyn y Sadwrn canlynol. Ond yn ôl ystadegau'r cofrestr ymddengys mai 182 oedd y rhif cychwynnol.

Bu'r ddwy ysgol yn y Llan yn cyd-redeg am gyfnod, ac yn ôl pob golwg, yn cystadlu am ddisgyblion. Yn wir, bu cryn anniddigrwydd ymysg rheolwyr yr ysgol Genedlaethol wrth weld grym yr Anglicaniaid yn cael ei ddadwreiddio. Roedd rhif y disgyblion ynddi wedi gostwng i 35 ar ôl agor yr ysgol newydd, a'r awdurdodau addysg yn benderfynol o weld ei drysau yn cau am byth, ac yn gofyn am ffigyrau presenoldeb yn wythnosol.

Ar yr ochr arall, roedd y rheolwyr yr un mor bendant i weld addysg eglwysig yn parhau yn y pentref. Yng nghasgliad gohebiaeth yr ysgol, 1905-1917 yn Archifdy Caernarfon gwelir tystiolaeth o'r frwydr a fu rhwng swyddogion yr ysgol a phwyllgor addysg y sir ynglŷn â'r cynlluniau o gyfeiriad Caernarfon i'w chau. Yn amlwg, wrth i'r drefn wleidyddol newydd fynd o nerth i nerth, a hefyd wrth i adnoddau yr Hen Ysgol gael eu tanseilio gan ddiffyg gwariant o'r pencadlys, roedd dyddiau'r ysgol yn dod i ben. Bu cryn ohebu rhwng y Bwrdd Addysg yn Whitehall a'r ysgol yn 1906 ynglŷn â gorlenwi yno. Awgrymodd yr H.M.I. i reolwyr yr ysgol rentu'r neuadd gyhoeddus i gymryd rhai o'r plant, ond gwrthwynebwyd y syniad yn llwyr. Roedd y biwrocratiaeth o Lundain a Chaernarfon yn rhemp, ac i ychwanegu at y problemau, daeth bygythiadau i gau'r ysgol ar sail iechyd a diogelwch o adran iechyd Cyngor Dosbarth Geirionydd yn 1907.

Yr un a fu'n arwain y gâd yn ffyrnig oedd cadeirydd y rheolwyr, Y Parch.

Ben Jones, ficer y plwyf. Hwn fu'n trefnu cyfarfodydd cyhoeddus yn y Llan ac yn gyfrifol am drefnu tair deiseb i gadw'r ysgol, un ymysg 'trethdalwyr' y Penucha', un arall ag enwau trethdalwyr y Llan arni, a'r llall wedi ei harwyddo gan rieni y 35 plentyn nad oeddynt wedi symud i'r ysgol newydd, aelodau eglwysig mae'n debyg, bob un. Ond ofer yr holl frwydro, wrth i fwy o blant droi cefnau ar yr hen ysgol a chroesi'r afon i Ysgol y Cyngor. Wedi datgysylltiad yr Eglwys Anglicanaidd yng Nghymru yn 1920, daeth diwedd ar nawdd i gynnal addysg i bwrpas yr eglwys honno yn yr Hen Ysgol Wladwriaethol, a elwid erbyn hynny yn *Non-provided School*, a chaewyd yr ysgol ar y dydd olaf o Ionawr 1921, gyda dim ond 11 o ddisgyblion ar y llyfrau, a throsglwyddwyd rhain i'r ysgol newydd.

Yn dyst i'r drwgdeimlad o gyfeiriad yr eglwyswyr ac o gyfeiriad cadeirydd rheolwyr yr Ysgol Eglwysig, Y Parch. Ben Jones yn arbennig, ynglŷn ag agor yr ysgol newydd yn Ionawr 1909, gwelwyd colofnau o ohebiaeth yn trafod y mater yn rhifynnau'r cyfnod o'r papur newyddion y *Rhedegydd*. Yn rhifyn cyntaf y flwyddyn honno anfonwyd llythyr gan un a alwai ei hun yn 'Tirfeddianydd', gyda'r pwrpas, yn amlwg, o geisio rhwbio halen i ddoluriau'r rheithor wedi i'r gŵr fethu, drwy amryfal ffyrdd â rhwystro Pwyllgor Addysg y Sir rhag codi Ysgol y Cyngor. Roedd Ben Jones yn ohebydd diflino, a dweud y lleiaf, ac wedi llwyddo i ysgrifennu llythyrau di-rif i'r wasg i roddi ei farn yn hollol ddi-flewyn ar dafod.

Dyma enghraifft o'r math o atgasedd yn y llythyrau, megis o lythyr 'Tirfeddianydd':

> Gwledd i mi y Nadolig oedd darllen hanes agoriad Ysgol Newydd ardderchog Penmachno . . . Gwyn fyd plant bach yr ardal o hyn allan. Yn yr adeilad eang ca eu cyrph bychain bob chwarae teg i dyfu ac ymgryfhau yn yr awyr iach . . . Yr wyf fi fel eraill wedi darllen a gwylio pob symudiad ynglŷn â'r frwydr ragorol, yr hon oedd wedi ei dwyn i derfyniad mor ogoneddus ddydd yr agoriad . . . Ynglŷn â'r helynt hwn o'r dechreu, yr wyf wedi cael llawer iawn o hwyl wrth ddarllen llithoedd y Rheithor ar y mater. Da chwi peidiwch a byrhau na thocio dim arnynt yn y dyfodol. Yn y Rhedegydd diweddaf y mae yn codi ei ddwylaw i'r nef mewn galar ffug sancteiddiol am fod y Cyngor Sir yn Mynd i gau y Beibl o'r Ysgol ac yn llunio Beibl o'r eiddo eu hunain yn ei le . . . Yr wyf wrth ddarllen llythyrau y Rheithor (er nad wyf erioed wedi ei weled ef yn y cnawd) yn methu yn lân a pheidio a chwerthin wrth ei weled ar ôl methu yn ei amcan o rwystro adeiladu yr ysgol, yn debyg iawn i hogyn bach pan y bydd rhywun wedi mynd a thegan peryglus oddi arno yn gorwedd ar lawr ac yn gweiddi gan gicio yr awyr â'i draed.'

Tua diwedd y llythyr mae'r llythyrwr yn dweud:

> 'Rhaid i mi gydnabod y bydd fy holl waed anghydffurfiol yn poethi pan y

Penmachno Church School.—A school for boys and girls, taught by a master, in a school built for the purpose. Number of scholars, 20. Subjects taught,—reading, writing, and arithmetic, Holy Scripture, and Dr. Watts's Catechism. Fees from 1*s*. to 3*s*. per quarter; 6*d*. entrance, and 2*d*. for coals.

I visited this school on the 18th March. There were only 13 scholars present. Of these six boys were above 10 years of age. Two scholars had been members of the school more than two years, and one more than four years. Only three could read, and that very indifferently; of six copies shown there was not one good, and of three scholars examined in arithmetic there was one who could with difficulty add up a few figures in Compound Addition. When examined in Scripture, nothing at all was known of the subject. I asked six boys, between 10 and 13 years of age, where did Christ die? Two replied, "In Eden." Another said, "In Bethlehem." They were questioned in Welsh, not one of them being able to talk English at all. The master said he was in the habit of questioning them as to the meaning of English words; but on my requesting him to do so, he allowed the children to translate English verbs into Welsh nouns. Even in reading he is incapable of correcting the children's blunders. He read the word *interpretation—interprétation;* and the word *stripped— striped*. His method of teaching arithmetic is not good. A boy could not tell how many pounds there are in 53*s*. without getting his copy-book, on the cover of which there was a money table.

The master has been more than 20 years a teacher. He was originally a farmer, and received no preparation for his present employment. When I entered the school I found him reading a newspaper. He told me that he durst not teach the "catechis," (that of the Church,) the parents having sent him word that if he did, they would take away *all* his pupils. A new school had been commenced, about a fortnight before, in an adjacent chapel, and had taken away a great number of his scholars. His salary is 10*l*. per annum.

The building was dirty, and the windows were much broken and patched. There are no outbuildings.

The master states that no one ever visits his school, or assists him to give religious instruction.— JOHN JAMES, *Assistant*.

Penmachno Chapel School.—A school for boys and girls, taught by a master, in a chapel of the Calvinistic Methodists. Number of boys, 37; girls, 25. Subjects taught—reading, writing, and arithmetic. Fees from 1*d*. to 3*d*. per week. Commenced March 1, 1847.

I visited this school on the 18th March. There were 44 scholars present; 6 could read pretty well. Among 10 copy-books there was not one well written. There was one boy who could work sums in the Single Rule of Three. This boy had spent, with more or less regularity, eight years at school. There was a boy, 12 years of age, who could not say the alphabet. He had never attended a day-school before. He could read very little in Welsh. A boy who could just work an easy sum in Simple Multiplication had been four years at the Church School in the village. The scholars know very little English indeed. They were but indifferently disciplined.

The master was formerly a quarryman. He understands and pronounces English pretty fairly, but speaks with a bad idiom, and often ungrammatically. He has received no training for his present employment, but teaches upon the old-fashioned plan adopted in private adventure schools. The parents will not allow monitors to be employed.

The chapel is a good building, but very inconvenient for a day-school. The committee were attempting to adapt it as much as possible for the purpose by fixing desks on the sides of the pews.

The schoolmaster and one of the committee stated that the farmers of this neighbourhood have no idea of education, the majority of them being unable to write their names. There are only two or three persons in the parish who can put a few English words together with any propriety.

The committee of this school consists of 2 tradesmen, 6 farmers, and 12 quarrymen, who have bound themselves to pay the master 20*l*. a-year.—JOHN JAMES, *Assistant*.

Copi o adroddiad ar gyflwr addysg ym Mhenmachno gan Gomisiynwyr Brad y Llyfrau gleision, 1847.

clywaf Bersoniaid Cymru yn sôn am faich y dreth fel y gwna hwn. Mab i Dyddynnwr wyf fi. Gwn pa mor fawr fu ymdrech fy rhieni i fagu tyaid ohonom a thalu y rhent fawr yn onest a gofynion pawb arall hefyd. Yn ychwanegol rhaid oedd iddynt dalu degwm trwm i Berson na fu erioed tros riniog ein tŷ ni. Ni fuasai yn adnabod un ohonom mewn un man. Y cwbl a welem ohono oedd yn pasio yn ei gerbyd pedair olwyn yn cael ei dynnu gan farch porthiantus heibio ein tŷ ar hyd y ffordd, gan rhyw ddisgwyl yn ofer am rhyw 'fow' gennym . . . Yr wyf yn deall fod Ysgol arall i'w hadeiladu gan y Cyngor yn y Cwm. Da iawn. Byddaf yn disgwyl gyda diddordeb am ddydd agoriad honno eto. Dyna'r ffordd i godi'r hen wlad yn ei hol!'

Ychydig wythnosau cyn i'r llythyr uchod ymddangos, gwelwyd yng ngholofnau yr un papur, dyddiedig Hydref y 3ydd, 1908 adroddiad o drafodaeth mewn cyfarfod o'r Cyngor Sir yn ymwneud â'r ysgol newydd, a rhai aelodau y cyngor yn ceisio tanseilio'r syniad o'i hadeiladu. Dyma ddywedodd un ohonynt, Y Parch. W. Morgan (eglwyswr?) — 'Hysbysid fod yr ysgol o fewn 94 troedfedd i danc carthffosi . . . Prynwyd y tir am bris uchel . . . Talwyd £350 am chwarter acer o dir gan bleidiwr politicaidd. Nid oes amheuaeth fod yr ysgol wedi ei hadeiladu mewn lle anghymwys.' (Meddyg y pentref, a chadeirydd y Cyngor Plwyf, Dr W. Michael Williams oedd y gwerthwr.)

Ychydig o Gofnodion am ddatblygiad Ysgol y Cyngor, Llan

Daeth cynrychiolaeth o Awdurdod Addysg Sir Gaernarfon i gyfarfod â rhai o drigolion blaenllaw y pentref ar y cyntaf o Hydref 1907 i weld safleoedd i adeiladu'r ysgol newydd arfaethedig i'r Llan. Bu trafod un safle ger tŷ gweinidog Salem, ond nid oedd y perchennog yn barod i werthu'r tir. Roedd safle arall, yn perthyn i feddyg y pentref, Dr Michael Williams wedi ei gynnig am bris o 2/6 y llathen sgwŵr, a'r gost yn gyfangwbl am y tir yma fyddai £453.7.6. Dywedai Dr Williams nad oedd yn fodlon ystyried gwerthu darn arall o dir o'i eiddo, oherwydd y byddai'r rheilffordd yn mynd drwy'r rhan honno. (Ymddengys felly fod gobaith cryf yr adeg honno am lein o Fetws-y-coed, ond yn amlwg, newid meddwl ddaru'r cwmni rheilffyrdd.)

Ar yr 21ain o Dachwedd, 1907 derbyniwyd llythyr gan yr Adran Addysg yng Nghaernarfon o'r Bwrdd Addysg Whitehall, yn datgan eu cefnogaeth i gael ysgol newydd, ynghyd â chopi o ddeiseb wedi ei harwyddo gan 77 o bentrefwyr Penmachno yn erfyn am ddarpariaeth ar gyfer gwell adeilad i ddysgu eu plant. Yn yr un amlen roedd cynlluniau ar gyfer yr ysgol, gyda lle i ddau gant o ddisgyblion.

Derbyniodd y Bwrdd Addysg yn Llundain ddeiseb arall o gyfeiriad llywodraethwyr yr ysgol eglwysig yn dadlau nad oedd angen ysgol newydd o gwbl, a bod yr un a oedd yno'n barod yn ddigon addas i bwrpas addysg plant Penmachno, ond ymhen wythnos, ar y 14eg o Ionawr, derbyniwyd pris cwmni John Jones a'i fab am y gwaith o godi'r adeilad newydd gan Bwyllgor Adeiladu'r Cyngor Sir. Y pris am yr holl waith, yn cynnwys pris y tir oedd £3,493, a'r gwaith i'w gwblhau cyn Hydref y cyntaf, 1908. Cafwyd pris newydd o £3,692 ychydig wedi hynny, ac ar gyfartaledd, golygai hyn y byddai'r ysgol yn costio £18 ar gyfer pob disgybl, yn ôl ffigyrau'r Adran Addysg.

Agorwyd drysau Ysgol y Cyngor ar gyfer plant y Llan am y tro cyntaf ar Ionawr y pedwerydd, 1909 a derbyniwyd 155 o ddisgyblion ynddi gan y prifathro, F.O. Jones, a ddaeth yno o Frynsiencyn. Yn ychwanegol, roedd tair athrawes a dwy *pupil teacher* ar gael i'w gynorthwyo.

Ymysg cofnodion y Llyfr 'Log' yn ystod yr wythnos gyntaf cafwyd adroddiad am achosion o diptheria a oedd wedi cyrraedd yr ardal, a hefyd cŵyn nad oedd y Cyngor Dosbarth wedi cysylltu dŵr i'r toiledau. Bu llawer o gofnodion am diptheria yn y llyfr am wythnosau; does ryfedd mewn difri, â'r ysgol heb ddŵr i gario'r carthion ymaith.

Saesneg oedd iaith swyddogol yr Awdurdod Addysg ym mlynyddoedd cynnar yr ysgol, a dyna'r iaith a ddefnyddid i lenwi'r cofrestr, y Llyfr 'Log' a holl ohebiaeth y Cyngor Sir; felly, llawenydd oedd darllen cofnod, yn Saesneg, yng nghofnodion cyfarfod rheolwyr yr ysgol ar Fai 19fed, 1916, pryd y cynigiwyd gan John Williams, ac eiliwyd gan Ebenezer Jones y dylid cadw'r cofnodion drwy gyfrwng y Gymraeg, gan dderbyn cefnogaeth unfrydol y gweddill, a Chymraeg fu'r iaith a ddefnyddid gan gofnodydd y rheolwyr wedi hynny. Bu i sawl blwyddyn fynd heibio cyn i'r prifathrawon ddilyn yr un drefn â'u rheolwyr, a llenwi llyfrau'r ysgol yn y Gymraeg.

Cofnodir y mynd a dod ymysg athrawon, a digwyddiadau mân a mawr yn yr ysgol dros y blynyddoedd. Daeth tair o'r athrawon, a dwy *pupil teacher* o'r hen ysgol ar ddydd agor ysgol y Cyngor, a bu dwy ohonynt, Miss L.K. Evans a Miss Annie Evans yn gwasanaethu'r ysgol tan wedi 1950.

Un o'r digwyddiadau aml oedd ymweliadau'r meddyg â'r ysgol; byddai'r ysgol, fel yr ysgolion cynt yn gorfod cau am gyfnodau, yn amrywio o ddyddiau i wythnosau ar y tro oherwydd afiechydon yn achlysurol. Gwelir i feddyg newydd yr awdurdod fynd dros ben llestri yn ystod 1910, wrth i'r prifathro gofnodi '*Quite an epidemic of tonsil cutting*'. Yn yr ysgol, yn ôl pob tebyg y gwnaed y llawdriniaethau.

Diddorol yw sylwi i Ddydd Gŵyl Dewi gael ei glustnodi fel dydd o wyliau o'r ysgol ym mlynyddoedd cynnar y ganrif yma, a hefyd caniatawyd i blant gael hanner diwrnod o wyliau bob mis Hydref, yn dilyn traddodiad yn mynd yn ôl i ddyddiau'r hen ysgol, er mwyn ymweld ag arwerthiant flynyddol un o ffermydd mwyaf y plwyf, Bennar.

Yn ystod y Rhyfel Mawr caewyd yr ysgol ar brydiau i'r plant gael mynd i lawr i Fetws-y-coed i weld milwyr ar eu ffordd i Flaenau Ffestiniog ac ymlaen i Drawsfynydd i dderbyn hyfforddiant cyn ymuno â'r heldrin dramor. Cofnodir hefyd i'r prifathro ymweld â chartrefi yn y pentref i ganfasio i gael bechgyn a dynion iach y Llan i ymuno â'r fyddin. Gwelir i'r plant wneud eu rhan drwy aberthu rhan o'u gwyliau i weithio yng ngerddi'r ysgol fel rhan o gynllun y llywodraeth i dyfu mwy o gynnyrch cartref.

Erbyn 1915, roedd rhif y disgyblion wedi gostwng i 116 ym mis Awst y flwyddyn honno. Roedd effeithiau'r ddirwasgiad yn y diwydiant llechi yn golygu diboblogi dirfawr, a'r rhifau yn yr ysgolion i gyd yn gostwng yn arw. Dyma oedd dechrau'r dirywiad yn y plwyf, wedi blynyddoedd o gynnydd; roedd yr 'oes aur' ar ben. Yn 1930 awgrymwyd gan arolygwyr ysgolion y cyfnod y dylid addasu'r ysgol i dderbyn plant hynaf ysgol y Cwm i'w rhengoedd, ond yn ol pob golwg, ni wireddwyd y cynllun hwn. Dal i ostwng oedd y niferoedd o ddisgyblion a fynychai'r ysgol, ac ym mis Medi 1945, 106 o blant oedd yno, gyda 93 ohonynt yn derbyn y gwasanaeth newydd o ginio ysgol. Yn raddol, gwelwyd y rhif yn dod i lawr o dan gant am y tro cyntaf erioed, a 97 yn mynd drwy ddrysau'r adeilad ym Mawrth 1952, a'r prifathro, Alun Ogwen Williams yn datgan na chredai y byddai'r ysgol fyth yn cyrraedd dros gant o ddisgyblion yn sgîl y diweithdra a'r diboblogi yn y plwyf. Golygai hyn hefyd wrth gwrs ostyngiad yng ngraddfa'r ysgol, gyda pheryg o weld gostyngiad yn rhif y staff. Ym Medi 1959, a theuluoedd yn dal i lifo o'r ardal, doedd ond 80 o ddisgyblion yno; cynhwysai hyn blant o bedair i bymtheng oed, am nad oedd disgyblion y fro yn derbyn addysg eilradd, fel llawer o bentrefi cyfagos. Cyfundrefn annheg iawn oedd yn bodoli ar hyd y blynyddoedd ym Mhenmachno, fel ag ym Metws-y-coed, Capel Curig a Dolwyddelan hefyd yn ystod yr un cyfnod. Cawsai y rhai a fyddent yn ffodus i basio arholiad yr 11+ fynediad i Ysgol Ramadeg Llanrwst, ond i'r sawl a fethai â phasio'r arholiad, gorfu iddynt aros yn eu hysgolion cynradd tan yn bymtheg oed. Er i ysgolion eilradd wasanaethu ardal wledig Hiraethog ym Mhentrefoelas, chwe milltir o'r Llan, ac un arall yn Llanrwst saith milltir o bellter, ni chaniatawyd i blant y pentrefi a enwyd eu mynychu, oherwydd rhesymau daearyddol, canys yn yr hen Sir Ddinbych yr oedd yr ysgolion eilradd, a'r pedair ysgol arall yn yr hen Sir Gaernarfon. Yn 1963, fe wnaed iawn am y cam yma, a effeithiodd ar addysg cenedlaethau o blant y plwyf, pan grëwyd Ysgol Gyfun Dyffryn Conwy yn Llanrwst; o'r flwyddyn honno, rhoddwyd yr un cyfle i bob un o ddisgyblion yr ardal i dderbyn yr un safon o addysg wedi cyrraedd un ar ddeg oed. Ond oherwydd yr iawn a gyflawnwyd, gwelwyd rhifau'r ysgol yn disgyn yn arw, ac ym mis Medi 1963, dim ond 53 o blant a fynychai ysgol y Cyngor, a dyma'r ffigwr isaf, mae'n debyg, a fu erioed ar gofrestr yr ysgol. Cadwyd y rhifau yn eithaf tebyg i'r dyddiau yma, er na fu i'r rhif ostwng o dan 60 ers hynny. Yn arwynebol, edrychai'r ystadegau'n ffafriol, wrth weld y ffigyrau'n aros yn ddigon cyson, ac fe ddengys nad yw'r boblogaeth yn dal i ostwng er diffyg gwaith yn y cylch. Ond, wrth ymholi, dengys nad oedd ond wyth o ddisgyblion yr ysgol yn tarddu o aelwydydd Cymraeg eu hiaith.* Er mor ganmoladwy yw ymdrechion gweithredwyr polisi iaith Gwynedd, ac er mor ymroddgar yw'r athrawon i geisio sicrhau addysg ddwyieithog i'r lluoedd o fewnfudwyr i'r plwyf, brwydr gynyddol yw'r gwaith o geisio cadw'r winllan yn bur.

Mae darllen cofnodion y prifathrawon yn y llyfrau yma megis cael golwg ar ddyddiaduron preifat rhywrai ar brydiau. Ynddynt mae cofnodion eithaf di-nod am ddigwyddiadau dibwys ac undonnog bywyd bob dydd ysgolion cefn gwlad, a'r tro arall ceir pytiau diddorol am ffordd o fyw sydd wedi hen ddiflannu o'r gymdeithas, ac yn llawn gwybodaeth am y gyfundrefn addysg a fodolai yn yr amser a fu. Cawn gipolwg ar feddylfryd y drefn seisnig ei naws y ganrif ddiwethaf, a'r diffyg parch i Gymreictod yr ardal gan yr awdurdodau, a'r sawl a weithredai reolau llym yr awdurdodau hynny, gan sylweddoli a gwerthfawrogi ymdrechion y rhai sy'n gweithredu'r system addysg, yng Ngwynedd yn enwedig, heddiw.

Roedd afiechydon yn rhemp yn y plwyf, a chofnodir achosion o'r diptheria, y frech goch a'r dwymyn goch yn aml; yn wir cofnodir llawer o farwolaethau ymysg disgyblion o'r afiechydon yma, am nad oedd brechiadau na ffisig ar gael i'w hatal. Darllenwn am galedi a thlodi, am gymdogaeth a gyd-weithiai a chyd-alarai. Gwelwn hefyd ymdrechion rhai o'r plwyfolion i geisio gwella'r drefn addysg.

Cymaint ymdrechion pobl Cwm Penmachno nes iddynt herio'r gyfraith gan gynnal tair 'streic' dros gyfnod o wyth mlynedd, wrth gadw eu plant rhag mynychu'r ysgol eglwysig orlawn, a gorfodi'r awdurdodau i godi ysgol newydd yno.

Fel mewn unrhyw ddyddiadur, mae cyfnodau digon anniddorol, yn llawn o ymadroddion seisnig megis *'nothing particular to note'* neu am hwn neu hon o'r athrawon yn *'absent'* am wahanol resymau, ac yn y blaen. Ond eto, fel ym mhob dyddiadur, mae ambell berl yn dod i'r amlwg fel yr un am *'epidemic of catarh'* yn bodoli mewn un ysgol leol. Os oes angen prawf o ymroddiad athrawon ddechrau'r ganrif yma, does raid edrych ddim pellach na chofnod am un athro yn hwyr yn cyrraedd ysgol y Cwm, yn wlyb at ei groen, wedi seiclo bob cam o Rostryfan, pellter o 35 milltir yn siŵr. Doniol yw darllen am athrawes yn dod â phwrs buwch artiffisial i'r ysgol i roi gwersi godro i'r disgyblion. Ac os yw athrawon a phrifathrawon heddiw yn teimlo dan bwysau rhyw gwricwlwm newydd a'i debyg, cysurent eu hunain nad rhan o'r oes wallgof, fodern yma yn unig yw'r gair *stress*. Roedd yr un pwysau â heddiw ar

* Pasg 1994

athrawon cyn troad y ganrif a thrwy'r blynyddoedd. Cymaint y poendod i un prifathro yn un o ysgolion y plwyf tua dechrau'r ganrif nes iddo ddatgan ei deimladau yn y llyfr 'Log' rhywbeth fel hyn, a chyfieithiad yw'r dyfyniad — 'Rwy'n diodde'n fawr o golli cwsg, methu canolbwyntio ar fy ngwaith; mae'r gwaith yn ormod i mi; ysgol ddyddiol, ysgol nos, gwersi athrawon.' Mae'r llawysgrifen yn dirywio at ddiwedd y cofnod, yn amlwg mae'r creadur druan yn teimlo'r straen o ddifrif. Mae prifathro arall, ychydig flynyddoedd wedyn, yn cael ei gynghori gan ei feddyg, oherwydd iddo fod yn dioddef o *'overstrain'* a *'worry'*, i gael *'change of air, i.e. a visit to Llanrwst or Rhyl'!!* Felly, yn ôl y dystiolaeth yma, a'r ffaith mai dim ond £55 y flwyddyn oedd cyflog athro cofrestredig yn 1908, gyda dosbarth o dros 40 i'w dysgu dan amodau gwaith anodd iawn yn beth cyffredin, siawns nad yw athrawon ein dyddiau ni yn well eu byd?

Wrth sôn am faint ambell ddosbarth, rhyfeddod yw sylweddoli rhai ffeithiau ynglŷn â'r niferoedd o blant a fynychai'r ysgolion cyn, yn ystod, ac ar ôl troad y ganrif. Y cyfartaledd uchaf a gofnodwyd ar lyfrau'r hen ysgol oedd 196 yn 1907. Y rhif uchaf i'w gofnodi o blant yn bresennol yn Ysgol y Cyngor, Llan, oedd 155 allan o'r 182 ar y llyfrau, ar y diwrnod agoriadol yn Ionawr 1909; cofier i'r hen ysgol fod yn dal ar agor y dyddiad yma, gyda 35 o blant eglwysig wedi penderfynu aros yno. Yr un adeg roedd dros gant o blant yn mynychu ysgol eglwysig y Cwm, 23 yn ysgol Rhiwbach ar ddydd agor honno yn Hydref 1908, a thua 25 o ddisgyblion yn yr ysgol Cyfyng, a wasanaethai gartrefi yn y plwyf, er ychydig lathenni dros y ffin ym mhlwyf Dolwyddelan. Felly, ymddengys i dros dri chant o blant dderbyn addysg ym mhlwyf Penmachno ddechrau'r ganrif, tra roedd y boblogaeth yn dechrau gostwng o'r pinacl o bron i ddwy fil tua diwedd y ganrif ddiwethaf.

Prifathrawon Llan
Yr Hen Ysgol, Llan, (Ysgol Genedlaethol), Agorwyd 1857.

Oherwydd nad oes llyfrau o'r Hen Ysgol ar gael cyn 1884, prin yw'r wybodaeth am staff yr ysgol cyn hyn.

1857-	Pierce Jones, (cofnod ohono yno yn 1868)
	Thomas Richards (yno yn 1881 — cyfrifiad)
?? -1893:	Wm Edwards
10/2/1893-1908:	D.A. Hughes
1908-Ionawr 1909:	D.J. Rowlands *(Non-provided school)*
Ion.1909- ? :	E.R. Williams *(Non-provided school)*
? ? ? - ? ? :	O.E. Jones (yno yn 1912) *(Non-provided school)*

Ysgol y Cyngor Llan. Agorwyd 1909.

1908-19/7/1912:	F.O. Jones (o Frynsiencyn)
26/8/1912-19/7/1929:	T.W. Jones (cyn-brifathro Maenan)
26/8/1929- 1942:	J.E. Thomas (cyn-athro, Pen-y-groes)
?/6/1942-Tach.1954:	A.O. Williams
Ebrill 1955-26/7/1962:	Ellis Hughes
Mawrth 1963-Rhag.1978:	John H. Hughes
Ebrill 1979- :	Dafydd Hughes

Ysgolion y Cyngor, Penmachno

Wrth i'r hen drefn addysgol a fu yn berthynol i'r Eglwys ddirwyn i ben, roedd ysgolion y Cyngor yn agor ym mhob cwr o'r sir. Y syndod ym mhlwyf Penmachno yw'r ffaith i'r Cyngor Sir agor ysgol yn Rhiwbach cyn penderfynu adeiladu un newydd yn y Cwm. Ond roedd amgylchiadau'r plant ym mhentref Rhiwbach, gyda'r siwrnai bell dros yr ucheldir i'r Cwm yn peri pryder i bawb. Byddent yn gorfod dod i lawr i'r ysgol yno ym mhob tywydd, ac aros yn y dillad gwlyb drwy'r dydd, cyn wynebu'r daith hir yn ôl gartref bob noswaith. Gwelir yn Llyfr 'Log' ysgol Cwm sawl cofnod o *'absent'* ar gyfer plant o Riwbach pan fyddai'r tywydd yn angharedig.

Yng nghofnodion Pwyllgor Addysg Sir Gaernarfon, cyfarfod Hydref 24ain, 1903, mae cofnod o gais gerbron y pwyllgor mewn ffurf deiseb yn dweud fod trigolion Rhiwbach yn 'gweddïo am ysgol newydd yno'.

Daw'r mater gerbron y Pwyllgor Addysg yn achlysurol hyd nes yr ail o Hydref, 1906, pryd y daw'r pwyllgor i benderfyniad i dderbyn cynnig cwmni'r chwarel o ystafell i gynnal ysgol, a hynny yn ystod misoedd y gaeaf yn unig, gydag un *'Uncertificated teacher'* i ddysgu'r plant. Ond ym mis Hydref 1908, agorwyd ysgol Rhiwbach fel ysgol lawn amser â 23 o ddisgyblion ar y gofrestr, ac un athrawes yn gofalu amdanynt, Kate Hughes, nain y Dr Bruce Griffiths, Blaenau Ffestiniog.

Ar hyn o bryd, nid oes gwybodaeth ar gael i wybod pa bryd y caewyd yr ysgol fechan hon, ond bu ymweliad Arolygwr Ysgolion yma ar Fai 28ain, 1913, gyda chanmoliaeth am y safonau dan y prifathro newydd a ddechreuodd ei waith yno yn Ionawr 1912.

Un awgrym o dynged Ysgol Rhiwbach yw'r cofnod yn llyfr 'Log' ysgol Cwm ar Awst 29ain, 1916 o ddodrefn o Riwbach yn cyrraedd yno, yn cynnwys desg prifathro, dau gwpwrdd, bwrdd du ac yn y blaen. Mae'n debyg i'r sefyllfa fregus yn y chwareli olygu gostyngiad ym mhoblogaeth pentref Rhiwbach, ac i rifau'r ysgol ostwng hefyd, gan orfodi ei chau.

Un ffaith drawiadol ynglŷn ag addysg plwy Penmachno yw'r ystadegau rhyfeddol, yn ystod y cyfnod y bu Rhiwbach ar agor i ddim llai na phum ysgol fod ar agor ar yr un pryd o fewn terfynau'r plwyf, a phetawn yn ychwanegu ysgol Cyfyng, ychydig lathenni tu allan i'w ffiniau ym mhlwyf Dolwyddelan, a godwyd er budd plant y rhan isaf o Benmachno, Bwlch y Maen, Fedw Deg a chartrefi eraill yn y cyffiniau, a Chwm Wybrnant, yna roedd chwe ysgoldy ar agor er budd disgyblion yr ardal. (Agorwyd ysgol Cyfyng yn haf 1900, yn ysgol eglwysig, yn rhyfedd, yn cael ei chynnal yng nghapel y Methodistiaid Calfinaidd yn y Cyfyng.) Roedd 25 o blant yn bresennol ar ddydd ei hagor.

Dyma'r ysgolion oedd ar agor ar yr un pryd c1912-c1915.

1. Ysgol y Cyngor, Llan Penmachno: Agorwyd Ionawr 1908.
2. Ysgol Wladwriaethol, Llan: 1857-Ionawr 31, 1921.
3. Ysgol Cwm (Eglwysig tan Gorff. 1913, Cyngor wedi hyn). Agorwyd 1870.
4. Ysgol Carmel, Cwm. Agorwyd Hyd. 27, 1912, oherwydd gorlenwi yn y Cwm.
5. Ysgol Rhiwbach. Agorwyd Hyd. 1908 — caewyd Mehefin 1916.
6. Ysgol Cyfyng. Agorwyd Awst 1900 — caewyd 1958.

Datblygiad Addysg ym Mhen Ucha'r Plwyf

Oherwydd bod nifer o blant o'r Cwm yn gorfod cerdded i lawr i'r Llan yn ddyddiol ym mhob tywydd i dderbyn rhyw lun o addysg, penderfynwyd cychwyn ysgol yn hen gapel Wesla' yng Ngharrog yn 1860. Yr athro a fu'n gyfrifol am ddysgu'r plant oedd William Williams, neu Gwilym ap Gwilym i roi iddo ei enw barddol. Yn ôl adroddiad yn y Llyfrgell Genedlaethol, roedd hwn yn llenor ac yn 'enillydd cenedlaethol'. Yn ôl pob tebyg, ysgol anenwadol, neu ysgol Griffith Jones oedd hon. Nid oes dim gwybodaeth amdani, nac am faint y bu ar agor.

Yn dilyn y twf yn y diwydiant llechi ym mhen ucha'r plwyf, a'r cynnydd yn y boblogaeth yn ail hanner y ganrif ddiwethaf, rhaid oedd agor ysgol bwrpasol i blant y Cwm, ac fe wireddwyd y cynllun pan gychwynnwyd ysgoldy yn yr eglwys yno. Agorwyd yr ysgol, Wladwriaethol wrth gwrs, ar Awst yr 8fed, 1870, gyda Lewis Richards yn *'certificated teacher'*, ac Anne Williams yn *'leading mistress'*. Dal i gynyddu oedd y boblogaeth, ac yn naturiol, roedd yr ysgol yn gorlenwi yn flynyddol, ac adroddiadau'r Archwilwyr, (H.M.I.) yn cwyno am y diffygion yn rheolaidd. Ond yn amlwg doedd yr awdurdodau yn gwrando dim ar y cwynion. Erbyn troad y ganrif, a rhif plant ar y cofrestr yn agos i gant, mewn dwy ystafell oedd prin yn ddigon mawr i ddal trigain, bu anniddigrwydd mawr ymysg y rhieni.

Roedd yr amrywiol afiechydon a fu'n poeni'r ardal yn achlysurol, megis diptheria, y dwymyn goch a'r frech goch yn peri pryder ychwanegol i'r rhieni.

Byddai'r ysgolion lleol yn gorfod cau ar orchymyn y swyddogion meddygol ar brydiau, weithiau am fisoedd ar y tro, ac roedd cyflwr yr adeilad, ynghyd â'r gorlenwi yn cyfrannu tuag at lawer o'r afiechydon ymysg y plant yn ôl y rhieni. Yn wir, cofnodwyd llawer o farwolaethau ymysg disgyblion y cyfnod.

Mae'n debyg bod achlysur agor ysgol newydd yn y Llan, dan nawdd y Cyngor Sir, yn 1908 wedi bod yn ysgogiad i drigolion y Cwm ddatgan eu teimladau'n glir i'r awdurdodau drwy ddeisebu'r Pwyllgor Addysg yng Nghaernarfon a hefyd y Bwrdd Addysg yn Llundain, i geisio gwell adnoddau i'r Cwm. Ond er cwyno â swyddogion yr ysgol yn lleol, dyma oedd eu hateb hwy i'r broblem, a dyfynnir yn yr iaith wreiddiol o'r llyfr 'Log' — *'As the school is so overcrowded, the air gets very foul, and the committee advises to let the children out twice or more each sitting.'* Roedd 116 o blant ar y llyfrau ar y pryd, ar Fedi 17eg, 1908.

Ar ddyddiad cau'r ysgol am wyliau haf ar Orffennaf 23, 1909, gwelwyd y rhif uchaf o blant erioed ar unrhyw gofrestr ysgol yn hanes Cwm Penmachno, sef 127. Byddai y cyfanswm yn uwch na hyn petai y garfan a oedd wedi symud i'r ysgol newydd yn Rhiwbach, a agorwyd yn gynharach y flwyddyn honno, wedi eu cynnwys yn y ffigyrau. Pan ail-agorwyd yr ysgol wedi'r gwyliau, gwelwyd y tro yma y presenoldeb uchaf erioed yn y Cwm, 117 o blant wedi eu gwasgu i mewn i gwt o adeilad. Roedd hyn ar Awst 30ain, 1909.

Daeth y protestio i'w benllanw dair blynedd union wedi'r ystadegau uchod, ac ar Awst 26ain, 1912, pryd y canwyd y gloch i groesawu'r plant yn ôl o'u gwyliau haf, gwelwyd nad oedd yr un disgybl wedi cyrraedd yno. Fel y dengys y cofnod yn y llyfr 'Log' roedd y rhieni wedi penderfynu cadw eu plant gartref fel rhan o brotest yn erbyn y diffyg gweithredu ar ran yr awdurdodau i wella adnoddau addysg y Cwm. Hon oedd y streic rieni gyntaf o dair a fu yng Nghwm Penmachno dros gyfnod cythryblus ddeuddeng mlynedd ddilynol.

Cysylltodd y prifathro, Robert Owen â'r Pwyllgor Addysg yng Nghaernarfon i geisio cyfarwyddyd drwy anfon *wire* i'r ysgrifennydd am 12.15 y pnawn hwnnw, ond heb dderbyn gair o ateb ganddynt, ac yntau mewn cryn benbleth, cododd yn gynnar y bore canlynol a mynd ar ei feic bob cam i'r Swyddfa Addysg yng Nghaernarfon i geisio cyngor i ddatrys problem y streic, siwrnai ddwyffordd o 80 milltir, hyd ffyrdd cul a serth y sir.

Ond wedi chwysu i gyrraedd y dref, cafodd ei siomi, oherwydd i'r ysgrifennydd a'i ddirprwy fod oddi cartref ar wyliau, ac felly gorfu i'r prifathro druan droi handlbars y beic yn ôl i gyfeiriad y Cwm, a seiclo'n ôl yn waglaw!

Ailagorwyd yr ysgol ar y 7fed o Hydref, wedi cyfarfodydd rhwng yr Awdurdodau Addysg a chynrychiolwyr y 'streicwyr' yr wythnos flaenorol, pryd y daethpwyd i gytundeb fod Capel Carmel, ym mhen ucha'r Cwm, i gael ei ddefnyddio fel ysgoldy i blant ieuengaf Rhosgoch, Blaencwm a'r *Terrace*, ac felly yn golygu ysgafnhau'r baich ar ysgoldy'r eglwys. Bu hefyd lawer o welliannau i adeilad yr ysgol wreiddiol, megis *ventilators* a gratiau newydd.

Penodwyd Miss Laura Parry, athrawes yn y Cwm ers pum mlynedd, yn athrawes i ofalu am ysgoldy Carmel, a agorwyd Hydref 27, 1912. Ond yn amlwg, nid dyma diwedd anfodlonrwydd y rhieni ynglŷn ag addysg eu plant, oherwydd dair blynedd yn ddiweddarach cafwyd helynt arall yno.

Fore Awst 31ain, 1915, canwyd cloch yr ysgol i groesawu'r plant yn ôl wedi gwyliau'r haf, ond unwaith eto, roedd y rhieni wedi cadw'r plant draw, oherwydd i'r awdurdodau benderfynu cau ysgol Carmel. Dyna fu'r sefyllfa hyd nes Tachwedd 27, dri mis wedyn, pryd ailagorwyd y drysau. Ond ni lwyddwyd i gadw Carmel ar agor er yr holl ymdrechion a chynhaliwyd cyfarfodydd cyhoeddus gan drigolion yr ardal. Mae'n debyg i realiti'r sefyllfa economaidd ar y pryd, wrth i un o wŷr mawr y chwareli, H. Humphries, perchennog Rhiwbach rybuddio, mewn cyfarfod i drafod codi ysgol newydd yn y Cwm flwyddyn neu ddwy ynghynt, *'that the position of affairs at Cwm was undergoing serious change for the worse, as in addition to one or two slate quarries in which the local people were employed, which had already been closed, another quarry would be closed within the next fortnight.'* Ychwanegai ei fod yn amau doethineb agor yr ysgol arfaethedig, i ddal hyd at 160 o blant yn sgîl y ffeithiau yma. Fel gŵr busnes, roedd Humphries yn gweld ymhellach na'r dyn cyffredin a oedd yn pryderu am gyflwr adeilad ysgol ei blant. Roedd hwn yn amlwg wedi sylweddoli fod 'oes aur' chwareli'r ardal drosodd, ac y byddai dirwasgiad yn dilyn yn y diwydiant yn fuan. Roedd hefyd yn gwybod canlyniadau effeithiau cau'r chwareli ar y gymdeithas leol, megis diweithdra uchel a diboblogi. Yn sicr, roedd sail i'w bryderon am ddyfodol Cwm Penmachno, oblegid dengys cofnodion y *Log Book* ostyngiad graddol yn rhifau'r plant a fynychai'r ysgol yn flynyddol. Aeth y ffigwr o dan 100 ar y llyfrau am y tro cyntaf ers 1895 yn Ionawr 1913, pryd y cofrestrwyd 98 yno. Chwe blynedd yn ddiweddarach, yn 1919, â theuluoedd wedi gorfod symud o'r fro wedi'r dirwasgiad yn y chwareli, roedd geiriau H. Humphries wedi eu gwireddu yn ôl pob golwg, gyda gostyngiad sylweddol yn rhifau'r ysgol, a dim ond 69 a gofrestrwyd ar y llyfrau ar Chwefror 10fed y flwyddyn honno.

Ond dal i gwyno a wnâi'r rhieni am gyflwr adeilad ysgoldy'r eglwys. Ac i fod yn deg, nid y rhieni yn unig a gwynai; gwelir sawl cyfeiriad yn y *Log Book* am sylwadau anffafriol yr H.M.I. tra ar ymweliadau â'r Cwm dros y blynyddoedd.

Yn ôl adroddiad a ddaeth allan ym Mai 1913- chwe mis wedi streic rieni gyntaf y Cwm, roedd cynlluniau ar y gweill gan y Bwrdd Addysg i godi ysgol Gyngor newydd yno, i ddarparu addysg ar gyfer 120 o blant cymysg a 40 o fabanod. Ond fel y gwelwyd eisoes, dal i ddindroi oedd hanes y rhai mewn grym flynyddoedd wedyn; mae'n debyg fod syniadaeth perchennog Rhiwbach wedi dwyn perswâd ar yr awdurdodau i atal y cynlluniau oherwydd y rhesymau a nodwyd gynt. Gwelir yn yr un adroddiad i ddylanwad Eglwys Lloegr ar yr ysgol yno ddod i ben yng Ngorffennaf 1913, ac i'r Cyngor Sir gymryd y gyfrifoldeb o weinyddu addysg yn y Cwm o hynny ymlaen.

Prifathro Llewelyn Hughes, Athrawon Dilys Hughes a Gwyneth Evans.

Gwelwyd dechrau y drydedd streic rieni, a'r hiraf o lawer, ar Awst 23ain, 1920, eto yn ystod ailagor ar ôl gwyliau'r haf fel y ddwy streic arall. Ond yn ôl pob golwg, roedd y Cyngor Sir yn llawer mwy anystwyth na'r drefn flaenorol i ymdrin â hwy, wrth i'r athrawon gael eu gorchymyn i droi i mewn i'r ysgol yn ddyddiol, ac yna yn cael eu symud fesul un i ysgolion eraill dros dro. Ond yn amlwg roedd y rhieni yr un mor ddiwyro, ac yn dal i fynnu cael ysgol newydd i'r Cwm. O'r diwedd fe wnaethpwyd penderfyniad gan y Cyngor Sir i godi adeilad newydd, ac fe ailagorwyd yr hen ysgol ar Ebrill 21, 1921, a 76 o blant yn awyddus am addysg unwaith eto, wedi wyth mis o fod yn segur, yn llifo drwy'r drysau.

Agorwyd yr ysgoldy hirymaros, Ysgol y Cyngor newydd sbon yng Nghwm Penmachno yn swyddogol gan amryw o bwysigion y cylch a'r Cyngor Sir ar Awst y 26ain, 1922, wedi brwydr ddygn gan rieni a chefnogwyr a barhaodd am nifer o flynyddoedd chwerw.

Mae'n fwy na thebyg mai synnwyr cyffredin yn ymwneud â diogelwch a iechyd y plant a orfu'r Cyngor Sir i godi'r adeilad newydd, ond bu pwysau arnynt drwy ddiffyg cydweithrediad y werin bobl yng Nghwm Penmachno, a heriai'r gyfraith wrth atal eu plant rhag mynychu ysgol nad oedd yn addas i'r pwrpas hwnnw. Trigolion sawl ardal arall dybed a fyddai'n fodlon cymryd y camau a wnaeth y rhieni dewr yma, a chynnal tair streic hyd nes cael cyfiawnder i'w plant a'u hardal?

Ar Fedi y 1af, 1922, diwedd yr wythnos gyntaf yn yr ysgol newydd, roedd 80 o blant ar y cofrestr, rhif digon parchus, ond dim ond hanner y rhif o 160 yr argymhellwyd i'r ysgol ddarparu ar eu cyfer ychydig flynyddoedd ynghynt, pan oedd bwrlwm y chwareli yn ennyn hyder mawr yn nyfodol Cwm Penmachno fel pentref a dyfodol disglair iddo.

Wedi gweld dirywiad enfawr ym mhoblogaeth yr ardal ar ôl cau chwarel Rhiwbach yn 1953, a'r chwarel olaf yn Rhiwfachno, ddeng mlynedd yn ddiweddarach, fe ddaeth diwedd ar addysg yng Nghwm Penmachno pan gaewyd Ysgol y Cyngor yn 1964. (Enw'r olaf i'w chofrestru oedd un Patricia Williams, *'Date of Admission, 14/9/1964'*, merch John V. Williams, 2 Tanrallt.)

Beth fyddai'r arloeswyr cynnar, neu y rhai a fu'n trefnu'r streiciau a chadw eu plant o'r ysgol yn ddweud heddiw 'sgwn i, wrth weld fod yr holl aberth wedi mynd i'r gwynt, a neb o'r trigolion cynhenid, na'i disgynyddion ar ôl i werthfawrogi eu haberth. Ychydig a feddylient mai brwydro a wnaethent i greu canolfan i ryw awdurdod addysg estron, ariannog o Loegr gael anfon eu disgyblion ar wyliau i'r llecyn unigryw yma. Beth ddywedent yn wir? Mae geiriau Gwilym R. Tilsley o'i awdl 'Cwm Carnedd' yn swnio'n fwy creulon o addas i Gwm Penmachno a'i ysgol nag erioed erbyn hyn —

> Ysgol yn wag o'i desgau — heb na mab
> Na merch rhwng ei muriau,
> Na disgybl wrth ei dasgau,
> Na Huw'r Sgwl ger ei drws cau.

> Mae wyneb llwm y Cwm cau
> Yn braenu rhwng y bryniau;
> Pob gwal gadarn yn garnedd,
> A'r bonc mor dawel â'r bedd.

Prifathrawon Ysgol Cwm Penmachno 1870 — 1964

Lewis Richards: Awst 8, 1870 — Hydref 30, 1874
Thomas Thomas: Awst 14, 1876 — Gorff. 12, 1877
R.O. Jones: Awst 20, 1877 — Ebrill 30, 1879
Wm. Jones: Mehefin 16, 1879 — Ionawr 13, 1896
Ed. Williams: Chwef. 5, 1896 — Maw. 28, 1907
Robert Owen: Ebr. 8, 1907 — Gor. 25, 1913
W.J. Williams: Medi 1, 1913 — Mawrth 13, 1914
N. Davies: (Temp.) Maw. 16, 1914 — ? ?
John W. Hughes: ? ? ? — Medi 27, 1918
John Ellis Wms B.A. (temp) Hyd. 8, 1918 — (Tan ddiwedd y flwyddyn)
Glynne Hughes B.A. (temp) Ion. 6, 1919 — Chwef. 7, 1919

Rhes ôl — *Jack Blaen Cwm, Margaret Sulwen, Nancy Wyn, Agnes May, Anwen Lewis, Betsan.*
Rhes flaen — *Willie John, William Henry, Jean Owen, ? Bennet (Carrog), Ieuan Roberts (Swch), Billy Morris, R.E. Jones, Prifathro.*

Evan Williams B.A.: Chwef. 10, 1919 — Gorff. 1, 1921
D.R.Ff. Wms. (temp) Gorff.4, 1921 — Tan ddiwedd y mis hwnnw.
Nellie Pritchard (temp) Awst 29 — Hyd. 31, 1921
Llewelyn Hughes Tach.1,1921 — 1943
R.E. Jones 1943 — 1954
Bob Roberts 1954 — 1959
Meirion Parry 1959 — 1963
Morfudd Jones 1963 — 1964

Yr unig lun o Ysgol Rhiwbach, a dynnwyd yn 1909. Athrawes, Kate Hughes, Blaenau Ffestiniog, a deithiai i'r ysgol yn un o wagenni llechi'r chwarel o Ddiffwys, Y Blaenau yn ddyddiol.

Chwarelyddiaeth

Gwelir olion mwyngloddio cyntefig ar ochr y Foel Ddu, ger y wal derfyn rhwng Carrog a Phenbedw, ond ni wyddys pwy oedd y dyn neu'r dynion, neu hyd yn oed ferched a fu'n turio yma yn yr oes a fu. Gan fod plwm i'w gael mewn mannau eraill yn y plwyf, fe all fod yn hawdd mai cloddio am y mwyn yma fu'r sawl a droediai'r mynyddoedd hyn ganrifoedd yn ôl. Tybir gan rai mai'r Rhufeiniaid a fu'n llafurio i geisio'r metel gwerthfawr o'r graig. Cofnodir i griw o 'anturiaethwyr' o swydd Amwythig dorri lefel yng Ngheunant Oernant i chwilio am blwm yn y ddeunawfed ganrif, ac er iddynt ddarganfod rhywfaint o'r mwyn, nid oedd yn fenter broffidiol iawn, ac fe roddwyd terfyn ar y gwaith ymhen ychydig amser. Rhoddwyd lês gan y Goron i Mrs Anne Robinson, Penybedw, i fwyngloddio am blwm, copr, calamine a mwynau eraill yn Llechwedd Oernant yn 1784. Lês oedd hon am 31 mlynedd ar rent o £1.6.8. Dywed Brysiog Machno fod y gwaith mwyn yn Oernant, yn agos i Fryn Crug, 'o gryn enwogrwydd', ac yn ei weithio oedd lluaws o fwynwyr o Sir Fflint. Y dyddiad a roes i'r bwrlwm hwnnw oedd tua 1813, ond yn ôl pob sôn, ni fu

Llun cynnar o chwarelwyr y Cwm.

llawer o lewyrch ar weithio plwm yn yr ardal hyd ganol y bedwaredd ganrif ar bymtheg. Roedd Brysiog Machno, ynghyd â David Williams, Cilcennus a Griffith Jones, Coed y Ffynnon, y rhai a wnaeth y ffordd drwy Fwlch Carreg y Frân i Ffestiniog, a nhw eu tri aeth â'r llwythi cyntaf o lechi drwy'r Bwlch i'r cychod yn Nhrwyn y Garnedd, Maentwrog.

Yn ôl traddodiad, byddai porthmyn y ddeunawfed ganrif, wrth yrru moch dros Fwlch Carreg y Frân, yn cael trafferth wrth i ambell fochyn flino tra'n dringo'r Bwlch, ac yn gorfod gadael ambell un ar y mynydd. I atal hyn gofynnwyd i un o'r enw Dafydd Evans o Dan Rhiw Bach adeiladu cwt i ddiogelu'r moch blinedig. Wrth adeiladu'r cwt o'r defnydd crai gerllaw, sylwodd Dafydd Evans mor hawdd oedd hollti'r cerrig, ac ar ôl gorffen y gwaith i'r porthmyn, aeth ati i adeiladu tai yn Tan Rhiw Bach, gan ddefnyddio'r lechfaen i doi yr adeiladau. Daeth y wybodaeth am y garreg i glustiau un o'r enw John Pughe, a oedd yn stiward ar stad Wynne, Peniarth, a daeth â chriw o weithwyr i Riw Bach i wneud llechi, a chariwyd llwythau oddi yno.

Dylid sôn am y rhai lleol a ddechreuodd arbrofi ar gael llechi o greigiau'r cylch. Abel Jones, neu 'Abel Colwyn' a wnaeth yr ymdrech fasnachol gyntaf i weithio'r lechfaen, a hynny ar dir Henrhiw Uchaf, ond er i'r garreg hollti yn dda, roedd yn gostus i'w gweithio oherwydd ei dyfnder. Gwnaeth Dafydd Davies, Ty Melyn brawf llwyddiannus ar fynydd Carrog, ger hen bont y Foel, a chafwyd cerrig da tu ôl i dai Peniarth a Charrog.

Fe ddechreuwyd gweithio ar chwarel Hafodwyryd, a chafwyd fod y garreg o ansawdd galed dda, ac yn 1815 agorwyd chwarel Penybedw, gan George Robinson, a chafwyd safon y llechi yn ardderchog yno hefyd. Agorwyd chwarel y Foel yn 1825, ond ni fu lawer o lwyddiant yno, oherwydd fod rhediad y wythïen yn chwithig, ac yn anodd i'w gweithio. Bu mân arbrofi yma ac acw drwy'r plwyf, ond ychydig iawn o lwyddiant a gafwyd. Am resymau ariannol yn bennaf, a diffyg buddsoddi mewn offer modern i weithio'r graig, ni fu lawer o lwyddiant yn y mentrau bychain yma, a byr fu y cyfnodau gweithio ynddynt. Mae'n sicr petai'r brwdfrydedd, a'r arian ar gael, yna byddai'n hawdd gwneud elw yn amryw o'r chwareli uchod, canys mae'r defnydd crai yn dal i fod yno, craig a brofwyd yn rhy gostus i'w gweithio gydag adnoddau cyntefig y dyddiau gynt. Hysbysebwyd chwarel Hafodwyryd i'w gwerthu yn 1867, ynghyd â'r peiriannau a'r dramffordd yno. Dywedwyd ei bod mewn lle cyfleus, ac o fewn dau gan llath i'r rheilffordd a fyddai'n dod i'r plwyf yn fuan.

Roedd y stori yn dra gwahanol ym mhen ucha'r plwyf. Ymhen ychydig flynyddoedd i'w gilydd, agorwyd chwareli Blaen y Cwm, Rhiwbach, Cwt y Bugail a Rhiwfachno, ac ychydig tu allan i ffiniau'r plwyf, yng Ngharreg y Frân, dechreuwyd ar chwarel Bwlch Slatars.

Chwarel Rhiwbach

Pan ddechreuwyd gweithio chwarel Rhiwbach gan Evan Owen, perchennog Tyddyn Bach yn 1810 ar ei liwt ei hun, gyda thri o weithwyr, roedd cloddfa fechan yno eisoes. Mae'n debyg mai olion John Pughe, a soniwyd amdano oedd rhain, canys bu achos cyfreithiol rhwng Evan Owen, John Pughe o Fachynlleth a Syr Edward Lloyd a'r Goron ynglŷn â'r chwarel. Mae cofnod ar gael o un Edward Sion yn cael ei anfon i'r fan i godi llechi i ail-doi eglwys Ysbyty Ifan yn 1774 hefyd.

Hyd at 1830, i Drefriw yr anfonwyd holl gynnyrch Rhiwbach, ond wedi hyn aethpwyd â'r llechi i gwrdd â llongau Porthmadog. Er dros fil o droedfeddi i fyny yn y mynydd uwchben Cwm Penmachno, ymddengys i drigolion fyw yno yn 1835, canys gwelir yng nghofrestri plwyf Ffestiniog i enwau rhai fu yn byw yn y chwarel yn y cyfnod cynnar yma gael eu cofnodi. Yn llyfr cyfri'r chwarel am 1832 daw enwau'r sawl a weithiai yn Rhiwbach yn y flwyddyn honno, a syndod oedd sylwi mai dim ond un o Benmachno a gyflogid yno, a hynny fel rybelwr. Gweithio 'wrth y dydd' oedd pob un yn Rhiwbach, a'r cyflog a dderbynient yn 1/6, 1/8, 2/- a 2/6 y dydd, yn ddibynnol ar eu dyletswyddau. Erbyn 1841, roedd 27 yn byw ym mhentref Rhiwbach, rhai mewn 'baricsiau' pwrpasol i chwarelwyr na fedrent deithio adref bob nos, a rhai gyda theuluoedd — roedd un ar ddeg o'r trigolion yn blant, yn byw mewn tai a adeiladwyd gan y cwmni er budd y gweithwyr.

Bu sôn am estyniad o Reilffordd Ffestiniog, a oedd wedi ei hadeiladu o

Borthmadog i Ddiffwys yng nghanol tref Blaenau Ffestiniog, drwy'r mynydd i Gwm Penmachno, a bu sôn hefyd am reilffordd o gyfeiriad Betws-y-coed a Chorwen yn nes ymlaen yn y ganrif, ond ni ddaeth dim o'r cynlluniau am wahanol resymau. I hwyluso gwaith cario'r llechi o Riwbach, cwblhawyd tramffordd a oedd wedi ei chynllunio gan Charles Spooner, adeiladydd Rheilffordd Ffestiniog, bob cam o'r chwarel i sgwâr Diffwys yn y Blaenau yn 1863, ar gost o £14,000, a chwmni Owen Gethin Jones, Penmachno oedd yr ymgymerwyr a fu'n gyfrifol am y gwaith.

Roedd y bwrlwm yn chwareli'r fro yn cael ei adlewyrchu yn y gymdeithas a weithiai ac a drigai yno; cymaint nes y cynhaliwyd Cymdeithas Lenyddol Unedig Chwareli Rhiwbach am y tro cyntaf ym mis Hydref 1867, gyda gwobrau gwerth £4 yn cael eu cynnig. Aeth y drefn yma o nerth i nerth, a chynhaliwyd amrywiol eisteddfodau yno dros y blynyddoedd. Cynhaliwyd ysgol Sul lewyrchus iawn yn Rhiwbach, a chafwyd cyfarfodydd pregethu ac yn y blaen yn achlysurol hefyd. Dyma ddywed gohebydd yn y *Rhedegydd* Gorffennaf 14, 1906, dan bennawd 'Rhiwbach': 'Nos Fawrth diwethaf cawsom yr hyfrydwch o wrando ar y pregethwr ieuanc a gobeithiol, Mr Robert Williams, Garregddu yn traddodi pregeth yn y lle uchod . . . y mae llawer o weithwyr yn lletya yn y lle uchod yng nghorph yr wythnos, a thrwy hynny yn cael eu hamddifadu o foddion canol yr wythnos.'

Cofnodir yn yr un rhifyn yn ogystal farwolaeth Owen R. Jones, un a drigai yn un o dai bychain Rhiwbach, yr hwn a adawodd wraig ac wyth o blant. Ychydig yn gynharach y flwyddyn honno fe gynhaliwyd trengholiad (cwest) gan ddeuddeg rheithgor yn ysgoldy Rhiwbach ar gorff creigiwr o Drawsfynydd, John Jones, Brynmelyn, a laddwyd wrth i ddarn mawr o rew ddisgyn arno tra roedd wrth ei orchwylion yn y chwarel; fe gofnodwyd marwolaeth ddamweiniol arno. Adroddwyd mewn rhifyn arall o'r un newyddiadur yn ddiweddarach i weddw'r ymadawedig dderbyn £145.18.8½ o iawndal gan gwmni Rhiwbach, sef cyfartaledd o gyflog y gŵr am dair blynedd.

I'r sawl na ddymunent fyw ym mhentref Rhiwbach ei hun penderfynodd cwmni'r chwarel fynd ati i adeiladu tai yn Nhre Gynwal, yn y Cwm yn 1869 a'u gosod ar lês i'w gweithwyr, am dymor o 60 mlynedd, a'r rhenti yn 16/4; swm cyfatebol heddiw fyddai 82 ceiniog. Dewisodd rhai o'r chwarelwyr brynu eu cartrefi, ar forgeisi yn amrywio o £60 i £150, symiau sylweddol yr adeg hynny, gan gofio mai naw swllt yr wythnos oedd cyflog labrwr a deg swllt i greigwyr yn 1872, ond yn profi ffydd y prynwyr yn nyfodol y chwarel. Erbyn troad y ganrif roedd y cyflogau wedi codi i bunt tri swllt naw ceiniog i labrwr a phunt pum swllt a chwe cheiniog i greigiwr. Enwau'r tai a godwyd gan y cwmni oedd Rhesdai Rhiwbach, Machno a Glan'rafon.

Ym Mai 1871, cyflogwyd 170 yn chwarel Rhiwbach, ond cofnodwyd i dros ddau gant fod yn gweithio yno yn achlysurol; yn ychwanegol i hyn bu oddeutu

150 yn cael eu cyflogi yn Rhiwfachno, islaw Rhiwbach, a rhif tebyg yng Nghwt y Bugail, yng nghwr gorllewinol y plwyf.

Yn ystod y cyfnod prysur yma yn hanes y diwydiant chwarelyddol, gwelwyd arloesi wrth sefydlu cymdeithasau megis Cymdeithas Gynorthwyol Gweithwyr Rhiwbach, a ddechreuwyd ym Mai 1882 i gynorthwyo teuluoedd gweithwyr a rwystrwyd rhag ennill eu tamaid oherwydd salwch neu ddamweiniau a fyddent yn dod heibio mor aml yr oes honno. Profa hyn yr ysbryd ddyngarol a fodolai ymysg gweithwyr y chwareli hyd yn oed yn y ganrif ddiwethaf. Talwyd chwe cheiniog y mis gan y cyfranwyr fel 'yswiriant' yn erbyn cyni, a thair ceiniog i fechgyn ieuainc, a'r budd wrth hawlio arian o goffrau'r Gymdeithas oedd 5/- yr wythnos am chwe mis, a thri swllt yr wythnos wedi hynny. Roedd amodau pur gaeth wedi eu gosod gan weithredwyr y Gymdeithas, pwyllgor o saith etholedig. Rhai o'r amodau oedd na chawsai arian ei dalu allan os byddai aelod yn analluog i weithio 'trwy ddiota a meddwdod, neu anturiaeth neu gampfa rhyfygus', ac 'ni oddefir i aelod tra yn derbyn cynhorthwy, fynychu tafarndai nac yfed un math o ddiod feddwol heb ganiatâd meddygol'. Roedd un rheol i atal rhai a oedd yn derbyn budd rhag pysgota a hela. Yn wir, gwaharddwyd cais Charles Lloyd, Rhiwbach am 7/6 o fudd-dâl yn 1888, oherwydd iddo gael ei ddal yn hela cwningod. Yn yr un cyfnod ffurfiwyd rheol newydd, 'mewn perthynas ac atal aelod rhag cyflawni unrhyw orchwyl bleserus neu waith tra yn derbyn o fudd y Gymdeithas'. Roedd 124 yn perthyn i'r Gymdeithas yn 1882, gan godi'n flynyddol i 172 yn 1888, ond gwelwyd gostyngiad i 111 yn 1890, pryd y terfynwyd y Gymdeithas.

Parhaodd rhif y gweithlu yn eithaf sefydlog hyd 1907, ond daeth gwasgfa ar y diwydiant llechi, a gorfu i chwareli'r ardal gyfyngu eu gweithgareddau i bedwar diwrnod yr wythnos yn 1908. Aeth y sefyllfa o ddrwg i waeth, wrth i gystadleuaeth o dramor, gyda llechi rhatach yn cael eu mewnforio o Ffrainc, Portiwgal a gwlad Belg effeithio'n ddrwg ar gynnyrch chwareli Gogledd Cymru. Roedd y sefyllfa mor ddrwg erbyn 1914 nes i gynrychiolwyr y chwareli fynnu cyfarfod â Lloyd George, y Canghellor i geisio meddyginiaeth, ond daeth y Rhyfel Mawr heibio gan achosi i lawer o'r chwareli orfod cau, a dyna oedd tynged Rhiwbach y flwyddyn cynt, yn 1913.

Er i Riwbach ddechrau teimlo effeithiau'r ddirwasgiad yn ystod degawd cyntaf y ganrif newydd, cafwyd digon o alwad ym mysg y rhieni a ymgartrefai yno i Awdurdod Addysg Sir Gaernarfon sefydlu ysgol i'w plant ar safle'r chwarel, a gwireddwyd hynny ym mis Hydref 1908 pan agorwyd ysgol Rhiwbach, a thair ar hugain o ddisgyblion yn ei mynychu. Golygai hyn na fyddai'n raid i'r plant gerdded drwy bob tywydd i lawr y llwybr serth i ysgol y Cwm, tua thair milltir i ffwrdd. Cawsom gyfle i ymhelaethu ar hanes yr ysgol tra'n trafod addysg y plwyf mewn pennod flaenorol.

Yn nechrau'r ganrif, hysbysebwyd swydd is-reolwr yn y chwarel ar gyflog o 35 swllt yr wythnos, a rhoddwyd rhai o'r amodau ynghlwm wrth y swydd ar y pryd. Dywedai un rheol y dylid gweithio chwe diwrnod yr wythnos, a 'phob gweithiwr a weithiai lai na 6 diwrnod bob wythnos i'w dalu am hanner diwrnod ar y Sadwrn oni bai oherwydd damwain'. Yn ôl Rheol 19, 'Ni chaniateir unrhyw weithiwr ysmygu wrth ei waith yn ystod oriau gwaith.' Rheol 27 — 'Telir cyflog pob gweithiwr bob pedair wythnos ar y diwrnod tâl arferol.' Rheol 33 — 'Pob bachgen, cyn cael ei gyflogi gan y perch'nogion i ddangos ei Dystysgrif Genedigaeth a Thystysgrif Ysgol ynglŷn â'i safon', a rheol 36 a bwysleisiai 'Diswyddir unrhyw weithiwr a ddefnyddiai iaith anweddus yn unrhyw ran o'r chwarel.' Beth fyddai gweithwyr heddiw yn ddweud petaent yn gorfod cadw i reolau caeth fel hyn tybed?

Fel y dywedwyd eisoes, bu teuluoedd yn ymgartrefu yn Rhiwbach yn gynnar yn y bedwaredd ganrif ar bymtheg, oherwydd yn bennaf i'r chwarel fod wedi ei lleoli mewn rhan anghysbell o'r wlad; deuai dynion o bentrefi a threfi eraill i ennill eu bywoliaeth, gan ddod â chyflenwad o fwyd am yr wythnos gyda hwy ar fore Llun. Cofnodir hanes rhai ohonynt yn cychwyn cerdded am ddau a thri o'r gloch ar fore Llun o Ysbyty Ifan a Maentwrog, ac ambell un yn gorfod cychwyn yn gynharach na hyn o fannau pellach. Arhosai rhai o'r preswylwyr mewn 'barics' pwrpasol drwy'r wythnos, cyn dychwelyd yn ôl at eu teuluoedd ar y nos Sadwrn. Codwyd nifer o dai er budd y sawl a ddymunent fyw yn agos i'r gwaith, ac mewn un o adeiladau'r chwarel fe werthid nwyddau at gynnal preswylwyr y pentref. Byddai'r nwyddau yn cael eu prynu yn siop fawr 'Brymer' ym Mlaenau Ffestiniog, ac yn cael eu cludo yn y wagenni llechi a ddychwelwyd yn wag o'r dref honno. Mewn rhan arall o'r pentref fe gedwid llyfrgell at ddefnydd y trigolion.

Ar y 24ain o Fehefin, 1905, gwelwyd yn llyfr rhent y pentref fod 37 o chwarelwyr yn 'baricsio' yn Rhiwbach, ac 88 arall o drigolion yn byw yn y pymtheg tŷ a berthynai i'r cwmni. Amrywia'r rhenti o 1/4 y mis am farics i gysgu pedwar, a phum swllt y mis am dŷ dwy lofft a 7/6 a degswllt am dai tair llofft. Ymysg y trigolion yr adeg yma roedd 31 o blant, a cherddai rhai ohonynt i ysgol y Cwm bob dydd i gael addysg, ac adref bob nos ym mhob tywydd, dair milltir i fyny'r llwybr serth i Riwbach. Oherwydd natur y daith oddi yno i'r Cwm, ac i lawer o'r plant fethu cyrraedd yr ysgol yno yn rheolaidd, penderfynodd Adran Addysg Cyngor Sir Gaernarfon ildio i gŵynion rhieni Rhiwbach, ac fe agorwyd ysgol bwrpasol i blant Rhiwbach yn 1908, a bu honno ar agor nes dirywiad y chwarel a diweithdra yno yn ystod y Rhyfel Mawr. Nid oes sicrwydd pa bryd y bu i'r preswylwyr olaf adael y pentref, ond tybir i hyn ddigwydd yn ystod y tridegau. Erbyn heddiw, dim ond sgerbydau o waliau tai pentref Rhiwbach a erys yn atgof fod cymdeithas Gymreig wedi byw yma yn ucheldir rhan uchaf plwyf Penmachno.

Rhai ystadegau ynglŷn â phrisiau, cynnyrch ac yn y blaen

Danfonwyd cynnyrch Rhiwbach yn y blynyddoedd cynnar i Gei Trefriw i'w cario oddi yno ar gychod i lawr yr afon Gonwy. Arferid gwneud defnydd o iard ger Pont yr Afanc, Betws-y-coed i storio llechi hefyd, cyn iddynt gychwyn ar y daith derfynol. Ceir y manylion yma yn nyddlyfr Cei Trefriw yn 1819: Llwythi allan. 18fed Awst. 'Hope', Robert Jones, llechi i'r 'Ant' yng Nghonwy, (dim sôn am faint y llwyth), ond tua 10 tunnell a gariai'r 'Hope'.
20 Awst: Badau o lechi i'r 'Ant' yng Nghonwy 56½ tunnell o lechi James Price. Gwelir gyfrif o 'Llechi Mr Owen' yn gadael y cei hefyd, yn amrywio o chwe thunnell, cyfanswm 6 mis i Fai 1822, i 65 tunnell am y chwe mis i Fai 1824 a 138 tunnell am y chwe mis i Fai 1825.

Wedi 1830, bu i gynnyrch Rhiwbach gael ei anfon yn rheolaidd drwy Fwlch Carreg y Frân a Ffestiniog i Gei Cemlyn ar y Ddwyryd ger Maentwrog ar ei ffordd i longau Porthmadog, a rhwng Ebrill 1af a Mehefin 30ain, 1838 fe anfonwyd 80½ o dunelli o lechi Rhiwbach o'r cei hwnnw, i'w gymharu â 423 thunnell am yr un cyfnod yn 1840. Roedd y tollau a dalwyd am gario'r llechi o Riwbach yn draul eitha trwm ar y perchnogion, gyda thollau porthladd Porthmadog yn amrywio o 15/6 am gario 62 tunnell i £5.5.9 am 423 tunnell. Oherwydd hyn bu llawer o siarad am gynlluniau i wneud ffordd haearn i gludo'r cynnyrch i Flaenau Ffestiniog, ac yn Nhachwedd 1853 datgelwyd cynlluniau i adeiladau estyniad i lein Rheilffordd Ffestiniog o orsaf y Diffwys yn y Blaenau i ymyl fferm Tyddynbach yn y Cwm, o dan yr enw Ffestiniog and Machno Railway, gyda'r bwriad i gludo cynnyrch chwareli Cwm Penmachno i gyd i Borthmadog. Roedd y llinell i fynd heibio chwarel Cwt y Bugail ac yna ar ei phen i'r Cwm, ond ni ddaeth dim o'r cynllun, a rhaid oedd aros nes i dramffordd Rhiwbach i Ddiffwys gael ei hadeiladu yn 1863 gan Owen Gethin Jones a'i gwmni i hwyluso gwaith cario llechi Rhiwbach o'r ucheldir yma.

Roedd anwadalwch y masnach llechi drwy'r ardal yn y cyfnod yn arwain i'r Rhyfel Mawr yn creu awyrgylch o ansicrwydd ymysg y trigolion a gwelwyd sawl adroddiad yn y gweisg lleol am y gobaith, a'r anobaith yn nyfodol y diwydiant. Ym mhapur *Rhedegydd* ar yr 28ain o Ebrill, 1906, yng ngholofn 'Glannau'r Fachno', dan y pennawd, 'Newydd da' adroddwyd fel hyn 'Rhagolygon disglair yn yr agor newydd agorir yn Rhiw Fachno, ac aiff ymlaen gyda'r geiriau ymfflamychol yma, 'gyda'r llaw, credwn ei bod yn hen bryd inni gael gweithio amser llawn bellach. Yr ydym wedi dioddef gormod o ormes a thrais. Mae yn hen bryd inni ddeffro fechgyn.) Dyma ddywed y colofnydd i'r golofn yma, 'Yr Hen Ddyrnwr' yr wythnos ddilynol, 'Toriad gwawr: Dechreu'r wythnos gweddnewidwyd ein hardal gan y newydd da fod i ni gael gweithio amser llawn yn Rhiwfachno). Ond ymhen deufis, adroddwyd gan 'Yr Hen Ddyrnwr' fel hyn, ar yr 28ain o Orffennaf, 1906, 'Dydd Gwener diwethaf daeth y newydd gyda sydynrwydd i'r fro fod chwarelwyr diwyd

Rhiwfachno yn gorfod gweithio 5 diwrnod yr wythnos.' Roedd hyn yn cyd-fynd ag adroddiad tua'r un adeg o 'luaws o feib llafur wrthi'n brysur yn atgyfnerthu hen Bont y Llan', wrth i'r awdurdodau geisio ysgafnhau baich diweithdra a gostyngiadau yn oriau gweithio yn y chwareli. Cadarnheir y farn yma mewn cofnod o adroddiad y Cyngor Plwyf ar y pryd, sydd yn datgan fod y cadeirydd wedi bod mewn cynhadledd i'r di-waith yng Nghaernarfon, a chael gwybod mai ym Mhenmachno oedd y sefyllfa waethaf drwy'r sir.

Roedd yn amlwg i lawer o'r di-waith geisio ymfudo i'r Unol Daleithiau, canys gwelir yr adroddiad yma ar Fai y cyntaf, 1909 yn profi pa mor bell yr aethai dynion i fentro i gael ennill bywoliaeth y dyddiau hynny, 'Daeth gair o ardal y glo Pennsylvania, nad oes angen chwarelwyr yno yn awr, gan fod y lle yn orlawn ar hyn o bryd.' Ond eto daeth cofnod o chwarel Cwt y Bugail yn cymryd gweithwyr o'r newydd ychydig wythnosau wedyn, wrth i'r chwarel honno newid dwylo; ond erbyn diwedd 1909 wynebwyd mwy o drafferthion yn Rhiwfachno pan ddigwyddodd disgynfa fawr yn y chwarel, gan gladdu amryw o fargeinion, a thaflu rhai allan o waith; adroddwyd fod yr 'oruchwyliaeth yn gwneud pobeth ellir i gyfarfod â'r amgylchiadau. Son am geisio gwaith yng Ngherrigydrudion y mae amryw o'r gweithwyr ydynt wedi eu taflu yn segur. Hyderwn y daw gwawr ar bethau yn fuan'.

Yng Ngorffennaf 1913 gorfu i Riwbach gau, gan roi ei gweithwyr ar y clwt, yn ychwanegol at y rhai a gollasant eu gwaith yn y chwareli eraill, gan greu problemau diweithdra enbyd yn y fro. Dim ond chwe mlynedd ynghynt roedd Rhiwbach wedi cyflogi 165 a'r dyfodol yn edrych yn iach iawn. Bu'r chwarel ar gau hyd gyfnod y rhyfel gan ailagor gydag ychydig dros hanner cant yn cael eu cyflogi yn 1919. Gwelwyd cynnydd graddol yn y gweithlu gydol y dauddegau gydag oddeutu 120 yno yng nghanol y degawd hwnnw. Arhosodd y ffigwr yn gyson o gwmpas y 70-80 o weithwyr gydol y tridegau, ond fel y daeth yr ail ryfel byd, bu'r chwarel ar gau unwaith yn rhagor tan 1945. Ychydig oedd rhif y gweithlu wedi hyn hyd ei chau yn derfynol yn 1953.

Mewn llyfr cyfrifon dyddiedig 1829-1839, gwelir y prisiau canlynol a godwyd am fil o lechi Rhiwbach: Duchesses 25/-; Countesses 20/-; Ladies 9/-; Cerrig Mwsog' 7/-; Doubles 4/6, a naw swllt am garreg fedd. (Maint 'Duchesses' yw 24 modfedd wrth 12 modfedd, 'Countesses' 20 modfedd x 10 modfedd a 'Ladies' 16 modfedd x 8 modfedd.) Tua'r un adeg fe welir enghraifft o'r cyflogau a delid i'r gweithwyr, cyflog a enillwyd 'wrth y dydd', ac a dalwyd yn fisol. Rhai o gyflogau Ebrill 1832 oedd a ganlyn; Owen Williams o Lanllyfni a enillai 2/6 y dydd am 22½ diwrnod, cyfanswm o £2.12.6. Hugh Parry o Landegai yn derbyn £1.9.2 am 17½ diwrnod o waith yn ôl 1/8 y dydd ac Evan Williams o Drefriw a lafuriodd am 23 diwrnod am gyfanswm o £1.14.6, hynny yn ôl 1/6 y dydd yn unig.

Cynhaliwyd Eisteddfod Gadeiriol Chwarel Rhiwbach nos Wener, Mai 14eg, 1909 ac fel yr adroddwyd yn y *Rhedegydd* ar y pryd 'Er pelled y ffordd, a garwed y llwybrau, ymgasglodd tyrfa fawr i'r rhanbarth fynyddig hon o bell ac agos. Hawdd canfod yn y brwdfrydedd mawr fod diddordeb neilltuol wedi ei ennyn yn yr eisteddfod. Cymerwyd y gadair gan Mr T.O. Williams, a chafwyd ganddo anerchiad byr a phwrpasol. Yr arweinydd oedd Mr John G. Evans, goruchwyliwr Chwarel Rhiwfachno, yr hwn a wnaeth ei ran yn ganmoladwy yn ei ddull medrus a doniol.' Y beirniaid barddoniaeth oedd y Parch. R. Silyn Roberts ac Owain Machno; beirniaid y traethodau oedd Cadwaladr Jones, Hafod Fraith a D. Lloyd Jones, Penmachno. Roedd Richard Davies, Blaenau Ffestiniog yn feirniad cerfio, a Jacob Jones, Tanygrisiau yn beirniadu y gystadleuaeth gwau hosannau. Y beirniad cerdd oedd Evan Morris, Blaenau Ffestiniog. Roedd hefyd amryw o feirniaid eraill i sawl cystadleuaeth wahanol.

Enillydd cystadleuaeth chwe phennill goffadwriaethol i Mrs Jones Rhiwbach oedd Glyn Myfyr, Blaenau Ffestiniog, a daeth Perthog a Ioan Brothen yn gydradd gyntaf ar yr englyn i'r 'Ebill', gan brofi fod beirdd o fri wedi cystadlu. Cyhoeddwyd 'Glan Machno' yn Fardd Cadeiriol Eisteddfod Rhiwbach 1909, a chadeiriwyd ef 'yn ôl braint a defawd Beirdd Ynys Prydain'. Byddai'n ddifyr cael gwybod beth a ddigwyddodd i'r gadair hon, un o'r ychydig o'i bath mae'n sicr. Ymysg enillwyr eraill oedd David R. Davies, Penmachno ar yr unawd tenor, O. Morgan Jones, Cwm ar yr unawd bariton a chôr Rhydymeirch yn ennill dwy wobr.

Diwedda'r adroddiad fel hyn 'Yr oedd llwyfan hardd a chref wedi ei chodi yn Felin Isaf y chwarel, a'r paratoadau oll yn gyflawn i dderbyn y llu ddaeth i fyny, ac ni siomwyd neb yn eu disgwyliadau.'

Fel ym mhob chwarel yn yr ardal, llanw a thrai fu hanes Rhiwbach dros y blynyddoedd. Tra bu galw am y cynnyrch, bu llewyrch da ymysg ei gweithwyr, ac ym mysg y plwyfolion yn gyffredinol. Bu cynnydd sylweddol ym mhoblogaeth Penmachno yn ystod y dyddiau da hyd at ddechrau'r ugeinfed ganrif, a hynny yn cael ei adlewyrchu ym masnach y plwyf, wrth i fwy a mwy o siopau a mân fusnesau ddatblygu i ddiwallu anghenion y plwyfolion. Ond crewyd ansefydlogrwydd wrth i'r diwydiant orfod wynebu argyfwng ar ôl argyfwng. Newidiodd y chwarel ddwylo sawl tro, ac aeth cwmnïau 1887 ac 1892 yn fethdalwyr. Bu dirwasgiad 1913 yn ergyd fawr i'r ardal, wrth i chwarel ar ôl chwarel orfod cau; un ohonynt oedd Rhiwbach, gan roi 150 ar y clwt. Fe'i hailagorwyd yn 1919, wedi'r Rhyfel Mawr, ond ni fu yr un llewyrch ar y lle wedyn. Bu ar gau eto rhwng 1939 ac 1945, dros gyfnod yr Ail Ryfel Byd. Wedi'r rhyfel, agorwyd Rhiwbach ar raddfa tipyn llai na chynt ac fe gaewyd y chwarel fwyaf ym mhlwyf Penmachno yn derfynol yn 1953.

Rwyf yn ddiolchgar dros ben i Gruff Jones, Cae Clyd, Manod am adael imi gael golwg dros ei draethawd gwerthfawr ar ei waith ymchwil hynod i chwarel Rhiwbach, o ba le y daeth llawer o'i ystadegau uchod.

Cwt y Bugail

Dechreuwyd gweithio chwarel Cwt y Bugail o ddifrif tua 1870, er i fân-gloddio fod wedi bod yn digwydd yno flynyddoedd ynghynt, a hynny gan John Griffith, Collfryn, a fu yn fugail yn y Cwm, a dyna sut, mae'n debyg, y bu i'r chwarel gael ei henwi. Ar ôl bod ym meddiant Cymry lleol am gyfnod, fe werthwyd y chwarel i gwmni o'r Alban, ac fe fuddsoddwyd arian mawr ganddynt i wneud amryw o welliannau yno. Gwelodd y cwmni yma hefyd gyfnodau heulog a chymylog, a bu raid iddynt hwythau oroesi cyfyngderau masnachol fwy nag unwaith. Albanwr o'r enw Gibson fu yn reolwr cyntaf y cwmni yma, ac yn ei amser ef y gwnaed y lefel a elwid yn 'Lefel Scot', a bu hwn yn ŵr uchel ei barch yn y cylch. Prynwyd y chwarel gan griw o'i gweithwyr, a brynodd gyfranddaliadau am ddeg punt yr un. Yn ôl pob sôn, cafodd y cwmni bychan yma adeg llwyddiannus, dan oruchwyliaeth Owen Williams. Yn dilyn rhain daeth cwmni 'hanner canpunt y gyfran' i berchnogaeth Cwt y Bugail, a buont yn eithaf llwyddiannus am ddeunaw mlynedd, ond fe aethant i drafferthion ariannol cyn medru buddsoddi mewn rhan addawol o'r chwarel. Codwyd nifer o adeiladau perthnasol yng Nghwt y Bugail, gan gynnwys baricsiau i breswylwyr, swyddfeydd a melinau. Roedd yma fwrdd biliards at ddefnydd y sawl a fyddai yn aros yn y barics, wedi ei leoli yn un o'r adeiladau, a hefyd lyfrgell, fel yn Rhiwbach, er budd y rhai a geisient ddiwyllio eu hunain. Newidiodd y chwarel yma ddwylo droeon hefyd cyn iddi gau am y tro olaf yn nechrau'r pumdegau'r ganrif yma. Mae yn awr ym meddiant cwmni o Flaenau Ffestiniog sydd yn gweithio chwareli Bwlch Slatars a'r Graig Ddu, heb fod nepell o Gwt y Bugail. Pwy a ŵyr, efallai y bydd ailddechrau cloddio unwaith eto yn y chwarel, gan ddefnyddio offer fodern sydd ar gael heddiw.

Chwarel Blaen y Cwm

Mae hanes cynnar Blaen y Cwm, a elwid hefyd yn 'Penffridd' gan rai, ychydig yn niwlog. Mae sôn am lechfaen yn cael ei darganfod yma yn 1813, pryd yr hysbysebwyd fod nifer o ffermydd y Wynniaid ar werth, un ohonynt Flaen y Cwm, gyda'i ffriddoedd uchel, gyda gwythiennau o'r garreg las werthfawr yn rhedeg drwyddynt, ond nid oes llawer o'i hanes nes i fwynau'r tir gael ei roi ar lês i Gapten Adam Gregory o Worksop, a dau bartner iddo o Lerpwl. Bu rhain yn gweithio'r chwarel am rai blynyddoedd, gan fuddsoddi llawer o arian yn y fenter, ond dywedir iddynt wneud colledion enfawr. Cymrodd James Spooner a'i frawd Thomas lês ar y lle yn 1853, ac er iddynt ddal y lle am bedair blynedd, nid oes awgrym iddynt weithio'r chwarel o gwbl. Newidiodd y chwarel yma, fel pob un arall yn y cylch, berchnogaeth sawl gwaith dros y blynyddoedd, a bu yn segur am gyfnodau hefyd, a hynny am amser maith ambell dro, fel y cyfnod rhwng 1891 a 1897. Ni chafodd Blaen y Cwm yr un llwyddiant o gwbl â Rhiwbach a Chwt y Bugail, y ddwy chwarel naill ochr iddi; ychydig iawn o gynnyrch a ddaeth ohoni i'w chymharu â'r ddwy gymdoges fwy. O'r ystadegau ar gael, ymddengys mai 487 o dunelli o lechi oedd y cynnyrch blynyddol uchaf a anfonwyd oddi yno ar y dramffordd i Flaenau Ffestiniog, a hynny yn 1900; ni ddatgelwyd rif y niferoedd a weithiau i gynhyrchu'r ffigwr uchod, ond cofnodwyd fod 16 yn cael eu cyflogi yno yn 1898, pryd y gwelwyd dim ond 42 tunnell o lechi yn mynd o'r chwarel. Aeth y llwyth olaf o lechi o Flaen y Cwm ar yr 8fed o Fai, 1914, a rhoddwyd y chwech a weithiai yno allan o waith.

Chwarel Rhiwfachno

Nid oes sicrwydd ychwaith pa bryd y dechreuwyd gloddio yn Rhiwfachno, ond mae'n eithaf sicr mai hon oedd y chwarel olaf o unrhyw faint i'w hagor fel uned fasnachol yn y plwyf. Darganfyddwyd y lechfaen yma gan un o chwarelwyr Rhiwbach, yn ôl un sylwebydd. Agorwyd y 'Twll Mawr', ac yna y 'Dyfn Canol', 'Twll yr Offis', a'r 'Twll Dŵr', yn y drefn yna. Cafwyd miloedd o dunelli o gynnyrch o 'Twll Offis'. Dywedir i Owen Jones, Henrhos, a William Jones Ty'n y Gornel ddymchwel darn anferth o'r garreg unwaith fel y bu melin isaf y chwarel yn gweithio ar y 'plyg' am bedwar mis. Y felin gyntaf a godwyd oedd ar Ddôl Swch, ac yn ei dyddiau cynnar bu gweithio ynddi ddydd a nos am gyfnod i gadw i fyny â'r archebion am slabiau. Daeth cynnydd sylweddol ym maint y chwarel, a chofnodwyd dros gant a hanner o ddynion yn gweithio ynddi yn ei hanterth. Erbyn 1912, roedd wyth bwrdd llifio ac wyth peiriant i naddu'r lechfaen i'w iawn faintioli. Adeiladwyd melinau eraill, ac ynddynt fyrddau plaenio ac offer arall. Codwyd gweithdai saer, peiriandy, gefail y gof ac adeilad arall i gadw'r tracsiwn stêm a brynwyd cyn y rhyfel Byd cyntaf, ac a fu mewn defnydd tan bumdegau'r ganrif hon, yn cludo cynnyrch Rhiwfachno i orsaf reilffordd Betws-y-coed, saith milltir i ffwrdd. Cyn dyfodiad y tracsiwn, cludwyd y llechi gyda wageni a berthynai i'r chwarel. Tynnwyd rhain gan dri cheffyl yr un, a William Roberts a Thomas Rowlands yn gertwyr. Eto, dibynnai'r chwarel yma, fel y lleill, ar fympwy y drefn fasnachol, ac ar yr alwad am lechi, ac ar anwadalwch economi'r wladwriaeth a gweddill y byd. Oherwydd cymysgedd o resymau yn ymwneud â rhai, neu bob un o'r ffactorau yma, dirywio hyd beidio a bod fu hanes Rhiwfachno hithau, a chaewyd y chwarel olaf yn y plwyf yn 1963.

Wedi cyfrannu yn helaeth at economi'r ardal am gan mlynedd a mwy, daeth y diwydiant a roes fedydd a bodolaeth i Gwm Penmachno fel cymuned oddi mewn i gymuned fel petai, i ben yn ddisymwth. Gwelodd y plwyf yn gyffredinol effeithiau'r bwrlwm a'r dirywiad ar y gymdeithas. Yn ystod y dyddiau da, cyn troad y ganrif, adlewyrchwyd yr hyder a deimlwyd gan y trigolion yn nyfodol Penmachno fel plwyf wrth i deuluoedd newydd o Gymru Cymraeg dyrru i'r fro a siopau a busnesau yn ffynnu. Roedd sgîl-effeithiau o'r llwyddiant yn y chwareli yn ehangu i fasnachdai a busnesau a fodolai i

Mynedfa Chwarel Rhiwfachno
(wedi ei dymchwel erbyn hyn)

wasanaethu'r boblogaeth gynyddol. Agorwyd capeli newydd i'r cannoedd o addolwyr a hawlient adeiladau addas i'r pwrpas. Adeiladwyd cartrefi newydd i'r chwarelwyr, ac ysgolion i'w plant. Daeth y cyfoeth a grewyd gan ddyfodiad y chwareli a newidiadau mawr yn nhrefn gymdeithasol y plwyf. Dechreuwyd gymdeithasau llenyddol a chrefyddol, eisteddfodau a chyfarfodydd tebyg, a thyfodd cenedlaethau o drigolion ddiwylliedig o blith y bwrlwm yma.

Cafwyd sawl adroddiad yn y gweisg o fywyd a llanw a thrai'r diwydiant chwarelyddol ym Mhenmachno dros y blynyddoedd. Cyfeirir isod at rai o'r adroddiadau hynny.

O golofn newyddion 'Penmachno' yn y *Rhedegydd* ar Ebrill 7fed, 1906 daeth adroddiad am ddamwain angheuol yn Rhiwbach, pryd y lladdwyd John Jones o Drawsfynydd gan ddarn o rew yn disgyn arno. Cynhaliwyd cwest gan ddeuddeg rheithgor yn ysgoldy Rhiwbach, a phasiwyd rheithfarn o farwolaeth ddamweiniol. O golofn 'Glannau'r Fachno' o'r un papur ar yr 28ain o Ebrill, 1906 daeth yr adroddiad hyderus yma:

'Newydd da — Rhagolygon disglair yn yr agor newydd agorir yn Rhiw Fachno — gyda llaw, credwn ei bod yn hen bryd inni gael gweithio amser llawn bellach. Yr ydym wedi dioddef gormod o ormes a thrais. Mae yn hen bryd inni ddeffro'r bechgyn.' Yr wythnos ddilynol adroddwyd fel hyn gan ohebydd 'Glannau'r Fachno', 'Yr Hen Ddyrnwr': 'Toriad gwawr. Dechrau'r wythnos gweddnewidiwyd ein hardal gan y newydd da fod i ni gael gweithio amser llawn yn Rhiwfachno.' Ond erbyn 28ain o Fehefin cofnododd 'Yr Hen Ddyrnwr' y canlynol: 'Dan Gwmwl . . . Dydd Gwener diwethaf daeth y newydd gyda sydynrwydd i'r fro, fod chwarelwyr diwyd Rhiwfachno yn gorfod gweithio 5 diwrnod.' (Roedd yr wythnos waith lawn arferol y cyfnod hwnnw yn chwe niwrnod.)

Ar Fedi 1af, 1906 cofnodwyd fel rhan o newyddion Penmachno yn y *Rhedegydd* i dân dorri allan ym marics Cwt y Bugail oherwydd i Evan Jones adael ei ddillad i sychu o flaen y grât.

Adroddwyd am 'ddisgynfa fawr' yn Rhiwfachno, trwy gladdu amryw fargeinion, a thaflu rhai allan o waith yn rhifyn Mawrth 12fed, 1910 o'r *Rhedegydd*, ac yn rhifyn Mai 21 o'r papur cofnodwyd hanes achos methdaliad cyfarwyddwyr chwarel Cwt y Bugail, gwŷr lleol i gyd.

Yn *Baner ac Amserau Cymru* ar 27 o Ebrill, 1910 ceir yr adroddiad canlynol i brofi anwadalwch y diwydiant llechi yn ystod y cyfnod. 'Y Fasnach Lechi: Da gennym ddeall fod arwyddion am wellhad yn y fasnach uchod. Gwelwn fod prif chwarelau y Gogledd yn paratoi i weithio amser llawn. Y mae hyn yn galondid i'r hen wlad.' Eto, i'r un perwyl, yn y *Faner* ar Hydref 19 yr un flwyddyn, daeth y geiriau canlynol o dan bennawd 'Penmachno a'r cylch': 'Dywedir fod y fasnach uchod yn gloywi yn feunyddiol, y mae mwy o fynd ar y chwareli nag a welwyd ers cwrs o flynyddoedd. Hyderwn y daw yn flodeuog etto.'

Erbyn dechrau 1912, roedd pethau yn gwaethygu yn y diwydiant, wrth i'r *Faner* adrodd fel hyn, ar Fawrth 20fed — 'Gofidus gennym ddeall nad ydyw y chwarelau sydd yn y plwyf yn mynd cystal ag oeddynt. Y mae gweithwyr chwarel Rhiwfachno yn gorfod gweithio pedwar diwrnod yr wythnos . . . hyderwn fodd bynnag, na phery yr 'amser byr' ond ychydig iawn, ac y cawn weled yr hen chwarel yn llawn gwaith fel o'r blaen.' Ond yn amlwg, gwaethygu fu hanes y sefyllfa, gan ddarllen yn rhifyn Ebrill 10fed o'r papur, 'Gweithfaol: Ar hyn o bryd lled dywyll ydyw rhagolygon gweithfaol yr ardal. Y mae chwarel Rhiwfachno wedi attal gweithio am bythefnos, yr hyn sydd yn golygu colled fawr iawn i'r plwyf yn gyffredinol. Hyderwn yn fawr y daw gwawr eto yn fuan.' Gwelir mor ddifrifol oedd y sefyllfa drwy ddarllen adroddiad dan newyddion 'Penmachno a'r Cylch' yn y *Faner* ddeufis yn ddiweddarach, ar Orffennaf 17eg: 'Lled ddifywyd ydyw y sefyllfa weithfaol yn y plwyf ar hyn o bryd. Nid ydyw y chwarelau agos mor flodeuog ag y buont, llawer llai yn gweithio ynddynt yn awr nag a fu; y canlyniad ydyw fod amryw o ddynion ieuaignc yn gorfod cefnu ar eu maboed.

Aeth chwech o ddynion ieuaingc o'r Cwm i'r America yr wythnos o'r blaen, a darogenir fod llu etto yn myned drosodd. Hyderir fodd bynnag, y try y rhod etto, ac y gwelir y chwarelau etto mor flodeuog ag erioed.'

Tybed ai un o'r ymfudwyr ifainc yma oedd Humphrey Thomas, mab Gwen Ellis, Carrog, a hysbyswyd iddo gael ei ladd tra wrth ei orchwylion mewn

> **RHEOLAU.**
> **Cronfa Ysbytai Gweithwyr Cwm Machno.**
>
> **Amcan.**—Cynorthwyo yr aelodau a'r rhai ddibynant arnynt i gael mynediad i'r prif Ysbytai a'u cynnal yno.
>
> **Amodau Aelodaeth.**—(1) Talu y cyfraniadau a benderfynir gan y pwyllgor fydd yn angenrheidiol i gario y Gronfa ymlaen, ac a gadarnheir gan fwyafrif yr aelodau.
>
> (2) Sicrheir aelodaeth ym mhen tri mis (mis chwarel) o ddyddiad y taliad cyntaf, a thalu y nifer gofynol o daliadau yn ystod y cyfnod hwnw. Rhaid i'r aelod cyn y gall ymuno fod yn gweithio ar y pryd yn chwarel Cwm Machno.
>
> (3) Bechgyn dan 18 oed, Pensioneers a gweddwon aelodau i dalu hanner y cyfraniad. Ni ystyrir neb yn Pensioneer yn ei gysylltiad ar Gronfa, er yn derbyn blwydd-dâl y Llywodraeth, os yn dilyn unrhyw alwedigaeth; mewn gair, rhaid iddo fod wedi ymneillduo o'i alwedigaeth.
>
> (4) Pan fyddo aelod yn analluog i weithio oherwydd gwaeledd neu ddamwain, bydd yn ofynol iddo dalu hanner y cyfraniad arferol am y chwe mis cyntaf. Os parha yn analluog am ragor na chwe mis, ceidw ei aelodaeth heb gyfraniad o gwbl.

twnnel ffordd haearn yn America? Daeth y newyddion trist yma i olwg darllenwyr y *Faner* yn rhifyn Medi 18, 1912 o'r papur.

Daeth tro mawr ar fyd cymdeithasol y plwyf yn dilyn colli prif ffynhonnell bywoliaeth y pentrefwyr, wrth i deulu ar ôl teulu adael yr ardal i geisio ennill eu tamaid. Roedd llawer wedi gweld a theimlo effeithiau adegau llwm yn y chwareli, ac yn gwybod am galedi pan fu i'r gwaith gau yn achlysurol, ond gwyddent yn iawn nad oedd gobaith gweld adferiad buan yn y sefyllfa wedi cau Rhiwfachno, a gorfu i ugeiniau godi gwreiddiau a symud o'u cynefin, a chollodd Cwm Penmachno, a gweddill y plwyf, lawer mwy na chyfrwng cyflogaeth pan gaewyd y chwarel olaf.

Chwalfa

Fe welwn yr hagrwch
O'r chwalfa yn graith
Ar fwy na'r llygaid
Wedi darfod y gwaith,
'R'ôl cwympo y muriau i gyd, fesul un,
I araf ddadfeilio'n bentyrrau di-lun.

A thybiwn im glywed
Dros chwibanau'r gwynt,
Sŵn ebill a chynion
Yr hen hogia' gynt,
O weddillion y felin, a fu dawel cyhyd
Yn olion y cof, fel 'sgerbydau mud.

Ond wedi dryllio
Fy nychymyg brau,
Hawdd gwybod y rheswm
I'r sylfeini wanhau,
Wrth droi yn benisel o'r adfeilion llwm
Heb neb o'm cyfoedion ar ôl yn y Cwm.

Criw o weithwyr Penmachno, y Cyngor Sir, 1970au.
Cefn (o'r chwith i'r dde): Richard Williams (Dicw), Dwyryd Thomas,
Llywelyn Hughes.
Blaen: W.O. Pritchard, Caradog Evans.

Gweithwyr y Ffatri Wlân, 1928, dau ohonynt yw Richie Thomas a Fred Wood.

Cyflogwyr Eraill

Y Ffatri Wlân

Cyflogwyd ychydig o ddynion a merched yn y felin wlân, neu'r 'ffatri' ar lafar, dros y blynyddoedd. Bu'r ffatri ym meddiant yr un teulu ers ei hadeiladu yn 1839, ac a addaswyd ar ei newydd wedd yng nghanol y ganrif ddiwethaf gan gwmni Owen Gethin Jones, y fenter gyntaf iddynt eu hymgymeryd, hyd nes marw yr olaf o'r teulu, John Rees Jones ychydig flynyddoedd yn ôl. Prynwyd y ffatri gan gwmni o Borthmadog sydd wedi addasu'r felin i fod yn un o'r prif atyniadau i dwristiaid yng Ngogledd Cymru. Credir mai 14 yw'r rhif uchaf a gyflogwyd yn y ffatri i drin y gwlân a brynwyd o ffermydd yr ardal, a hynny oddeutu hanner can mlynedd yn ôl, ac erbyn heddiw, rhyw hanner dwsin o ferched sydd yn cael eu cyflogi i wasanaethu'r ymwelwyr. Un o'r sawl fu'n gweithio yma am hanner can mlynedd o'i oes, nes ei ymddeoliad, ac yna am gyfnod yn rhan amser wedi hynny oedd y tenor annwyl o'r pentref, Richie Thomas.

Comisiwn Coedwigaeth

Dechreuwyd plannu coed bytholwyrdd ar lechweddau'r fro yn ystod y dauddegau, a chyflogwyd ychydig o ddynion i wneud y gwaith arbrofol. Cyrhaeddwyd yr uchafbwynt o ran cyflogaeth yn y chwedegau, pan gyflogwyd dros ddeg ar hugain o ddynion lleol i wneud y gwaith angenrheidiol o gynnal a chadw'r goedwigaeth. Rhoddwyd cyfle i lawer o fechgyn ifainc y plwyf ddechrau gyrfa mewn coedwigaeth, mewn adeg pan oedd y chwareli yn dechrau diswyddo staff. Erbyn heddiw, nid oes yr un o drigolion yr ardal yn gweithio yn y diwydiant yma, wrth i'r Comisiwn Coedwigaeth ddilyn y drefn fasnachol sy'n bodoli'n ein dyddiau ni, gan werthu rhannau o'r goedwig i'w torri yn hytrach na chyflogi staff uniongyrchol fel cynt.

Y Cyngor Sir

Wedi cau'r chwarel olaf, Rhiwfachno, bu rhai o'r dynion yn ddigon ffodus i gael gwaith gyda Chyngor Sir Caernarfon, a ddaeth yn Wynedd yn 1974. Bu'r Cyngor Sir yn cyflogi ambell un i lanhau'r ffyrdd yn y plwyf, neu'r *lengthmen* fel y'u gelwid, cyn hyn dros y blynyddoedd.

Y Gymdeithas Gydweithredol (Y Co-op)

Sefydlwyd Cymdeithas Gydweithredol Amaethwyr Nant Machno ar yr 16eg o Ionawr, 1909 mewn cyfarfod yn y Llan, dan lywyddiaeth y rheithor prysur, y Parch. Ben Jones. Etholwyd G.L. Llewelyn, Penybont yn ysgrifennydd y gymdeithas yn y cyfarfod. Bwriedid cychwyn ar y gwaith trwy gyflenwi yr aelodau gyda blawdiau, gwrteithiau, hadau ac offer amaethyddol 'o'r radd uchaf am y pris marchnadol'. I gael bod yn aelod rhaid oedd bod yn berchen ar un neu fwy o'r cyfranddaliadau a gostiai ddeg swllt yr un. Cynhaliwyd y siop gyntaf ym Mod Alaw yn y Llan, a werthai flawdiau a nwyddau amaethyddol yn bennaf. Agorwyd y Co-op y Cwm, fel menter ran-amser yn wreiddiol, gyda rhai a weithiai yn y chwareli yn gwasanaethu yn Nhŷ Fferm y Swch ar ambell gyda'r nos, ond tyfodd y busnes nes gorfod cyflogi staff llawn amser o ddechrau'r tridegau, hyd at gau'r siop honno tua 1963.

Cyflogid amryw yn y Llan dros y blynyddoedd, gyda John Wyn Richards yn un o'r rheolwyr cyntaf yno. Roedd hanner dwsin o staff yn gweithio i'r Co-op yn y siop a addaswyd yn dŷ Arfryn wedi i'r cwmni symud i'r Swyddfa Bost yn y pumdegau. Cyflogid dau yn siop arall y Coparet yn hen siop 'London', ar ochr arall i bont y Llan, ac un dyn i gario glo ac archebion i ffermydd y fro a phentrefi cyfagos. Tristwch oedd gweld busnes a fu unwaith mor llewyrchus yn gorfod wynebu edwino mawr ym myd masnach y plwyf yn y chwedegau, a chaewyd y siop fawr yn y Llan yn 1967.

Cyflogwyd amryw o'r plwyfolion gan gwmnïau o'r tu allan i'r ardal. O'r chwedegau ymlaen, eto oherwydd diffyg gwaith yn lleol, gorfu i lawer deithio yn ddyddiol i waith aliwminiwm Dolgarrog yn Nyffryn Conwy, a bu rhai yn teithio i Fetws-y-coed a Llanrwst i wneud amrywiol orchwylion.

Masnach a Masnachwyr Penmachno

Fel pob ardal wledig, gwelwyd newid enfawr yn nhrefn masnachu y plwyf dros y blynyddoedd. Ceir amryw hanesion am nifer o siopau a fu ar gael at wasanaeth y trigolion, ac am yr amrywiaeth o fasnachdai a busnesau a fodolai yn y fro. Anodd yw ceisio canolbwyntio'n uniongyrchol ar un cyfnod yn benodol, oherwydd mynd a dod ymysg y masnachwyr, ac oherwydd cynnydd a gostyngiadau yn y boblogaeth, a reolwyd gan lanw a thrai yn y diwydiant chwareluddol yn bennaf. O dan y pennawd yma cawn gipolwg ar y math o fasnach a gâi ei gynnal yn y plwyf yn ystod rhai o flynyddoedd prysuraf Penmachno, gan ddod ymlaen i'r amser presennol, a cheisio dadansoddi'r rhesymau am y newidiadau mawr a fu ar bob agwedd o fywyd y plwyf.

Mae'n sicr mai'r amser mwyaf cyffrous yn hanes yr ardal oedd blynyddoedd y bwrlwm yn y chwareli ym mhen uchaf y plwyf, a hynny o ganol y ganrif ddiwethaf hyd at ddechrau'r Rhyfel Mawr yn 1914. Gwelwyd teuluoedd yn ymsefydlu yma, a phentref o'r newydd i bob pwrpas yn cael ei godi yng Nghwm Penmachno, i gartrefu'r mewnfudwyr cynnar. Fel ym mhob cymdeithas, roedd angen pob math o wasanaeth ar y boblogaeth gynyddol; rhaid oedd cael nwyddau i fwydo a dilledu'r trigolion, ac felly agorwyd nifer o siopau i ateb y galw yma. Oherwydd y niferoedd a symudai i'r fro, roedd angen codi tai newydd ac adnewyddu rhai eraill, a golygai hynny fod angen seiri a chrefftwyr eraill at y gwaith. Dechreuwyd gwasanaeth post yn y ganrif ddiwetha, a chafwyd canghennau o fanciau ar agor hefyd, ynghyd â chymdeithasau adeiladu yn annog y pentrefwyr a weithiai yn y chwareli i fuddsoddi peth o'r arian a 'enillent gyda'r cwmnïau. Roedd pedair tafarn ar agor yn y Llan ac un yn y Cwm i ddisychedu'r sawl a hoffai 'ddropyn' ar un adeg. Roedd y *Machno*, neu'r *Bedol*, yn ôl ei hen enw, ar ochr isaf Pont y Llan, ac ar 'ochr draw' i'r bont gwelid y *Red Lion* yn stryd Newgate, y *White Horse* neu'r *Ring* ar lafar, dros y ffordd i fynwent yr eglwys, ac yn nhop y Llan, y *Tŷ Ucha*, neu'r *Eagles*; rhyw ddwy filltir tua'r Cwm cedwid y *Beniarth Arms* er budd pobl y Pen Uchaf. Roedd tafarn Tanrhiw wedi llwyr ddiflannu ers ddechrau'r bedwaredd ganrif ar bymtheg, o dan filoedd o dunelli o sbwriel chwarel Rhiwfachno. Bu tafarn arall ar agor ers cyn canol y ddeunawfed ganrif ym Mryn Cryg uwchben Hafodwyryd, ar lwybr y porthmyn sychedig ar eu ffordd o Ffestiniog a phellach dros ben y Llech i Ysbyty a ffeiriau Lloegr. O'r tafarnau yma, dim ond dwy o rai y Llan, y *Machno* a'r *Tŷ Ucha* sydd yn agored o hyd.

Mewn traethawd diddorol gan y ddiweddar Mrs Euronwy Lloyd, adroddir am hanes y siopau a fu'n agored yn Llan Penmachno pan oedd hi yn ferch ifanc ar ddechrau'r ganrif bresennol, wrth iddi restru nifer o fasnachdai anghofiedig y Llan. Dywed fod dwy siop yn y Penisa', un gan Hannah Jones, a werthai nwyddau a wnaeth yn ei ffatri wlân gerllaw. Yno yr aethpwyd i nôl defnydd i wneud crysau dynion, gwlanen goch neu wen, a defnydd blancedi, 'sanau ac edafedd i weu. Ychydig o lathenni o'r siop wlân cadwai Jane Morris siop yn yr hen dŷ Tyrpeg, gan werthu bwydydd ac ymborth i ymwelwyr yr oes a ddeuent i weld Rhaiadr y Fachno ger y Pandy. Yn y Llan ei hun, y siop gyntaf i'w gweld oedd siop 'chwech a dimau' Gwydyr House, yna Siop Llys Caradog, yn gwerthu blawdiau a nwyddau eraill. Ar draws y ffordd i hon caed siop crydd Dafydd Williams, yr hwn a wnaethai esgidiau i gwsmeriaid yn ôl y galw. Heb fod ymhell roedd siop gigydd Ael y Don â Dafydd Roberts yn fwtsiar. Rhestrir y siopau eraill a fodolai yn y Llan ar ddechrau'r ganrif — Wenallt, yn gwerthu bara ceirch, cyflath a phethau eraill yn costio dimau yn unig. Bu siop bapur newydd yn Ael y Bryn, a thros y ffordd i honno roedd siop a swyddfa bost. Yna, yn is i lawr cedwid siop ddillad plant yn *Greenwich House*, a fu yn feddygfa wedi hyn; yn y siop yma fe arferid trwsio clociau hefyd. Yn Nhalybont, roedd William Jones wedi agor siop farbwr ym mharlwr y tŷ a fu yn gaffi am gyfnod wedyn. Yn Fourcrosses fe gedwid siop ddillad dynion a merched gan Ellis Williams, tad y dramodydd enwog, John Ellis Williams. Ar y gornel yn Llys Ifor roedd siop brysur Morus Gruffudd, yn gwerthu pob math o nwyddau, o lysiau a bwydydd i botiau a sosbenni. Yn nhafarn y *Machno* gerllaw arferid ddod ag ymwelwyr o Fetws-y-coed yn y Cargo arbennig a berthynai i'r dafarn, ac yno y cawsant wledda ar y te prynhawn oedd ar gael, cyn cael eu tynnu yn y *brake* gan geffylau'r *Machno* yn ôl i'r Betws.

Cyn croesi Pont y Llan, rhaid oedd galw heibio siop gigydd arall ym Modafon, a gedwid gan William a Catrin Prys; byddai'r gŵr yn cario cig o amgylch y fro yn ei drol fechan, gyda thrip wythnosol i'r Cwm ar ddydd Gwenwr. Wedi croesi'r bont, y siop gyntaf ar y chwith oedd siop Jane Davies, Bryn Eglwys; siop esgidiau a thegannau oedd hon, gyda meibion y perchennog yn trwsio beiciau yn seler y siop. Gwerthent *carbide* i oleuo'r beiciau yn ychwanegol. Gyferbyn â Bryn Eglwys cadwai John Richards siop weddol fawr yn gwerthu nwyddau, dilladau a hetiau merched. Ar ymddeoliad y perchennog, fe symudwyd y Post o'r 'ochr draw' i'r bont i'r siop yma, a fu yn swyddfa bost tan yn ddiweddar iawn. Wedi gadael y siop fawr, trowyd i lawr stryd Newgate, ac yn un o'r tai fe werthai Catrin Jones furum mewn siop a elwid yn 'Mignit'. Yn ôl wedyn i'r ffordd fawr i siop Bod Alaw, ble y cadwai C.A. Vaughan siop fwyd, a gwerthai lefrith, gan ei fod yn cadw ychydig o wartheg. Ychydig lathenni oddi yma roedd tafarn y *White Horse*, yr *Inn*, neu'r *Ring* ar lafar, yn cael ei chadw gan Sais o'r enw Parr yr adeg hynny. Nid nepell o'r *Ring*, gwelwyd siop fwyd arall, yn cael ei chadw gan John Thomas.

Yn 'nhop y Llan', gyferbyn â lidiart mynwent yr eglwys, yr oedd Owen Ellis yn gwerthu groseri a phapurau newyddion yn Manchester House. Am gario nwyddau o amgylch y Llan i'r siopwr yma, byddai'r Euronwy ifanc yn cael ceiniog am ei thrafferth ar ddechrau'r ganrif. Yn y sgwâr yma, *Gethin Square*, i roi iddo'i enw swyddogol seisnig, yn ôl trefn y cyfnod, cadwai Humphrey a Margaret Jones siop fechan yn gwerthu teisennau cartref a *ginger beer*. Yn y sgwâr ceid siop Hannah a Griffith Davies, honno yn gwerthu cacennau parod. Arferai plant y pentref gario archebion o'r siop i Ochr y Foel a'r Gors, ac yn derbyn bynsen am fynd. Ar draws y ffordd i'r siop saif tafarn y *Tŷ Ucha*, neu'r *Eagles* i Sais, ac wedi sefyll yma ers bron i ddwy ganrif. Rownd y gornel o'r dafarn, gwelid Chester House, â Thomas Williams yn gwerthu esgidiau yno. Ychydig ymhellach, roedd siop Elin Jones y Seler yn cynnig bara ceirch, taffi, a phob math o ddiodydd ysgafn. Wedi hyn daethpwyd at weithdy crydd John Jones, ac yna bopty mawr Elin Jones, a fyddai'n crasu toes trigolion y Llan yn fara iddynt. Arferai'r pentrefwyr ddod â'u toes i'w grasu, ond cyn ei ddodi yn y popty, rhaid oedd sicrhau ei fod wedi ei farcio, rhag cymysgu'r bara. Safai un o siopau mwyaf a phwysica'r Llan yn y Plas Isaf, Robert Thomas, gŵr blaenllaw iawn yn y gymdeithas, yn ei chadw. Hon oedd archfarchnad y cyfnod yn y plwyf. Yma ceid amrywiaeth o nwyddau, o fwydydd dilladau, hetiau a hefyd roedd yn siop fferyllydd, ble y prynid Ysbryd Neidr (Spirit of Nitre), Bara Agor (Paragoric) a Thinti Riwbob (Tincture of Rhubarb) ynghyd ag Asiffeta at bob anhwylder. Onid oedd yr hen enwau llafar a ddefnyddid gan y werin yn llawn gwell na'r enwau cywir? Ym Mhlas Isa' y gwerthid triogl wrth y jwg, a hwnnw yn cael ei dywallt yn syth o'r gasgen. Ar ffordd y Cwm, roedd siop Bradford House, yn gwerthu amrywiol nwyddau, ac ar ochr y Foel cadwai Lusa Thomas y Swch siop fechan ar gyfer trigolion y 'Topia'. Deuai glo at gynhesu'r pentrefwyr ar droliau i orsaf rheilffordd Betws-y-coed.

Dyna Mrs Lloyd wedi enwi dros ddeg ar hugain o fasnachdai ar agor ar yr un pryd yn y blynyddoedd cyn y Rhyfel Byd Cyntaf, yn profi angen y Llan am eu gwasanaeth. Yn ychwanegol, rhaid cofio i hanner dwsin o siopau, o leiaf, fod ar agor yng Nghwm Penmachno yr un adeg, ac un dafarn hefyd, y *Beniarth Arms*.

Fel y gwelir yn ôl y rhestr ganlynol, a gofnodwyd yn *Bennets Business Diary* cyfeirlyfr masnachwyr, yn 1931, roedd sefyllfa'r plwyf yn dal yn eithaf llewyrchus, wrth sylwi bod oddeutu 27 o siopau ar agor yn y Llan a'r Cwm. Gwelir yn y rhestr i ddau fanc fod ar gael, er mai ond ar ddau ddiwrnod yr wythnos, i'r pentrefwyr.

Byddai ychydig o gyffro yn cyrraedd y Llan ar nos Wener y tâl, sef y noson y talwyd y bonws mis yn y chwareli, pan ddeuai gwerthwyr llestri, neu ambell dro gwerthwyr carpedi neu *linoleum*, i fasnachu o'u stondinau a osodent yn iard tafarn y *Machno*. Yn ystod y pedwardegau hwyr a'r pumdegau y digwyddai hyn. Byddai Harry Cross, marchnadwr adnabyddus yn dod heibio yn ddigon aml, a mawr fyddai'r hwyl wrth wrando arno yn gweiddi ar y gwragedd i brynu'r bargeinion megis dillad gwelyau a llenni.

Erbyn dechrau'r chwedegau, â dirywiad y chwareli yn effeithio ar fasnach y plwyf a moduron yn dod yn rhan fwy amlwg ym mywydau'r trigolion, gwelid newid dirfawr ym mhob ystyr. Roedd teuluoedd cyfan wedi symud o'r fro, a'r penucha', y Cwm, yn brysur troi yn bentref o dai haf, gyda'r preswylwyr penwythnos yn heidio yno i brynu'r tai 'anhygoel o rad' iddynt hwy, tai nad oedd eu hangen ar y Cymry cynhenid oherwydd diffyg gwaith yn lleol. Wrth i'r boblogaeth ostwng, byddai siop arall yn gorfod cau o ddiffyg busnes, a cholled fawr i'r plwyf pan gaewyd y siopau cydweithredol, y Co-op, dwy yn y Llan ac un yn y Cwm yn ystod y chwedegau. Fe ddechreuwyd y 'Coparet' tua dechrau'r dauddegau, a chyflogid llawer ynddynt dros y blynyddoedd. Arferid talu 'difidend' i'r cwsmeriaid, a oedd mewn ffaith yn gyfranddalwyr yn y fenter, cyn y Nadolig, a bu'r arian yma yn fendith mawr i lawer o dlodion y plwyf tra bu'r siopau yn eu hanterth. Gwelwyd nad oedd pethau cystal ar fasnach y Co-op wrth i'r 'divi' ostwng yn flynyddol o'r deuswllt a mwy yn y bunt i ddim ymhen ychydig o flynyddoedd wrth i'r masnach ddirywio gyda'r diboblogi. Caewyd y siop gydweithredol yn y Cwm yn fuan yn y chwedegau, a dilynwyd hyn gyda chau'r ddwy siop yn y Llan yn 1967. O hynny ymlaen, aeth y sefyllfa o ddrwg i waeth, gyda phobl y plwyf yn teithio yn eu moduron i Lanrwst a Llandudno i'r archfarchnadoedd a oedd yn agor yno, ac yn cynnig nwyddau am brisiau llawer rhatach na siop y gornel.

Mor ddiweddar â 1964, roedd tair ar ddeg o siopau yn Llan Penmachno at wasanaeth y cwsmeriaid, ond yn raddol gwelwyd rhain yn cau fesul un. Prynwyd rhai ohonynt gan fewnfudwyr a freuddwydiai am wneud ffortiwn mae'n debyg. Methiant fu hanes pob un bron, ac erbyn heddiw, yn 1996, dim ond un siop sydd ar agor i'r plwyfolion i gyd, a honno yn gwerthu bwydydd a phapurau newyddion.

Nid yn unig y bu i'r plwyf golli'r holl fasnachdai, ond collwyd llawer mwy na hynny yn sgil cau'r chwareli; aeth etifeddiaeth llawer o rai â'u gwreiddiau'n ddwfn ym mhridd Bro Machno i ddifancoll, a throsglwyddwyd rhyw feddylfryd estron i ymgartrefu yn nhai teras yr hen chwarelwyr gynt yn y Cwm. Trist yw'r olygfa yno erbyn hyn, â'r gymdeithas gref o Gymry Cymraeg a fu'n rhan o'r lle wedi edwino yn llwyr.

Ni sylwai ar yr hagrwch
Yn y tomennydd llwm,
O rwbel yr hen chwarel
Uwch pentre' bach y Cwm;
Roedd yn baradwys iddo fo
Wrth iddo symud 'mewn i'r fro.

Ond ni all estron weled
Y graith sydd yn fy nghôl,
A minnau yn hiraethu
Am ddyddiau na ddaw 'nôl,
Pan oeddem ni, drigolion gwâr
Yn berchen ar ein milltir sgwâr.

Masnachwyr Penmachno yn 1871:
(Ynghyd â rhai o'r prif swyddogion)
o *Worrells Directory*

Casglwr Trethi: Morris Davies.
Clerc Plwyf: John Evans.
Heddgeidwad: P.C. Thomas Hughes.
Gweinidogion ac Offeiriaid: Parch. W. Jones, Parch. J. Jones, W. Jones.
Meddygon: W. Owen, D. Lloyd Rogers.
Ysgolfeistr: Thomas Pritchard.
Postfeistr: William Price Jones, Swyddfa'r Bost. (Gwasanaeth cludo llythyrau a pharseli; cynlluniau cynilo a.y.y.b.; byddai'r llythyrau yn cyrraedd o Lanrwst am 10 y bore, ac yn cychwyn o'r Llan am 3 y pnawn.)
Cynhyrchwyr Gwlân/Gwlanen: William Davies 'Factory'.
Cigyddion: Peter Hughes; Thomas Roberts.
Gwerthwyr Esgidiau: Robert Davies, Llan; Richiard Vaughan, Llan; William Evans, Cwm.
Gwerthwyr Ffrwythau/Llysiau: Thomas Davies, Mary Williams.
Gwerthwyr Nwyddau Haearn: William Price Jones, Robert Thomas.
Gwerthwyr Coed a Glo: Solomon Jones.
Gwneuthurwyr Olwynion: Robert Humphries, Edward Roberts, John Roberts.
Gwneuthurwyr Hetiau/Dilladau: Jane Davies, Winifred Hughes, Catherine Roberts, Cwm; Ann Jones, Margaret Thomas, Mary Williams, Llan.
Fferyllydd: William Jones.
Dilledyddion: John Jones, Cwm; Wm. Price Jones, Robert Owen, Robert Roberts, Robert Thomas, Llan.
Gwneuthurwr Oriaduron: Mathew Williams.
Peintiwr: John Jones.
Pobyddion a Gwerthwyr Blawd: David Davies, Jane Davies, Thomas Davies, Llan; Mary Davies, Cwm.
Melinydd: John Hughes, Felin Ucha.
Llyfrwerthwr: Richard Owen Richards.
Seiri Coed: Robert Roberts, Evan Williams, Nathan Edwards, Cwm, Robert Evans, Cwm.
Seiri Meini: Joseph Hughes, Robert Jones.
Tafarnau: *Tŷ Ucha* (*Eagles*). Tafarnwr — John Hughes. *Red Lion* (*Tŷ Isa*) — Eleanor Williams. *White Horse* (*Ring*) — Richard Vaughan. *Machno* — Eleanor Pierce. *Peniarth Arms* — Eleanor Jones. (Hefyd *Ffynnon* — *Tŷ Newydd Y Mynydd*, a oedd ychydig tu allan i ffiniau'r plwyf — Ffynnon Eidda.) *Temperance Hotel* (Ble?) — Hugh Davies.

Rhestrir hefyd *Grocers and Dealers in Sundries*, (9 ohonynt + 1 yn Cwm).
Rhestrir hefyd 47 ffermwr yn y plwyf yn 1871.

Erbyn 1917 gwelir yn y *Wales Trade Directory* fod ymysg marchnatwyr a chrefftwyr Penmachno 4 Crydd, 4 Cigydd, 13 Groser, 1 Gwerthwr Ffrwythau, 2 Deiliwr, 1 Llyfrwerthwr, 3 Dilledydd a 2 Wneuthurwyr/Asiant Beiciau.

Masnachwyr Penmachno 1936
(O *Bennets Business Diary*)

Poblogaeth 1,561 (1931?)

Barclays Bank. (Dydd Iau 10-12.30).
Bwlchlsater.
Cwm Machno Slate.
Cwt Y Bugail.
D. Davies, Carrier, Cwm.
E.R. Davies, Cycle Agent & Boot Dealer, Bryn Eglwys.
R. Davies. Bootmaker.
R. Davies. Butcher, Cwm.
Eagles Hotel: Licensee — J.P. Flewker.
Mrs Edwards. Grocer, Cwm.
R.O. Evans. Registrar, Bron Dderw.
D.W. Evans. Grocer, Cwm.
M.E. Griffiths. Draper etc. Plas Isa'.
Mrs Morris Griffith. Gen. Dealer, Llys Ifor Stores.
J.R. Hughes. Grocer & Fruits, Gwalia Stores.
A. Jones. Draper.
E.J. Jones. Butcher, Cwm.
Hannah Jones & Sons.
H. Jones, Grocer, Cethin Square.
J.E. Jones, Bootmaker & Dealers in Fishing Tackle.
M. & H. Jones. Builders.
R.J. Jones. Fried Fish Salon.
Machno Hotel. (Free from Brewers) Prop. Mrs Thomas.
Midland Bank. (Dydd Iau 1-3 p.m.)
Nant Machno Co-op.
Rhiw *Buck* Quarry.
D. Roberts. Cafe, London House.
E.H. Roberts. Fruiterer.
R.O. Roberts. Post Office, Bakers, Confectioner. Tel.1.

R.P. Roberts. Draper & Grocer, Cwm.
W.P. Roberts. Coal, Glass, China & Hardware Dealer, Carrier, L'Pool Hse.
Rowlands & Thomas. Grocers & Drapers, Cwm.
Talybont Cafe. Miss Williams, Prop.
M. Thomas, Newsagents.
R. Thomas. Butcher, Bodafon.
A.I. Williams. Dentist, Victoria House.
E.Ll. Williams. Tailor etc.
D. Williams. Bootmaker.
J. Williams. Grocer, Commerce House.
Mrs A. Williams. High Class Conf. & Tobacconist, Chester House.
W.E. Williams. Physician & Surgeon.

Murddunod

Er nad oes dim ond seiliau llawer o'r hen anheddau i'w gweld bellach, ac ambell un wedi mynd i ddifancoll llwyr, mae'n bwysig serch hynny i geisio sicrhau lleoliadau, petai dim ond er parch i'r teuluoedd fu'n byw yn y cartrefi hynny, dan amgylchiadau anodd yn aml, heb ddim o'r cyfleusterau a gymerwn ni yn ganiataol heddiw. Mae rhai o'r bythynod a thyddynod yn dyddio'n ôl ganrifoedd, ac eraill wedi eu codi mewn cyfnod pryd yr oedd galwad mawr am dai, yn sgîl y cynnydd yn y boblogaeth yn ystod y bedwaredd ganrif ar bymtheg. Yr unig gyfleustra a oedd ei angen i godi tŷ mewn lleoliad a ystyrid yn anghysbell ac anial i ni, oedd y defnyddd crai a fyddent yn hwylus gerllaw i adeiladu, megis cerrig i'r muriau, cyflenwad o ddŵr o bistyll neu ffynnon, a mawn neu goed i'w ddefnyddio fel tanwydd. Lle felly ydyw safle'r Wylfa, ar y ffin â phlwyf Eidda, ond gyda chyflenwadau o'r pethau angenrheidiol, creigiau i gael meini i'r waliau, chwarel lechi i gael cerrig toi, digonedd o fawn o amgylch, a phistyll a ffynnon i ddisychedu'r preswylwyr. Nid oes sicrwydd o oed yr Wylfa, ond nid yw wedi'i gofnodi ar y rhestr Treth Tir hyd at ddechrau'r bedwaredd ganrif ar bymtheg, ac yn sicr nid yw ar gofnodion Treth Aelwydydd 1662. Dywedir i ddau frawd ddi-briod fod yn trigo yno hyd at y 1930au.

Un fferm, nid nepell o'r Wylfa, sydd wedi ei chofnodi ar restr Treth Aelwydydd 1662, yw Ffridd Wen, ond yn furddun ers blynyddoedd meithion. Yng nghyfrifiad 1881 cofnodir fod Robert Jones, ffermwr a saer maen 66 oed yn byw yno gyda'i wraig Ann, tri mab, morwyn a'i merch hithau. Erbyn cyfrifiad 1891, roedd Ffridd Wen yn wag, ac yn ôl pob tebyg ni fu neb yno yn byw wedi hynny. Roedd Cae Heilin, sydd tua hanner milltir i gyfeiriad Bryn Eithin o Ffridd Wen, yn wag yn 1871, y lle yma eto wedi ei gofnodi yn talu treth aelwyd yn 1662. Mae'r adeilad wedi dadfeilio'n llwyr, ac mae bron yn sicr mai rhwng 1851 ac 1861 y bu i'r teulu olaf adael yr hen annedd yma. Tyddyn arall gyda theulu ynddo yn y cyffiniau yma yn 1871 oedd Carreg yr Ast Isaf, ond heb neb wedi byw ynddo ers cyn troad y ganrif.

Ar ochr ogledd-orllewinol y plwyf daw atgofion fod anheddau wedi bod yn cynnal teuluoedd yno yn ystadegau'r cyfridiadau yma, megis Cae Gwaew yn 1871, lle roedd Alice Williams a'i theulu yn byw. Un ohonynt oedd ei chwaer, Ann Edwards, wedi ei chofnodi fel gwraig dyn tân, swydd anghyffredin yn y cyfnod hwnnw. Ymysg murddunod eraill heddiw a theuluoedd ynddynt yn 1871 oedd Hafod y Chwaen, a oedd yn fferm 11 erw yr adeg hynny. Cofnodwyd i hen lanc fod yno ar ei ben ei hun yn 1891. Anodd yw credu i deulu fod yn trigo ym Muarth Tanglwys, neu 'Taneglwys', ger Coed y Ffynnon yn 1891, wrth weld yr olwg ddadfeiliedig sydd arno yn awr; ni wyddys pa bryd y bu i'r lle fynd yn wag. Y cofnod cyfrifiad olaf o deulu yn trigo yn Nhŷ Nant, ger Bwlch y Maen yw 1841.

Mae'n debyg i Ochr y Foel golli mwy o gartrefi nag unrhyw ranbarth yn ystod y can mlynedd diwethaf. Diflanodd Bryn Saer fel anedd a fu'n lloches i ddau deulu am flynyddoedd, fel ag y bu Bryn Goleu. Aeth Penygraig, Bryn Ffynnon, Tŷ'n Pistyll allan o fod, heb weld teuluoedd yn ystod y ganrif yma, fel Minffordd, Pendorlan, Pen y Garw, Penyfoel a Chollfryn. Ni chofnodwyd neb yng Nghollfryn wedi cyfrifiad 1851, a does bron ddim ar ôl o gartref Robert a Margaret Griffith a'u pedwar plentyn, y teulu olaf mae'n debyg i drigo yno. Cysylltir Collfryn fel man y bu crocbren ar ddefnydd yn y canrifoedd gynt.

Collodd y Penucha', y Cwm, lawer o drigfannau dros y blynyddoedd hefyd, megis Tan y Rhiw, sydd wedi ei gofnodi fel un o dyddynod y fro a dalai Dreth Aelwyd yn 1662. Bu yn dafarn am gyfnod yn arwain i fyny i'r bedwaredd ganrif ar bymtheg, pryd y claddwyd yr adeilad dan filoedd o dunelli o wastraff llechi Rhiwfachno. Ymysg tyddynod eraill yn y Cwm sydd wedi dadfeilio yn ystod y ganrif yma mae Cae'n Cwm, Twll y Cwm, Ysgubor Wen, Tyddyn Bach a bryn Hyfryd.

Pytiau o Gyfrifiadau Penmachno

Yn y Llan, cofnodwyd tafarn yr *Horse Shoe*, ar wahân i'r *White Horse* yn 1841. Lleolid yr *White Horse* yng nghanol y Llan, a daeth i'w chael ei galw yn *Ring*, ac yn *Victoria House* ar ôl ei dyddiau tafarnol ddod i ben. Roedd yr *Eagles* yn cael ei chofnodi, ond nid oes sôn am y Machno, neu'r *Bedol*, yn ôl enw arall ar y dafarn yn 1841. Ni chofnodir y *Red Lion* tan gyfrifiad 1861, ond y tebygrwydd yw mai hon oedd yr *Inn* a grybwyllir ar ystadegau 1851.
ar ystadegau 1851.

Mewn môr o enwau Cymreig ymysg y 1,251 o drigolion Penmachno yng nghyfrifiad 1851 saif ychydig o enwau Seisnig, fel y teulu Bartley a drigent yn Gwiga, a D.P. Downs, a ffermiai Ysgwyfrith gyda'i wraig a phedwar o blant, y rhain a sonnir amdanynt mewn pennod arall fel teulu o fonedd a aethent o gyfoeth i golli popeth. Yn y Penisa roedd Anne ac Edward Robins yn gwneud bywoliaeth fel tinceriaid. Cymharer yr ychydig enwau estron hyn i'r 276 o Jonesiaid, 222 o rai â'r cyfenw Roberts a 160 o Williams, heb sôn am yr ugeiniau o Davies, Hughes, Edwards a llu o enwau cynhenid eraill; gellid yn hawdd sylweddoli sut y bu i lawer o'r mewnfudwyr hyn gael eu boddi mewn Cymreictod, ac iddynt ddod yn Gymry Cymraeg yn eu bro mabwysiedig, yn dra gwahanol i sefyllfa heddiw.

Yn 1851 gwelir fod mwy nag un teulu yn preswylio mewn llawer o'r anheddau, megis Bennar, Bryn Eidal, Bryn Saer, lle roedd tri teulu'n byw, Caehilin, Dugoed, Erw'r Clochydd, Fedw Deg, Glanrhyd, Llanerchigwynion, Llechwedd Hafod, eto gyda thri theulu yno, Penybont, Tyddyn Cethin, a Thyddyn Meistr. Cofnodwyd llawer o enwau colledig bellach, fel Yr Hen Stabal yn y Llan, gyda thri thŷ, un ohonynt yn dafarn.

Er i alwedigaethau yn gysylltiedig â chwarelyddiaeth ddod yn fwy amlwg yn ystadegau cyfrifiad 1851, roedd llawer o'r hen grefftau a galwedigaethau yn dal yn rhan o fywyd y fro, wrth weld i bump o borthmyn a phedwar o s'neuwyr, y sawl a fyddent yn gwau sanau, fod yn rhan o boblogaeth y plwyf. Yn y Penisa', fe welir i Alice Richards fod yn llythyrgludydd, swydd anghyffredin i'r ardal, ac ym Mary Street cawn y wybodaeth fod gŵr 51 oed wedi ei gofnodi fel prentis!

Cofnodir enwau tri thŷ yn y Tai Melynion ger y capel 'Zion', sef yr hen gapel y Methodistiaid Wesleaidd yng nghyfrifiad 1861. Dewiswyd yr enw, yn ôl pob tebyg, oherwydd y brics melyn a ddefnyddiwyd i godi'r adeiladau.

Yn y 'Penybont Post Office' yr un flwyddyn roedd William Pryce Jones yn ddilledydd a phostfeistr. Dyma brawf i swyddfa bost gael ei chadw ar yr un safle am dros 130 o flynyddoedd o leiaf.

Yn Nhŷ'r Ysgol cofnodwyd i Lewis Jones, llafurwr amaethyddol a'i deulu drigo yno, ynghyd â'i lojiwr, William Jones, yr ysgolfeistr, o Gaernarfon.

Ymysg ystadegau cyfrifiad 1871 gwelir bod William Roberts, Tanrallt Cottage wedi ei gofnodi fel gweithiwr ar y ffordd dyrpeg, ac yn y *'Gate House'* roedd Thomas Davies, *'Carrier & gatekeeper'* yn byw gyda'i deulu, sydd yn ein hatgoffa fod Ymddiriedolaeth Dyrpeg Penmachno yn dal i gael ei gweithredu y flwyddyn honno.

Erbyn hyn, Thomas Richards, genedigol o Landwrog oedd ysgolfeistr yr Hen Ysgol, ac ef oedd un o gyfrifwyr y flwyddyn honno. Gan mai ef ei hun oedd cofnodydd y cyfrifiad yn y rhan hwn o'r plwyf, pwysleisia ar y ffurflen ei fod yn *'Certificated National School Master'*. Yng nghyfrifiad 1881, ac yntau eto'n un o'r cyfrifwyr, gwna fwy o gyfiawnder ag ef ei hun, drwy ychwanegu'r gair *'undergraduate'* at ei gymwysterau!

Yn Nhanydderwen ar noson cyfrifiad 1871 yr oedd William Davies, cynhyrchwr gwlân yn byw gyda'i deulu. Roedd pedwar lojiwr yn aros yno hefyd, yn amlwg yn rhan o weithlu Davies, canys gwelir mai dau wehydd, nyddwr a gwneuthurwr bobinau oeddynt. I ychwanegu at y crefftau anghofiedig yn y plwyf roedd un o feibion y Parc, Mathew Williams yn cael ei gofnodi fel *'Watchmaker'* yn yr un cyfrifiad. Cedwid gwesty'r *Machno* gan Ellen Pierce, 44 oed, ond y penteulu oedd ei gŵr John 29 oed, a gofnodwyd fel *'medical practitioner/assistant'*. Tybed ai un o'r meddygon cyntaf i drigo yn y Llan, ynteu gwasanaethu fel cynorthwywr i feddyg o du allan i'r ardal oedd hwn?

Cofnodwyd ambell annedd anghofiedig yn 1871 hefyd, megis Tŷ Gwyn, a restrir ar safle gerllaw Bryn Bedyddfaen a Fuches Goch; Tŷ Talcen, ger Rhosmawn/Penlan a Thŷ Cocyn, rhywle ger Capel Soar.

Mae cysylltiad rhwng meddygon a gwesty'r *Machno* yn parhau yng nghyfrifiad 1881, pryd y rhestrid William H. Price, llawfeddyg o Langefni yn aros yno, ac yn ddiddorol, ar noson y cyfrifiad, gwelir fod Charles Blissett, *'Showman'* o'r Alban, ei wraig a phump o blant yn aros mewn carafán yn iard y gwesty. Mae'n ddigon tebyg mai i un o'r sioeau achlysurol a alwai heibio'r Llan, y perthynai'r teulu yma. Yn ystod y 1950au cynnar y bu i sioe olaf o'r fath, neu yn hytrach menagerie ymweld â'r pentref, gan aros yn iard y *Machno* y pryd hynny hefyd.

Roedd amryw helaeth o ddynion y plwyf yn cael eu cyflogi yn y chwareli llechi y cyfnod hwn, ond cofnodwyd i Thomas Hughes, 'mwynwr plwm' fyw yn rhif 9 Llewelyn Street yn Ebrill 1881, sydd yn awgrymu fod gweithio am blwm yn mynd ymlaen yn y plwyf yr adeg hynny. I orffen ar nodyn chwareluddol, rhoddir rhywfaint o wybodaeth am farics y chwareli lleol yng nghyfrifiad 1881. Dywed y cofnodydd fod barics Cwt y Bugail, Rhiwbach i gyd yn wag bob nos Sadwrn a Sul, ac i ddwy o'r tair barics yn chwarel Penyffrith (Blaenycwm) fod yn wag nos Sadwrn a nos Sul. Cofnodwyd fod naw ystafell a swyddfa yn y Barics yn Rhiwbach, pum ystafell a swyddfa yng Nghwt y Bugail, a swyddfa ychwanegol i'r barics ym Mhenyffrith.

David Price Downs

Yng nghyfrifiad 1851 fe gofnodir i deulu Downs fod yn preswylio yn Ysgwyfrith. Heblaw i'r cyfenw fod yn un digon dieithr mewn ardal mor Gymreig â Phenmachno, does dim ar yr olwg cyntaf i awgrymu bod llawer o arbenigrwydd yn perthyn i'r teulu. Cofnodir mai D.P. Downs, ffermwr 62 oed, yn enedigol o Lundain oedd y penteulu, a'i wraig Mary yn 52 oed, ac yn enedigol o Lanrwst. Roedd ganddynt dri o blant ar ddyddiad y cyfrifiad, sef

David Gethin y mab 22 oed, a gofnodwyd fel milwr, a dwy ferch, Mary Price, 21 oed a Victoria, 17, y ddwy ohonynt heb alwedigaeth wedi ei nodi ar eu cyfer. Nodwyd mai ym Metws-y-coed y ganed y tri phlentyn. Eto, nid oes dim anghyffredin iawn yn ystadegol yn yr uchod, heblaw y ffaith i'r ddwy ferch gael eu cofnodi fel *'at home'*, sydd yn awgrymu eu bod yn hunan-gynhaliol, neu o leiaf yn cael eu cynnal gan eu rhieni. Pa gysylltiad a oedd yna rhwng y teulu Downs â fferm Ysgwifrith, a sut y bu iddynt ddod i'r lle?

Ceir yr atebion mewn rhan o gyfres *'Teuluoedd Nant Conwy'* gan Ellis Pierce, neu 'Ellis o'r Nant', a ymddangosodd yn *Cymru*, Mai 15, 1900.

Daeth David Price Downs i amlygrwydd gan Ellis o'r Nant yn yr erthygl, fel etifedd ystad y Preisiaid, y rhai a fedrent olrhain eu hachau drwy deulu Prys, Plas Iolyn, yn ôl i deulu hynafol y Fedw Deg a Gruffudd ap Dafydd Goch a thywysogion Gwynedd. Disgrifia Ellis o'r Nant ef fel David Price Downs, Yswain, ac iddo ymuno â'r fyddin pan oedd yn ifanc, a bu yn gwasanaethu yn rhyw ran o America am gyfnod.

Dywed Ellis fod Downs, cyn gynted ag y daeth i awdurdod, wedi penderfynu troi ei denantiaid i gyd oddi ar yr etifeddiaeth, ac amaethu yr holl dyddynod ei hun, gan obeithio gwneud ei ffortiwn. Cyflwynodd ddulliau newydd o ffermio, ond oherwydd ei ddiffyg profiad yn bennaf, ni ddaeth llwyddiant i'w ran.

Meddai Ellis o'r Nant, 'Yr oedd wedi ymlid ymaith lu o dyddynwyr bychain o'u cartrefi, fel y gallai sicrhau iddo'i hun yr holl elw a gaffai y teuluoedd wrth eu hamaethu. Coleddent oll deimladau neillduol o chwerw o ddialgar tuag ato ef a'i deulu. Clywais adrodd hanes un hen ŵr, ac adwaenwn ef yn dda, yn dweud iddo fynd ar ei liniau i'w felldithio ac i ofyn i'r Arglwydd wneud yr hen Breis a'i deulu yr un mor ddigartref ag yntau a'r teulu. Nis gwyddwn pa faint o rinwedd nac awdurdod a fedda melldithion pobl; ond gwn i sicrwydd fod gweithredoedd dyn ei hun yn sicr o'i felldithio a'i ddwyn i ddinistr diswta. Mae i bob gweithred ei heffaith; ac y mae ymddygiad a gair pob un ohonom yn sicr o weithio o'n plaid neu yn ein herbyn. Yr wyf yn sicr yn fy meddwl fy hun i 'Rhen Breis felldithio a dinistrio ei hun gyda'i ddwylaw ei hun — ynddo ef yr oedd elfennau neillduol ei ddinistr.'

Felly, dyna farn argyhoeddiedig un a oedd yn gyfarwydd â Price Downs, ond onid barn gŵr na fedrai alw ei hun yn hollol ddi-duedd oedd hon, ac yntau yn un o radicaliaid Rhyddfrydol mawr y cyfnod? Cawn benderfynu drosom ein hunain. Yr oedd gan David Price Downs lu o feibion a merched, y rhain a fyddent yn hoff o farchogaeth ar ferlynnod 'cyfrwyedig a gwisgedig, teilwng o fonedd', ar hyd y ffyrdd a arweiniai i'r gwahanol dyddynod o Hendre 'Sgethin, a phan ddeuai rhywun i'w cyfarfod, a llidiart yn ymyl, byddai gorchmynion yn dod o enau'r marchogion iddynt agor y llidiart ar unwaith i dylwyth gŵr bonheddig mawr ac uchel sirydd, fel yr hoffent gael eu hadnabod.

Ymunodd rhai o'r meibion â'r fyddin, ac un ohonynt, fel y cyfeiriwyd ato yn gynharach oedd David Gethin. Yn amlwg, ni fu i hwn wneud ei farc tra yn gwasanaethu Prydain, oherwydd dywed Ellis Pierce iddo farw yn nhloty Conwy, wedi colli ei iechyd. Tra yno anfonodd air at Ioan Glan Lledr i erfyn ar hwnnw i gasglu ychydig arian iddo brynu ymborth, am nad oedd yn cael dimau o bensiwn o'r fyddin.

'Ni fu un boneddwr erioed tebycach na phe buasai ef a'i deulu wedi eu geni dan blaned anlwcus na David Price Downs' meddai Ellis, fel petai'n cydymdeimlo â'r gŵr, gan ychwanegu fod ei 'holl gynlluniau fel pe buasai rhyw allu, neu ysbrydion yn ei arwain megis gyda thennyn yn syth i ddinistr. Daeth yn fuan i amgylchiad nad allai dalu i neb am un math o ofyniad.'

Cymaint y bu cwymp yr 'Hen Breis' fel y bu iddo yn fuan brofi gwir dlodi, fel rhai o'r tyddynwyr a drowyd allan o'u cartrefi ganddo. Ond serch hynny, ni allai anghofio ei dras uchelryw, a daliai i ddisgwyl i'r werin ei drin fel un o'u gwell, ac un a haeddai barch arbennig. Yn aml byddai rhai yn mynd ato i holi am gyflog, neu swm arall dyledus, ond ni chawsant wrandawiad o gwbl ganddo.

Daw naws cymeriad y teulu i'r wyneb yn rhai o sylwadau Ellis o'r Nant amdanynt; dyma a ddywed am ei blant; 'Yr oedd iddo deulu lluosog o feibion a merched, yr oll yn byw yn uwch na'u stâd. Ni chwblhai y naill na'r llall y swydd leiaf tra bu y gwynt i'w cefn a'r haul yn tywynnu.' Yn amlwg, roedd y bywyd afradlon yma wedi amharu yn fawr ar yr etifeddiaeth a gymerodd genedlaethau i'w hadeiladu ac i'w chyfannu, ac fel yr adroddai Ellis Pierce, ni fu neb yn fwy llwyddiannus i ddifa yn llwyr yr etifeddiaeth, ac ni fuont lawn ugain mlynedd wrth y gwaith o ddadfeilio'r cwbl. Aethpwyd i'r fath amgylchiadau fel y bu rhaid rhoddi amryw o'r tyddynnod dan y morthwyl yn 1847.

I geisio dangos pa mor fawr oedd cwymp Price Downs, bu yn Uchel Sirydd Arfon yn 1833, a rhyw ddwy flynedd cyn hynny bu farw ei ewythr, y Parch. David Price, a meddiannodd yntau yr etifeddiaeth, gyda'r holl eiddo a 'phentwr o arian wedi eu cyfleu o'r neilldu', chwedl Ellis. Ni chymerwyd ond ychydig amser i golli'r cyfan, ac o fod yn bendefigion yn eu bro, aeth y teulu i'r fath gyfyngdra, yn ôl Ellis o'r Nant, nes bu iddynt orfod troi yn 'grwydriaid diwisg, newynog a digartref', ac iddynt orfod ymbil am gymorth gan y rhai, ychydig flynyddoedd yn gynharach, a fuont yn llafurio am gyflog ganddynt, ac a fyddent yn dal tyddynnod ganddynt; — 'y rhai a arferent benlinio iddynt, tynnu eu hetiau, a phengrymu ymhob man lle y cyfarfyddid hwy'.

I ychwanegu at y darlun o sefyllfa druenus David Price Downs, dywed Ellis Pierce iddo dreulio blynyddoedd olaf ei oes mewn tlodi, a chyn gynted ag y llwyddai i gael un beili allan o'r ffordd, dilynai un arall wrth ei sodlau.

Difeddiannwyd ef o'r hen balasdy hynafol, Hendre Rhys Gethin, a gorfu iddo symud i Ysgwifrith, un o'r ddau dyddyn a oedd yn weddill o'r stad i gyd, nid nepell o'r ail eiddo, Tyddyn Cethin. Erbyn diwedd 1852, roedd ei amgylchiadau ariannol yn ddifrifol, a bu'n rhaid i'r cyn Uchel Sirydd pwysig werthu gweddill ei eiddo i dalu ei ddyledion, ond er hyn, ni chafwyd digon o'r gwerthiant i glirio ei ddyledion yn llwyr. Prynwyd ei dyddyn olaf, Tyddyn Cethin, gan neb llai nag Owain Gethin Jones.

Cawn hanes iddo fod wedi gwahodd nifer o'i gyfoeswyr i ginio i westy'r *Brenin* yn Llanrwst, ond heb yn wybod iddo, roedd nifer yn aros amdano mewn ystafell gyfagos, gan ddisgwyl iddo dalu'r arian oedd yn ddyledus iddynt, ond llwyddodd i ddianc allan drwy ddrws cefn y gwesty, heb dalu am y cinio, a gwneud ei ffordd am Gonwy mewn cerbyd, ac oddi yno i Gaerleon.

Yr hanes olaf amdano yw'r stori ei fod wedi dianc cyn belled ag y medrai oddi wrth ei ddyledwyr, i Awstralia, a thra yno gorfu iddo wneud gwaith israddol i un â'i gefndir ef, yn gwasanaethu mewn gwesty yn y wlad honno, drwy weini wrth y byrddau a glanhau esgidiau a mân swyddi eraill. Ymhen amser, daeth newyddion yn ôl i Gymru fod David Price Downs wedi marw, ac iddo gael ei gladdu fel tlotyn, ei gorff wedi ei osod mewn arch o'r math mwyaf diaddurn, yn ddim ond pedair ystyllen gyffredin, a'r coed heb eu llyfnhau o gwbl. Anglodd pur wahanol i angladd ei hynafiad, Gruffudd ap Dafydd Goch, a gladdwyd yn eglwys Betws-y-coed, sydd â delw urddasol yno i'w gofio. Roedd dymuniadau yr hen ŵr a fu ar ei liniau yn melltithio Price Downs a'i deulu ac yn gobeithio eu gweld i gyd yn dlawd, wedi eu gwireddu yn llwyr.

Do, fe 'ddaeth y dydd ni bu mwyach rhai mawr' yng nghyswllt 'Rhen Breis a'i linach, yng ngwir ystyr y geiriau.

Ychydig Fanylion o Gyfrifiad 1891

Rhai o brif swyddogion y plwyf

William Edwards, genedigol o Landdulas oedd prifathro Ysgol Llan, ei wraig o Drawsfynydd, a phedwar o blant ganddynt.

John Jenkins, gŵr o Lanfihangel y Creuddyn oedd rheithor y plwyf, yn byw gyda'i wraig Emily yn y Rheithordy; nid oedd plant ganddynt, ond roedd dwy forwyn yn gweini arnynt.

Y meddyg a wasanaethai'r ardal y flwyddyn hon oedd William Michael Williams, brodor o Bwllheli, ac yn 33 oed. Un o Benmachno oedd ei wraig Kate, 26 oed, a dwy ferch '*governess*' a morwyn yn trigo gyda hwy ym Mostyn Villa. Daeth y Dr Williams yma yn ddyn blaenllaw iawn yn y cylch, drwy gael ei ethol i'r Cyngor Plwyf gwreiddiol yn 1894. Etholwyd ef yn gadeirydd y Cyngor plwy o'r dechrau hyd ei farw yn 1913.

Thomas Hughes oedd heddgeidwad y plwyf yn 1891, yn 60 oed, ac wedi bod yno ers saithdegau'r ganrif. Yn enedigol o Lanbedrgoch, Sir Fôn, ac yn byw yn 3, Llys Ifor gyda'i wraig a'u tri o blant.

Roedd Thomas Jones, gweinidog y Methodistiaid Calfinaidd yn byw ym Mron Dderw gyda'i wraig, dau blentyn a morwyn.

Er nad oedd neb yn cadw tafarn y *Red Lion* erbyn 1891, roedd John Roberts yn rhannu gorchwylion rhwng cadw'r *Peniarth Arms* yn y Cwm a'i waith fel chwarelwr. Roedd y *Machno Hotel* yn lle digon prysur y flwyddyn honno, gyda dau *'stableman'* a 'gyrrwr bws' yn cael eu cyflogi yno.

Ymysg rhai o dyddynnod a ffermydd y fro a oedd yn weigion yn 1891, (mae'n debyg na phreswylwyd yr un ohonynt wedi hyn) oedd Ffridd Wen, Penygarw, Bryn Saer, Tŷ'n y Pistyll, Cae Gwaew a Charreg yr Ast Isaf.

Yn yr Wylfa ffermiai Jane Jones, gweddw 74 oed gyda'i thri o feibion di-briod, Richard, 43 oed, David, 35, deliwr mewn gwartheg a defaid, a William, crydd 38 oed, a gawsai ei gofnodi fel *'lunatic'*. Hwn oedd y gŵr a gerfiodd y geiriau amwys ar y 'garreg adnod', heb fod ymhell o'i gartref, ac a ddywedwyd iddo gael ei daro'n drwm gan effeithiau diwygiad 1904-05.

Cofnodwyd i saith fod yn byw yn Hafodrhedwydd; yn eu mysg, merch sengl 37 oed a gwas, y ddau ohonynt wedi eu cofrestru fel *'imbeciles'*.

Roedd teuluoedd yn trigo yn y mannau canlynol yn y Llan, a'r rhain hefyd wedi dadfeilio'n llwyr, fel yr uchod; Tabor, lle roedd Owen a Barbara Roberts a'i mab, Robert, a gofnodwyd fel pregethwr cynorthwyol, yn byw yn nhŷ capel y Bedyddwyr Cambelaidd; Buarth Tanglws; hen lanc a drigai yn Hafod Chwaen ar ei ben ei hun; Penygraig, Brynffynnon, Bryngoleu Bron y Nant, (rhai yn trigo mewn dau o'r tri tŷ yno) a Garret, (yn wir, bu preswylwyr yn Garret tan ddiwedd y 1940au).

Gwelir i deulu fod yn byw yng Nghwt y Bugail yn 1891, ac yn 'Bonk' Rhiwbach roedd Mary Morris, gweddw 47 oed yn enedigol o Ffestiniog yn byw gyda'i dwy ferch Margaret, a aned yng Nghaernarfon, a Catherine, 22 oed a aned yn Vermont, yn yr Unol Daleithiau. Yn amlwg, bu i'r teulu yma grwydro dipyn cyn cyrraedd uchelfan Rhiwbach. I gwblhau'r ystadegaeth gosmopolitanaidd yma, dengys i aelod arall o'r teulu, Griffith Morris, 35 oed, yntau gael ei eni yn Vemront, ac wedi preswylio yn y Ddôl, Cwm gyda'i wraig a'i blentyn.

Yng nghyfrifiad 1891 fe gofnodwyd, am y tro cyntaf, iaith y sawl a gyfrid. Fel mewn llawer ardal arall o Gymru y cyfnod yma, roedd y rhai â'r gallu ganddynt i siarad Saesneg yn y lleiafrif bychan yn y plwyf; mewn un rhanbarth o'r Llan, roedd 130 o'r 151 o ffurflenni'r cyfrifiad wedi eu llenwi yn y Gymraeg.

Ychydig o Ystadegau yn ymwneud â Phoblogaeth y Plwyf

Blwyddyn	Poblogaeth	Blwyddyn	Poblogaeth
1749	620	1891	1,574
1801	574	1901	1,686
1811	893	1911	1,560
1821	1,033	1921	1,184
1831	984	1931	1,253
1841	1,274	1951	995
1851	1,251	1961	766
1861	1,425	1971	567
1871	1,768	1981	568*
1881	1,787	1991	631*

* Ffigyrau o daflen wybodaeth rhif 4 Cyngor Sir Gwynedd *Gwybodaeth Cyfrifiad Gwynedd 1991*

I geisio cymharu poblogaeth Penmachno â phoblogaeth pentref bychan arall yn Sir Gaernarfon yn ystod hanner cyntaf y bedwaredd ganrif ar bymtheg, wele ychydig ystadegau yn ymwneud â maint poblogaeth y lle bach hwnnw, Llandudno: 1801 — 318; 1811 — 452; 1821 — 509; 1831 — 662.

Wrth nesáu at ddiwedd y bedwaredd ganrif ar bymtheg gwelwyd twf enfawr ym mhoblogaeth Llandudno, yn dilyn agor y rheilffordd i'r dref, a'r twf yn y diwydiant twristiaeth yn dilyn hyn. Pwy a ŵyr beth fyddai tynged Penmachno petai'r ffordd haearn wedi llwyddo i gyrraedd yno, ac i gynllun uchelgeisiol i adeiladu lein bob cam o Gorwen i Borthmadog drwy'r plwyf gael ei wireddu?

Aseswyd gwerth eiddo Penmachno gan adroddiad swyddogol y llywodraeth yn Ebrill 1815 yn £2,262.

Yn 1801 cofnodir i 387 o fenywod fod yn byw yn y plwyf, a dim ond 187 gwryw ar eu cyfer. Yn arferol, roedd cydbwysedd eithaf agos rhwng y ddau ryw o ran niferoedd, gyda'r dynion yn blaenori mewn dwy flynedd, sef yn 1821, gyda 17 yn fwy ohonynt nag o ferched, ac yn 1841 â deg yn fwy o ddynion nag o'r rhyw deg, sydd ynddo'i hun yn ddigon anghyffredin; ond nid hawdd yw dehongli'r rheswm pam fod menywod yn y mwyafrif o ddau gant yn 1801. Wrth gwrs, roedd Prydain yn rhyfela yn erbyn Ffrainc ar y pryd, ac mae'n debyg i lawer o ddynion yr ardal fod yn rhan o fyddinoedd Sior y Trydydd ar y cyfandir, ond anodd yw credu i gymaint o wŷr Penmachno fod yn lifrau'r fyddin yr adeg hynny. Petai gwasanaeth milwrol yn ffactor i brinder gwrywod yn y plwyf, byddai hynny yn cael ei adlewyrchu yn ystadegau cyfrifiad 1811 hefyd, gyda Ffrainc a Lloegr yn dal yng ngyddfau'i gilydd, ond erbyn y flwyddyn honno roedd y cydbwysedd yn ddigon cyffredin, gyda dim ond 27 yn fwy o fenywod nag o wrywod, allan o boblogaeth o 893. Petai'r frech wen wedi ymweld â'r ardal unwaith eto, wedi bron i ganrif ers i'r clwy ladd dros drigain o'r trigolion, byddai wedi effeithio ar y ddau ryw, felly rhaid anwybyddu'r ddamcaniaeth honno.

Wrth fynd drwy gofrestrau priodasau a genedigaethau'r plwyf, gwelir bod mwy o briodasau yn eglwys y Llan yn ystod y cyfnod o 1798 i 1808 nac unrhyw gyfnod o ddeng mlynedd yn y ganrif flaenorol, ffaith sydd wedi denu sylw Gethin Jones yn *Gweithiau Gethin*, ac fel y dywed Gethin,

'ac yr oedd yr adeg honno yn hynod am ei rhyfeloedd. Yn ôl y cyfrif sydd gennym o'r rhai aeth dan arfau — gwelwn fod mwy o lawer wedi mynd i ebargofiant ar faes y gwaed yn y deng mlynedd hynny, o Benmachno, nag un arall mewn cof a chadw, er mai yn y saith mlynedd dilynol y bu prif frwydrau Napoleon.'

Yn 1841 cofnodwyd i 149 o ddinasyddion Penmachno gael eu geni y tu allan i Sir Gaernarfon, sydd yn awgrymu i lawer symud i'r ardal yn sgil agor y chwareli yn y plwyf. Cofnodwyd hefyd yn yr un cyfrifiad fod 268 anedd yno, gyda phymtheg ohonynt yn wag, ac i un tŷ fod ar fin cael ei godi. Erbyn 1891 dengys ystadegau cyfrifiad y flwyddyn honno effaith y mewnlifiad, wrth weld fod 366 o gartrefi gyda theuluoedd yn trigo ynddynt ym Mhenmachno, 65 tŷ yn wag, a thri arall yn cael eu hadeiladu.

Trwy garedigrwydd Parc Cenedlaethol Eryri, cafwyd yr ystadegau isod, yn ymwneud â phoblogaeth dalgylch Cyngor Cymuned Bro Machno yn 1991. (Taflen Wybodaeth Rhif 4 — *Gwybodaeth Cyfrifiad Gwynedd 1991*.)

Daeth cynnydd ym mhoblogaeth y plwyf, yn ôl y ffigyrau a welir ar y daflen, rhwng 1981 a 1991, y cynnydd cyntaf yn ôl pob golwg ers dechrau'r ganrif. Tra roedd 568 yn trigo yno yn 1981, gwelir i'r rhif godi i 631 ddeng mlynedd yn ddiweddarach, cynnydd o 11.1%, y twf mwyaf yn ardal Nantconwy. Dengys ystadegau eraill ar y daflen sefyllfa'r iaith Gymraeg yn y plwyf dros yr un cyfnod. Yn 1981 dengys fod 76.4% o'r trigolion yn siaradwyr Cymraeg, ond bu gostyngiad i 73.5% erbyn 1991. I'r perwyl yma, cofnodir fod Bro Machno yn un o dair ardal yn unig drwy Wynedd lle roedd y ganran o siaradwyr Cymraeg a oedd wedi eu geni y tu allan i Gymru dros 20% o'r boblogaeth. Yn nhabl Strwythur y Boblogaeth dengys fod 24.4% dan 15 oed yn 1991, gyda 17.1% mewn oed pensiwn.

Cyhoeddwyd ystadegau syfrdannol o'r newidiadau a ddaeth i'r ardal mewn erthygl gan Aneurin Jones yn *Yr Odyn* yn ddiweddar, yn nodi fod 220 o aelwydydd Cymraeg eu hiaith ym Mhenmachno yn 1925, a dim ond un aelwyd Saesneg, ac ymddengys ffigyrau o daflen wybodaeth y Cyngor Sir fod 29.9% o'r aelwydydd yn y plwyf yn 1991 yn dai haf.

Fel y gwelir, dengys i rifau'r boblogaeth ostwng yn drychinebus ers y 1930au, er i ffigyrau 1991 ddangos cynnydd ers 1981, â'r rhif bron yr un faint ag yr oedd dros ddau gan' mlynedd yn ôl. Effeithiwyd yn arw ar boblogaeth yr ardal yn ystod chwedegau'r ganrif hon, wedi cau'r chwarel olaf, Rhiwfachno, wrth i deulu ar ôl teulu symud o'r fro i ennill eu tamaid, oherwydd diffyg gwaith yn lleol. Prynwyd eu cartrefi, am nad oedd marchnad leol, yn amlwg oherwydd diweithdra, gan estroniaid Seisnig eu hiaith fel tai haf, a dyna ddechrau'r dirywiad cymdeithasol enbyd, yn enwedig yng Nghwm Penmachno, yn yr ardal. Datblygodd y Cwm dros nos, fel petai, yn gymuned o drigolion penwythnosau ran fwyaf, wrth i fwy a mwy o dai y chwarelwyr gynt gael eu gwerthu am brisiau isel i rai nad oedd ganddynt unrhyw syniad o gefndir y bywyd cymdeithasol hollol Gymreig a fodolai yno cyn eu dyfodiad. Erbyn hyn, dyrnaid yn unig o Gymry cynhenid sydd ar ôl yng Nghwm Penmachno, ac er i ambell un o'r mewnfudwyr, sydd bellach yn trigo'n barhaol yno, ymdrechu i ddysgu ein hiaith ac i geisio ymuno yng ngweithgareddau'r gymuned, glynu wrth eu diwylliant Seisnig wna'r mwyafrif ohonynt, gan lwyddo i wneud mwy o niwed i'n ffordd o fyw nag unrhyw ddeddfwriaeth na Brad y Llyfrau Gleision o du'r sefydliad yn Lloegr. Er i newidiadau mawr gyrraedd y Llan hefyd, gyda thyddynnod y pentref bron i gyd ym meddiant mewnfudwyr, erys carfan gref o Gymry Cymraeg a dysgwyr brwd i gynnal y 'pethe' yno.

Cyfarfodydd Llenyddol Penmachno 1860-1908

Cychwynnwyd y cyfarfodydd pan oedd ton Diwygiad mawr 1859 yn dechrau llonyddu, ac fel yr adroddai un hen wag o'r cyfnod 'a'r dynion oedd wedi eu hysgwyd ganddi yn ail-ddechrau oeri'! Yr oedd awydd am wneud yr hyn a ellid i ddal gafael yn yr ieuenctid yn gryf ymysg llawer o oedolion yr ardal. Byddai plant y Cwm yn dylifo i lawr i'r Llan i gael addysg yn ddyddiol ac yn cerdded fore a hwyr ym mhob tywydd am gyfnod maith, ond yn haf 1860 penderfynodd rhieni y Cwm symud ymlaen i gael ysgol ddyddiol yn hen gapel y Wesleaid yng Ngharrog. Yr athro yno oedd William Williams, llenor a gymerai'r enw barddol Gwilym ap Gwilym, ac yn enillydd cenedlaethol, yr hwn a oedd yn byw yn Stryd Newgate yn y Llan ac yn aelod o gapel Wesla yno, ac yn cymysgu'n llenyddol ag aelodau diwylliedig y capel fel Owen Gethin Jones ac eraill.

Ffurfiwyd pwyllgor o'r gwahanol enwadau yn yr ardal, gan gynnwys yr

Eglwys, a phenderfynwyd cael cyfarfod llenyddol yn hen gapel y Wesleaid cyn Nadolig 1860. Yn y cyfarfod yma fe benderfynwyd gwneud rhestr o'r gwahanol gystadlaethau a fwriedid eu cynnal, a phasiwyd i beidio gosod testunau rhy anodd i ddechrau rhag, a dyfynnaf o adroddiad y cyfarfod cyntaf 'canys rhaid ydoedd gofalu na rhoddid bwyd rhy gryf i gyllau llenyddol yr ymgeiswyr cyntaf rhag iddynt ddigaloni a chilio i ddinodedd'! Ond, dyma oedd testun y prif draethawd, 'Hanes y Genedl Iddewig, ynghyd â'i harferion crefyddol'; os nad oedd hwn yn fwyd rhy gryf i gyllau llenyddol yr ymgeiswyr ddi-brofiad, beth arall oedd mewn difrif?

Yn yr ornest gyntaf yng nghapel Seion y Wesleaid un o'r cystadlaethau i blant oedd 'Cyfieithu o'r Saesneg i'r Gymraeg ddarn o lyfr yr ysgol ddyddiol'; sylwer nad cyfieithu o'r Gymraeg i'r Saesneg oedd y gofyniad, oherwydd nad oedd llyfrau ym mamiaith y plant ar gael yn yr ysgol eglwysig wrth gwrs. Enillwyr ar farddoniaeth oedd Gethin Jones, Pierce Pritchard a John Jones, Penywaen. Cafwyd datganiad corawl dan arweiniad Solomon Jones; yn amlwg, nid oedd digon o gantorion ar gael i gynnal cystadleuaeth gorawl.

Roedd effaith llwyddiant y cyfarfod cyntaf yma yn destun siarad yn y chwareli, a bu llawer o fesur a dadlau yn ei gylch. 'Yr oedd yn amlwg i hedyn diddordeb yn y "pethe" llenyddol gael ei blannu yn naear Machno y noson honno' chwedl un adroddiad, a'r teimlad oedd y dylid mynd ymlaen i gynyddu'r diddordeb newydd yma. Cynhaliwyd dau gyfarfod y dydd Nadolig dilynol, un yng nghapel y Wesleaid, a'r llall yn addoldy'r Hen Gorff, Salem. Roedd y ddau gapel yn orlawn, a dieithriaid yn dod o Ddolwyddelan, Ffestiniog, Betws-y-coed, Ysbyty Ifan a Phentrefoelas.

Yn dilyn llwyddiant ysgubol cyfarfodydd y Nadolig ym Mhenmachno gwnaed cais gan aelodau'r gwahanol enwadau yn Nolwyddelan a Betws-y-coed i gael uno â Phenmachno i gynnal eisteddfod flynyddol yn ymweld â'r tri phlwyf yn eu tro, a chyhoeddwyd priodas rhyngddynt ymhen dim, gyda Threbor Mai wedi ei benodi yn arweinydd ar yr eisteddfodau.

Yn eisteddfod yr 'undeb' yn 1861 dywed cofnodydd nad oedd 'esgynlawr' — enw'r cyfnod am lwyfan — yn y capeli, ond safai'r arweinydd a'r llywydd yn y set fawr i ddwyn y gwaith ymlaen. Llywydd yr hwyr yn yr eisteddfod yma oedd y Dr Vaughan, meddyg poblogaidd o Ffestiniog, yr hwn a oedd yn rhoi gini o wobr, arian mawr iawn y cyfnod hwnnw, am draethawd ar destun o'i ddewisiad ei hun, sef 'Dyletswydd y meddyg tuag at y claf, a dyletswydd y claf tuag at y meddyg.'

Cymaint oedd maint y cynulliad yn eisteddfod gyntaf yr undeb nes i gyffro dorri allan tra roedd y côr lleol yn canu cytgan, wrth i ffrynt y galeri gracio, a bu raid iddynt atal eu canu a chael tawelwch cyn cario 'mlaen, ac i drefn ddod yn ôl i'r cystadlu. Dyna beth oedd *crescendo* yntê! Yn yr un cyfarfod, dywedodd beirniad y prif draethawd am gynnig 'Hen Weithiwr' ei fod yn waith da mewn llawysgrifen garbwl ar '*30 sheet o foolscap*', a phe buasai yr awdur angen cwilt ar y gwely yn y gaeaf y gallasai ddefnyddio ei draethawd i gadw'n gynnes!

Wedi cael ei chynnal ym Mhenmachno, Dolwyddelan, Betws-y-coed ac Ysbyty Ifan yn ei thro, fe wynebwyd trafferthion ariannol wedi ymweliad â Dolwyddelan, a daeth yn ôl i Benmachno, a chliriwyd y ddyled, ond bu rhwyg mawr ymysg y pwyllgor pan benderfynwyd mynd yn ôl i Ddolwyddelan. Ofnid rhai aelodau y byddent yn 'suddo yn llawn dyfnach i gorsydd lleidiog dyledion' wrth ddychwelyd yn ôl yno. Wedi'r hollt yn y pwyllgor, aeth un garfan i'w ffordd eu hunain, gan sefydlu eisteddfod arall, i'w chynnal ar yr union ddyddiad â'r eisteddfod wreiddiol y flwyddyn ddilynol ym Metws-y-coed. Cynhaliwyd eisteddfod y gwrthryfelwyr yng nghapel Brynmawr yn y Betws, capel gyda digon o le i ddal cannoedd o wrandawyr. Penderfynodd yr hen bwyllgor a gynrychiolai y pedwar plwyf gynnal eu cyfarfod hwy yna deilad nwyddau gorsaf reilffordd Betws-y-coed, a cheir rhywfaint o flas drwgdeimlad y cythrel eisteddfodol yn natganiad Gwilym Cowlyd, un o swyddogion yr eisteddfod wreiddiol, pan ddywedodd wrth weld adeilad y stesion yn orlawn, fod eisteddfod Bryn Mawr yn ddim ond 'coegiaid a seti gweigion'.

Cyfansoddodd G.H. Jones, neu Gutun Arfon yn ôl ei enw barddonol, a fu yn brifathro ar ysgol Rhiwddolion, uwchben Betws-y-coed, am hanner can mlynedd, benillion i Eisteddfod Penmachno, Nadolig 1874, gan gyfeirio yn y pennill olaf at helyntion ynglŷn â'r eisteddfodau cythryblus uchod:

Eisteddfod Penmachno (Nadolig 1874)

Meirch a cherbydau mawr eu trwst
Dd'ont o Lanrwst lenorol
I gludo'r beirdd, a llawer iawn
O ddawn y byd cerddorol;
O Gymru, Lloegr, a phob man
I'r Llan maent yn dylifo,
Er mwyn cael treulio rhyw chwe' awr
Yn 'Steddfod fawr Penmachno.

Daeth Owain Alaw gyda'r trên
O ddinas hen Caerleon,
A chlorian anferth — dyna'r si —
I 'brofi yr ysbrydion';
Ond nid ysbrydion 'Cymru Fu'
Fydd yma'n cael eu pwyso —
Ysbrydion Awen, Llên a Chân,
Sy'n 'Steddfod lân Penmachno.

Daeth llawer bardd i'r 'Steddfod hon
A'i galon bron a thorri,
Wrth feddwl sut i fwyta'r ŵydd
Os digwydd iddo golli!
Ei liniau fydd yn crynu 'nghyd
O hyd tra'n cael ei bwyso
Gan Gethin Jones, y derwydd-fardd,
Yn 'Steddfod hardd Penmachno.

Ceir yma gorau enwog iawn,
A'u canu'n llawn o fiwsig, —
Tra ambell un ym mysg y llu
Fel pe b'ai'n llyncu ffisig!
Alawon melus Cymru lân
Ro'nt dân yng ngwaed pob Cymro,
Tra C.A. Vaughan geir wrth ei *stand*
Yn 'Steddfod *grand* Penmachno.

Bydd llu o feirdd, a llawer côr,
Ac ambell lenor selog —
Ar ôl y cwrdd — a'u gwaed yn fflam
Wrth sôn am *gam cy'ddeiriog*!
Ond wedi'r cyfan, rwyf fi'n siŵr,
Er gwaetha'r 'stŵr a'r dwrdio —
Mai 'Steddfod i holl Gymru'n ddrych
Fydd 'Steddfod wych Penmachno.

Roedd gennym 'Steddfod flwyddau'n ôl —
A 'Steddfod ddoniol cofiwch, —
Bu farw honno'n ddigon blêr
O brinder 'cregin heddwch',
Yn Nolwyddelan, rhwng dwy rêl —
Mewn chwarel claddwyd honno, —
Ond iach a bywiog yma'n awr
Yw 'Steddfod fawr Penmachno.

Ar dudalen flaen rhaglen Eisteddfod Penmachno 1876 gwelir yr arwydd — englyn isod; —

Yn noniau cerdd cawn enyd — y Bettws
A'r 'Sbytty'n cyfyrddyd;
Do'ddelan hafan hefyd
A chawn gan Penmachno i gyd.

Arweinyddion eisteddfod 1876 oedd Gwilym Cowlyd a Thudno, gyda'r ddau yn cymryd gofal o feirniadu ambell gystadleuaeth, megis englyn i'r

'Corgi'. Roedd y gwobrau yn hael iawn am y cyfnod hefyd, yn amrywio o 5/- am wneud *'muffler'* a 10/- am englyn i *'Handy'*, â Gethin yn feirniad. Am ddatganiad cerddorol i'r 'Haf', rhoddwyd gwobr anhygoel o hael o chwe gini. Beirniadai Owen Jones ar draethawd am 'Diogelwch Iechyd', a'r gwobrau yn £1 a 12/6 i'r ail.

Un o ganlyniadau sefydlu'r cyfarfodydd llenyddol ym Mhenmachno oedd gweld dechrau ymwybyddiaeth lenyddol yn y chwareli, a dywedwyd fod dynion 'darllengar a llawn asbri' yn cynnal cyfarfodydd rheolaidd yn chwarel Rhiwbach, ac fel yr adroddwyd ar y pryd, 'agorwyd meddyliau llawer o blant oedd yn gweithio yn Rhiwbach trwy'r cyfarfodydd hyn'. Ie, dyddiau da yntê!

Bu sefydlu'r cyfarfodydd llenyddol yn 1860 yn hwb mawr i ddiwylliant yr ardal, ac yn gyfrwng i hau'r awydd am gael eisteddfodau rheolaidd yn y plwyf. Nid oes sicrwydd pa bryd y dechreuodd eisteddfodau y gwahanol enwadau ym Mhenmachno, ond gwyddys i'r pwyllgor undebol gynnal cystadlaethau ym mhentrefi'r ardal tan 1908 o leiaf. Wedi hyn cynhaliwyd eisteddfodau gan gapeli'r cylch yn eu tro. Oherwydd nad oedd neuadd addas i'r pwrpas yn y Cwm, rhaid oedd cynnal eisteddfodau Shiloh a Rhydymeirch yn y capeli, a'r capeli hefyd oedd canolfannau cymdeithasol y rhan yma o'r plwyf. Ceir cofnod o rai o gystadlaethau eisteddfod Shiloh yn 1909 mewn traethawd gan Eluned Jones, Llechwedd Hafod, un â'i gwreiddiau ym mhridd y Cwm. Ynddo gwelir bod gwobr o bedwar swllt yn cael ei gynnig am gyfansoddi beddargraff i Mr John D. Jones, Rhiwbach Terrace a phum swllt am ennill ar adrodd 'Crist yn gostegu'r dymestl'. Gwobrau eraill a gynigiwyd oedd wyth swllt i gôr plant dan 16 oed yn canu 'Golau yn y Glyn', allan o 'Sŵn y Jiwbili'; pedwar swllt i bedwarawd yn canu 'Craig yr Oesoedd', pum swllt i ddeuawd yn canu 'O lili dlos', yr un swm am ennill ar yr unawd bariton neu gontralto, ac eto ar yr unawd tenor neu soprano. Ym mysg cystadlaethau diddorol eraill oedd un yn cynnig gwobr o dri a chwech am wneud ffrâm garreg, a'r ffrâm fuddugol yn dod yn eiddo rhoddwyr y wobr.

Allan o'r brwdfrydedd a gaed yn yr eisteddfodau yma yn y Cwm y ganed yr awydd i sefydlu côr mawr Capel Rhydymeirch, a fu yn cynnal cantatas llwyddiannus dros ben yn y capel yn flynyddol, ac uchel fu'r ganmoliaeth i'r perfformiadau yng ngholofnau'r papurau newyddion wythnosol. Byddai pobl yn teithio i Rydymeirch o ardaloedd megis Betws-y-coed, Trefriw, Blaenau Ffestiniog a chyn belled a Chonwy i glywed y cantawdau. Ceir adroddiad yn un papur newyddion am ddau yn teithio ar feiciau bob cam o Gonwy i wrando ar berfformiad y côr ym mis Ebrill 1908, ac yn cael eu dal mewn glaw taranau trwm tua hanner ffordd i Gwm Penmachno, a bu bron iddynt droi yn ôl am Gonwy, ond penderfynu cario 'mlaen wnaethant. Bu iddynt gyrraedd y capel am chwarter i saith a'i gael yn llawn i'r ymylon, ac iddynt fwynhau 'gwledd o adloniant', yn eu geiriau hwy, mewn llythyr yn canmol y perfformiad yn y papur yr wythnos ddilynol.

Yn ystod y dauddegau a thridegau cynhaliwyd tair eisteddfod yn flynyddol yn y Llan, sef Eisteddfod Salem ar Ddydd Nadolig, Eisteddfod yr Eglwys ar Ddydd Gŵyl Ddewi ac Eisteddfod Bethania yn yr hydref, a byddai cystadleuwyr yn llifo iddynt o ardaloedd cyfagos. Bu Eisteddfod Salem yn cael ei chynnal yn y neuadd gyhoeddus, ond daeth i ben yn nechrau'r chwedegau, wedi bod yn gyfrwng i lawer gael y cyfle i ddangos eu doniau, ac i ambell un, fel Richie Thomas ddechrau ar yrfa lwyddiannus iawn ar lwyfannau'r wlad.

Tua dechrau'r saithdegau, dechreuwyd cynnal eisteddfod leol, gyda llawer o'r plwyfolion yn cymryd rhan mewn amrywiol gystadlaethau, a bu hon yn llwyddiant mawr am rai blynyddoedd, ond oherwydd newidiadau cymdeithasol yn y fro, daeth hon i ben hefyd, ac nid oes golwg, ar hyn o bryd, y bydd adferiad yn nhraddodiad eisteddfodol ym Mhenmachno.

Bu cwmnïau drama o Benmachno yn perfformio ar lwyfannau Cymru o dro i dro dros y blynyddoedd, a da yw gweld i'r traddodiad yma ddal i fynd o nerth i nerth, ac yn dal i ddiddori cynulleidfaoedd o lwyfannau, ac yn cystadlu'n gyson mewn gwyliau drama, ac yn llwyddo i roddi Penmachno ar fap actio Cymru.

Rhai o Feirdd ac Enwogion y Fro

Yr Esgob William Morgan:

O'r holl enwogion â chysylltiad â Phenmachno, mae'n debyg mai dyma'r enwocaf ohonynt i gyd. Yn sicr, iddo ef y mae'n rhaid diolch yn bennaf ein bod yn dal i siarad ein hiaith hynafol. Ganed William Morgan yn Nhŷ Mawr Wybrnant yn y plwyf, tua'r flwyddyn 1541, (nid oes sicrwydd pendant o'r dyddiad), yn fab i John ap Morgan ap Llywelyn a'i wraig Lowri. Dywed i'r teulu allu olrheinio eu hachau yn ôl i hen dywysogion Gwynedd. Oherwydd i dad William fod yn denant ar stad John Wynne o Wydir, bu iddo dderbyn nawdd i gael addysg gan yr uchelwr, ac iddo gael ei anfon i Goleg Sant Ioan, Caergrawnt yn 1565. Yno y bu iddo gael ei argyhoeddi gan athrawiaeth Protestanaidd, ac wedi graddio yn B.A. yn 1568, yn M.A. yn 1571 ac yn B.D. yn 1578 a D.D. yn 1583, aeth yn glerigwr mewn amryw eglwysi cyn cael ei benodi yn esgob Llandaf yn 1595 ac yna yn esgob Llanelwy yn 1601.

Mae'n debyg iddo ddechrau cyfieithu'r Beibl i'r Gymraeg cyn gadael Caergrawnt, ac iddo gwblhau'r gwaith yn 1587, ac yna iddo dreulio blwyddyn yn Llundain yn arolygu'r gwaith argraffu. Fe cyhoeddwyd y Beibl Cymraeg cyntaf, yr hwn a gyflwynwyd i'r Frenhines Elisabeth y cyntaf, ddiwedd 1588. Mae Tŷ Mawr Wybrnant yn agored i'r cyhoedd, dan ofal yr Ymddiriedolaeth Genedlaethol, yn gofeb i'r gŵr a wnaeth y gymwynas fawr o gyfieithu'r Beibl, a thrwy hynny sicrhau dyfodol i'r iaith Gymraeg, a oedd yn ei amser ef mewn perygl o gael ei boddi mewn môr o seisnigrwydd gweinyddol y cyfnod.

Roderic Llwyd:

Ganed Roderick Lloyd yn un o blasdai'r plwyf, Hafodwyryd, yn fab i Barbara a Hugh Lloyd. O ochr ei fam, roedd teulu Roderic wedi ymsefydlu ym Mhenmachno ers canrifoedd, gan hawlio eu bod yn ddisgynyddion o fab anghyfreithlon i Ddafydd, brawd Llywelyn ein Llyw Olaf. Mae'n eithaf tebyg i Roderic dderbyn ei addysg cynnar gan fynach a arferid gael ei gadw gan deulu Hafodwyryd. (Mae cae cyfagos i'r tŷ yn cael ei alw yn 'cae'r mynach' hyd heddiw.) Dywedir iddo fod yn fachgen direidus iawn, ac fe anfonwyd ef i Lundain i orffen ei addysg, ac iddo ymaelodi yn Lincoln's Inn yn 1684, a chael ei benodi yn *'Clerk of the Outlaries in the Court of Common Pleas'*. Bu yn fargyfreithiwr yn Lincoln's Inn am y rhan fwyaf o'i oes. Cofir ef yn bennaf ym Mhenmachno oherwydd ei elusennau, a fu o fudd i gychwyn ysgol i blant tlodion ac yn gyfrwng i godi elusendy i gartrefu deuddeg o dlodion y plwyf. Priododd âg Anne, gweddw Robert Pugh o'r Bennar yn 1703, a bu farw ym Mai 1730, a chladdwyd ef yng nghapel Lincoln's Inn.

William Cynwal:

Er i rai ddweud mai un o Ysbyty Ifan oedd William, haerai eraill mai un o Benmachno ydoedd. Mae sail i gredu, oherwydd awgrym yr enw, mai un o'r ail blwyf oedd mewn ffaith, er nad oes modd profi hyn. Ni wyddys dyddiad ei eni, ond bu yn ddisgybl gyda Gruffydd Hiraethog, ac yn fardd o'r ail radd yn eisteddfod Caerwys yn 1568. Testunau ei farddoniaeth yn aml oedd canu mawl i foneddigion. Roedd hefyd yn feistr ar y cywydd gofyn, a thestunau eraill o'i fodd oedd crefydd, serch, dychan ac ymryson. Bu'n ymrysona â'r Archddiacon Edmwnd Prys am gyfnod maith. Cynrychiolai William Cynwal yr hen ddysg farddol Gymreig, tra chynrychiolai Prys ddiwylliant prifysgolion Seisnig. Trodd yr ymrysona yn chwerw ar brydiau, wrth i Gynwal fynnu nad oedd yr archddiacon yn fardd o gwbl. Bu farw yn 1588, a chladdwyd ef yn Ysbyty Ifan, ac er yr holl ddrwgdeimlad, canwyd marwnad iddo gan Edmwnd Prys.

Rhisiart Cynwal: (1600-1634)

Dywed rhai iddo fod yn berthynas i William, uchod, ond eto, nid oes modd profi na dad-brofi'r ddamcaniaeth. Caed ei ystyried yn fardd talentog iawn, ac ymfalchïai yn ei swydd fel bardd teulu Plas Rhiwaedog, Y Bala. Tra yno, byddai yn cael ei boeni gan rigymwr o'r dref o'r enw Ismael Dafydd, ac i roi taw arno cyfansoddodd Rhisiart y ddau englyn chwerw isod,

> Sefyll ellyll hyll hollawl — enllibus,
>   A lleban pardduawl;
>   Hen gecryn, coegyn coegawl
>   Wyt lai na dyn — ti lun diawl.
>
> Hen ffrwstgi brwnt ymffrostgar — hen gorach,
>   Hen geryn cwerylgar;
>   Hen ŵr o'i go hanner gwâr,
>   Hen wewyngi hunangar.

Huw Machno: (c1585-1637)
Bardd, mab Owen ab Ieuan ap John o Benmachno. Un arall a olrheiniai ei hynafiaid o Ddafydd Goch, o'r plwyf, mab anghyfreithlon Dafydd, tywysog Cymru. Ymgartrefai yng Nghoed y Ffynnon yng ngwaelodion y plwyf. Ymddengys iddo gael ei ddysgu gan Siôn Phylip, oherwydd iddo ganu marwnad i'r bardd hwnnw yn 1620, gan gydnabod iddo dderbyn addysg werth chweil ganddo yn ystod 35 mlynedd o gydnabyddiaeth. Bu'n canu cywyddau mawl i uchelwyr y wlad, ynghyd a marwnadau i rai fel Catrin o Ferain yn 1591, Siôn Tudur, 1602, yr Esgob William Morgan, 1604, Siôn Phylip, 1620, a Thomas Prys o Blas Iolyn yn 1634. Mae llawer o lawysgrifau'r bardd yma hefyd ar gael mewn amrywiol gasgliadau yn y Llyfrgell Genedlaethol a mannau eraill.

Rhisiart Thomas: (1649-1684)
Gŵr eglwysig a fu yn trigo yn Nhyddyn Meistr, ac yn fardd o'r radd uchaf yn y cyfnod yma.

Barbara Ffowc Gethin:
Merch i un o Gethiniaid y Fedw Deg oedd y farddones hon. Cyhoeddodd amryw o gerddi rhamantaid yn ei hamser. Fe syrthiodd mewn cariad â Dafydd Morris, telynor Blaen y Cwm, ond fe waharddwyd y garwriaeth gan ei theulu, ac fe'i hanfonwyd i Langelynin i anghofio am Ddafydd, ac yno y bu farw o dorcalon.
  Dyma'r pennill olaf o gadwyn o benillion a gyflwynodd Barbara i Ddafydd i ddatgan ei chariad tuag ato —

> Dafydd Morris a'i fwyn delyn,
> Gwyn fy myd pe cawn dy ganlyn,
> Ac yn y nos bod yn dy freichiau,
> A dawnsio'r dydd lle cenit tithau.

Blodeuodd Barbara tua dechrau'r 17eg ganrif.

Owen Gethin Jones:
Bardd, llenor a hynafiaethydd a aned yn Nhŷ'n y Cae ar y cyntaf o Fai, 1816, yn fab i Owen a Grace Jones. Wedi ei brentisio i fod yn saer maen fel ei dad, trodd ei law i fod yn saer coed da, ac aeth i fusnes yn yr ardal fel ymgymerwr ar raddfa helaeth. Ymysg ei gampweithiau fel contractwr oedd Bryn Derwen Llanrwst, Rheithordy Penmachno, amryw o orsafoedd rheilffyrdd Gogledd Cymru, Eglwys newydd Betws-y-coed, ble y gwnaeth golled o £400 o bunnoedd, ac y dywedid iddo droi ei ben i ffwrdd o gyfeiriad yr eglwys bob tro y byddai yn mynd heibio yn ei gar a cheffyl; ond ei gampwaith fawr oedd Pont Tan yr Allt i gario lein y rheilffordd o Fetws-y-coed i Ddolwyddelan, yr hon a'i anfarwolwyd gan iddi gael ei galw yn 'Bont Gethin', yr enw a'i hadnabyddid fel hyd heddiw. Er na chaiff ei ystyried heddiw yn fardd mawr, bu yn un cynhyrchiol iawn yn ystod ei oes, ac enillodd gadair Eisteddfod Llanrwst yn 1876, gyda'i awdl i 'Syr John Wynn o Wydir'. Heblaw bod yn adeiladydd ag amaethwr llwyddiannus, ac yn fardd toreithiog, roedd yn llenor da, ac yn ddarlithydd difyr. Ond ei gymwynas fawr i'r fro oedd ei draethodau hynod o ddifyr am hanes plwyfi Penmachno, Ysbyty Ifan a Dolwyddelan, a gyhoeddwyd, ynghyd â chasgliad o'i farddoniaeth gan ei gyfaill a chyd-lenor, Gwilym Cowlyd, yn ei wasg yn Llanrwst wedi marwolaeth Gethin yn 1883; enw'r gyfrol brin yw 'Gweithiau Gethin', ac er ychydig yn ddamcaniaethol ar brydiau, mae'n drysor o lyfr i'r sawl sy'n ymddiddori yn hanes y plwyf.

Ioan Machno:
Ganed John Price Jones, Ioan Machno, i John a Mary Price, Siop Dyfnant, Cwm yn 1821. Un o'i gyfeillion mawr oedd Owen Gethin Jones, a threulient lawer o amser gyda'u gilydd yn trin yr awen. Dysgodd y grefft o gynganeddu yn ifanc iawn, a chyhoeddwyd llawer o'i waith mewn amrywiol gylchgronau a phapurau. Dywedir iddo gynganeddu mor naturiol ag anadlu, enghraifft o hyn yw ei englyn i'r 'Angor', —

> Mewn niwl a storm anaele, — hyd eigion
>   Diogel ei drigle;
> Ni syfl — tra yn ei safle —
> Mae'n dal llong rhag mynd o'i lle.

Symudodd gyda'i wraig i ddinas Caer i gadw siop, ac yno y bu farw yn 58 oed ar y dydd olaf o Fai, 1879.

Hugh Davies Richards, (Caswallon Machno, 1852-1886):
Mab ieuengaf John Richards, Slater, Cae Llwyd Bach oedd Hugh. Yr oedd yn ddisgybl disglair yn yr ysgol leol tra'n fachgen, ac ymddiddorai mewn barddoniaeth ers y cyfnod cynnar hwnnw. Symudodd yntau i weithio mewn

swyddfa yn Lerpwl, a dioddefodd o afiechyd pan yn ŵr ifanc, a bu farw yn 34 oed, a chladdwyd ef ym mynwent Anfield yn y ddinas honno yn 1886.

Samuel Roberts, (Glan Machno):

Bardd cadeiriol arall o'r ardal oedd Glan Machno, ac yn llenor o fri. Roedd yn ddyn arbennig o ddawnus ers yn ifanc. Gwnaed ef yn flaenor gyda'r Wesleaid yn y Cwm ag yntau dim ond ugain oed. Bu yn seren gymdeithasol a chrefyddol yn y cylch ar hyd ei oes. Enillodd un gadair mewn eisteddfod yn Llandudno, dan feirniadaeth Elfed. Bu farw yn 1918 yn 62 oed.

Dafydd Jones, (Dewi Machno):

Gŵr a'i wreiddiau ym Mhenmachno, ac yn chwarelwr wrth ei alwedigaeth. Roedd yn englynwr gwych, a mawr bu'r galw amdano i gyfansoddi beddargraffau ym mynwentydd y Llan, a gwelir ei waith ar lawer carreg fedd. Aeth yntau i'w fedd ym Mawrth 1931 yn 73 oed.

Owen T. Davies, (Owain Machno) (1853-1925):

Bardd a llenor, ac awdur llyfryn o'i waith, 'Telyn Machno', a gyhoeddwyd yn 1923. Dyma englyn o waith ei gydoeswr, Perthog, sydd yn feddargraff i Owain Machno, —

> Gŵr manwl geir yma enyd — a bardd
>   Fydd yn byw, er mwyn gweryd;
>   Yn ddyfal rhoes i ddeufyd
>   Oreu ei oes ar ei hyd.

John Thomas, (Perthog) (1878-1958):

Yn enedigol o Bentrefoelas; cyfansoddodd lawer o englynion cywrain, ac yn enillydd eisteddfodol rheolaidd.

John Jones, (Ioan Glan Lledr):

Un o deulu o fri o dyddyn bychan Tan yr Allt, ond Ioan oedd yr hynotaf ohonynt i gyd, ac yn fardd o safon uchel. Tra ar ei wely angau, cyfansoddodd gwpled beddargraff iddo'i hun, i'w osod o dan englyn o'i waith ei hun ar fedd ei rieni;

> 'Gwyrais, rwyf yma'n gorwedd,
> Teulu y'm mewn tawel hedd.'

Yn ychwanegol i'r rhai uchod, cododd yr ardal lu o feirdd eraill o amrywiol ddawn dros y blynyddoedd, megis William Evans, (Eryr Machno), Morris Davies, (Meurig Machno), Peter Luke, (Machnorion), Owen Roberts, (Brysiog Machno), yr hwn a gyhoeddodd lyfryn difyr iawn o straeon lleol,

'Chwedleuon Machno, sef hen hanesion bron ar goll' yn 1888; Sion Owen, Foel Ewig Fynydd a ysgrifennodd yr englyn wallus ar bont y Llan, ac a ymfudodd i'r Amerig, gan wneud ei ffortiwn, a thra yno dysgodd y grefft o gynganeddu'n iawn, ac anfonodd at gyfaill ym Mhenmachno i ofyn i hwnnw grafu'r englyn o'r garreg ar ganol y bont, ond gadawyd ei waith yn union fel yr oedd, ac felly mae byth!

Bu'r chwareli yn fagwrfa dda i feirdd a llenorion gynnal yr awen, a gwelwyd aml i ŵr diwylliedig yn dod i'r amlwg mewn cystadlaethau ac eisteddfodau yn y chwareli, ac yn neuaddau a chapeli'r ardal. Un o'r beirdd gwlad yma oedd William Morgan Jones, neu 'Wil Mog' ar lafar, un o frid enwog Ffridd Wen. Cyhoeddodd lawer o gyfrolau o'i weithiau, gan fynd o gwmpas pentrefi'r ardal i'w gwerthu.

Ymysg enwogion eraill yn enedigol o'r plwyf rhaid sôn am John Ellis Williams, awdur, dramodydd a dychanwr o fri, ac Euryn Ogwen Williams, un o gyn brif swyddogion Sianel Pedwar Cymru. Un sy'n brysur yn gwneud enw iddo'i hun fel bardd a llenor yw Arthur Thomas, enillydd cyson mewn amryw eisteddfodau, ac yn fardd cadeiriol droeon erbyn hyn. Mae hefyd yn awdur sawl llyfr, yn cynnwys un o atgofion ei dad, y diweddar Richie Thomas, a phwy sydd nad yw'n gyfarwydd â'r tenor anwylaf yma, a fu'n diddanu cynulleidfaoedd o lwyfanau led-led y wlad, gyda'i lais swynol.

Fe aned Richie yn un o saith o blant Richard ac Elizabeth Thomas, mewn tŷ o'r enw Eirianfa yng nghanol y Llan, ar Ebrill 24ain 1906. Hannai Richie, ar ochr ei fam, o linach yr Esgob William Morgan, a deil yr enw Morgan yn enw canol llawer o'r teulu hyd heddiw. Dechreuodd ganu yn ifanc iawn mewn eisteddfodau lleol, gan ennill llawer; dechreuodd gystadlu mewn eisteddfodau y tu allan i'w fro wedi iddo fynd yn hŷn, gan weld yr un llwyddiant yn dod i'w ran. Uchafbwynt ei yrfa wrth gwrs, oedd ennill cystadleuaeth y Rhuban Glas yn Eisteddfod Genedlaethol y Rhyl yn 1953. Gwnaeth lawer o recordiau, a bu'n ymddangos ar nifer fawr o lwyfannau drwy Brydain ac Iwerddon. Er cael cynnig fwy nag unwaith i ganu yn broffesiynol, gwrthod a wnai bob tro, am na fedrai feddwl am adael ei hoff Benmachno, ac yn ei bentref genedigol yr arhosodd hyd ei farw yn 1988 yn 82 mlwydd oed.

Chwedlau a Thraddodiadau Lleol

Fel pob ardal arall, perthyn i Benmachno lawer o straeon llên gwerin, rhai ohonynt yn dyddio'n ôl i amser cyn cof. Rhain oedd y straeon a adroddid ar aelwydydd y fro yn ystod y nosweithiau hir ymhell cyn sôn am radio na theledu i ddiddanu'r werin. Rhan o chwedloniaeth llwyr oedd y mwyafrif o'r straeon, gydag ambell un a sail gwirionedd ynddi, a phwrpas rhai ohonynt oedd i greu arswyd ar y sawl a wrandawai ar yr hanesion.

Hawdd dychmygu i blant y pentref dros y blynyddoedd wrando'n astud ar oedolyn yn adrodd chwedl Tylwyth Teg y Plas, ac fel y sonid amdanynt yn teithio drwy dwnel o ogof ar ochr Foel Pen y Bryn i lawr o dan aelwyd Plas Glasgwm, ac yno y byddent i'w clywed yn canu a dawnsio drwy'r nos. Ond stori dra gwahanol yw'r un am ystyr yr enw 'Wybrnant' gan rai o hen drigolion yr oes a fu. Dywed un fersiwn o'r chwedl mai 'Gwiber-nant' yw'r enw cywir am y lle; seilir y dyb yma ar draddodiad fod yno wiber anferth ar un adeg, ac iddi fod wedi tyfu adenydd i hedfan uwch y wlad, ac yn peri dychryn mawr i'r trigolion. Yn ffodus, daeth Dafydd Goch Gethin o'r Fedw Deg adref wedi bod yn ymladd yn Ffrainc ym myddin Edward, y Tywysog Du, a bu iddo lwyddo i saethu'r sarff, gan neidio ar ei phen i bwll yn yr afon ger safle hen bont y Pandy, a dyna sut y bu i'r fan honno gael ei galw yn 'Rhyd y Gynnen' byth ers hynny.

Nid nepell o Ryd y Gynnen saif Maen y Grienyn, ar ochr isaf yr hen ffordd o Benmachno i Lanrwst. Roedd y maen ar un adeg yn sefyll ar ochr uchaf i'r ffordd, a chell fawr odditano, lle byddai teithwyr yn gochel rhag y glaw ar dywydd garw. Dywed un chwedl am y maen mai wedi disgyn allan o esgid rhyw gawres yr oedd tra roedd honno yn tynnu ei hesgidiau i 'molchi ei thraed yn yr afon Gonwy gerllaw, ag un droed ar ben y Dinas Mawr, a'r llall ar ben Cae Mawr, Coed y Ffynnon. Yn ôl chwedl arall, roedd un o'r enw Robin Ddu wedi proffwydo y byddai'r maen ladd dyn, march a milgi cyn diwedd y byd, ac yn 1789, tra'n lledu'r ffordd i ganiatáu i droliau ddod i'r plwyf, a chan gofio proffwydoliaeth Robin Ddu, ac wrth weld yr olwg beryglus ar y maen, penderfynwyd ceisio ei rowlio i ochr isaf y ffordd, i geunant yr afon Gonwy. Rhoddwyd y gyfrifoldeb am y gwaith i dri chrefftwr lleol, ac wedi deuddydd llwyddwyd i droi'r maen i'r afon, cyn iddo wneud niwed i ddyn nac anifail, ac yno mae byth ers hynny.

Uwchben ffordd y Greienyn, ger Coed y Ffynnon, saif y Maen Sigl, sydd erbyn hyn wedi ei orchuddio gan goedwig fytholwyrdd y Comisiwn Coedwigaeth. Gorwedd y maen yma, sydd yn dunelli o faintioli, ar lwyfan gwastad o garreg, fel petai wedi ei gosod yn fwriadol yno yn rhyw oes neu'i gilydd. Byddai yn gred gyffredinol ar un adeg i'r maen siglo wrth i gloch eglwys y Llan, sydd o leiaf dwy filltir o'r fan, gael ei tharo. Credir i'r maen fod yn safle gysegredig yn amser y Derwyddon.

Yng nghanol yr afon ger Pont ar Gonwy gwelir yn codi allan o'r dyfnder graig uchel, oddeutu 35 troedfedd o uchder, a elwir yn 'Gadair y Doctor Coch'. Elis Prys, Plas Iolyn, Ysbyty Ifan oedd y Doctor Coch, â'i daid oedd Rhys ap Meredydd, a gariai'r faner ym mrwydr Maes Bosworth ar ochr Hari'r seithfed. Yn ôl y sôn, ar y graig yma y bu raid i Elis lechu rhag erledigaeth ei elynion am chwe' wythnos tua chanol yr 16fed ganrif. Dyma'r gŵr a roddwyd y cyfrifoldeb iddo gan Thomas Cromwell i ddiddymu mynachlogydd Cymru, un ohonynt Dolgynwal gerllaw.

Tua chanol yr ail ganrif ar bymtheg bu farw'r gŵr o'r enw Dafydd Puw yn ei gartref, Bennar, un o ffermydd mwyaf yr ardal. Nid oedd ganddo ond un ferch, ac etifeddes ei eiddo sylweddol, Barbara, yr hon a oedd mewn ysgol yn yr Amwythig ar y pryd. Rhoddwyd y gyfrifoldeb o ofalu am eiddo Dafydd hyd nes i Barbara ddod i oed yn nwylo dau ymddiriedolwr. Ildiodd un ohonynt i demtasiwn a dwyn cyfran helaeth o arian 'rhen Ddafydd a'i cuddio mewn hen dderwen fawr, a oedd yn sefyll hyd yn ddiweddar ar ochr y ffordd yn arwain at y ffermdy. Gollyngwyd yr arian i grombil y goeden trwy dwll gwenyn yn ei boncyff. Dywed traddodiad i ysbryd Dafydd Puw boeni'r Benar am gyfnod maith, a pherai ofn ar unrhyw un a fyddai'n mynd heibio'r lle. Bu farw'r ymddiriedolwr anonest heb lwyddo i gael yr arian o'r goeden, ond daliai'r ysbryd i godi arswyd ar drigolion yr ardal. Ymddangosai ar brydiau mewn ffurf mastiff, a chorff yr ymddiriedolwr yn ei geg, yn union fel petai yn cario asgwrn i'w gladdu. Wedi dioddef yr ofn a'r arswyd yn hir, penderfynwyd gofyn i Sion Hywel, o Wytherin, yr hwn a ystyrid yn ŵr cyfarwydd, neu ddewin, i siarad â'r ysbryd, ac yn dilyn hyn torrwyd twll ym môn y goeden i gael yr arian allan, ac ni chafwyd unrhyw drafferth â'r bwgan wedi hynny. Ond, wedi dweud hyn, digon anghyfforddus fu'r plwyfolion wrth fynd heibio'r hen dderwen byth ers hynny.

Dywed i rywbeth digon anghyffredin amharu ar rai o drigolion ochr y Gors o dro i dro hefyd. Pan fyddai teithwyr yn cerdded y llwybr o gyfeiriad Bron y Nant thua Bryn 'Rwydd cawsai ambell un ohonynt brofiadau na fedrent eu hegluro'n hawdd. Mae llawer o bobl yr ardal yn gyfarwydd â straeon am 'ysbryd Tai Brics', yr enw a roddwyd ar lafar am Fron y Nant, sydd yn furddunod ers amser maith, a sawl un yn honni iddynt deimlo rhyw ias wrth gerdded y llwybr heibio'r fan. Adroddwyd hanes un dyn, ar ei ffordd i'r chwarel yn gynnar un bore yn dod wyneb yn wyneb â marchog mewn lifrau rhyfel a oesodd gynt ar gefn ceffyl gwyn, a'r chwarelwr, yn ei ddychryn, yn codi ei ffon i amddiffyn ei hun rhag yr ymosodiad arfaethedig a ddychmygai o du'r marchog, ond gyda hynny y ddrychiolaeth yn diflannu megis rhith o flaen ei lygaid. Enw a roddid ar gae cyfagos yw 'cae ceffyl', a'r enw wedi goroesi canrifoedd yn y plwy'. Gellir dadlau efallai mae cae i bori ceffyl oedd hwn yn yr oesoedd a fu, ond heb fod nepell o'r llwybr cawn olwg ar safle arall sydd yn debyg o fod â chysylltiad agos â'r chwedl, sef 'Bedd y Marchog'. Er nad oes wybodaeth pam y gelwid y fan yn ôl yr enw, gwyddis mai bedd cyntefig o gyfnod Oes Efydd yw'r safle, yn ôl yr arddull, megis cistfaen. Tybir i felltith gael ei osod ar y sawl a feiddiai ymyrryd â'r bedd. Yn wir, mae hanesyn am Owen Gethin Jones, a berchnogai'r tir a safai Bedd y Marchog arno, yn anfon pedwar o'i weision i durio i mewn i'r bedd rhywdro yng nghanol y ganrif ddiwetha', ac wedi torri i mewn iddo, cawsent oll eu dychryn gan fellt a tharanau enbyd a ddaeth yn hollol ddi-rybudd o awyr a drodd fel y fagddu mewn eiliadau. Dywed rhai i'r gweithwyr gael llawer o anlwc i'w dilyn wedi hyn. Pwy a ŵyr, efallai fod sail i gredu fod cysylltiad rhwng chwedl ysbryd Tai Brics a chwedl Bedd y Marchog a'r enw 'cae ceffyl'.

Terfysgoedd

Bu crybwyll ambell hanesyn am rai o droseddwyr y plwyf mewn pennod flaenorol, megis Hari Ddu o'r ganrif ddiwetha', i lawr i dor-cyfraith Thomas ap Hywel ap Dafydd Fychan yn yr 16eg ganrif, ond rhaid sôn am un neu ddau o helyntion eraill a fu'n peri poen i rai ardalwyr yn y gorffennol.

Ym mlynyddoedd cyntaf y ganrif hon bu mintai o fechgyn a gwŷr ieuainc y Llan yn creu helyntion yn yr ardal ac yn y pentrefi cyfagos. Galwent eu hunain y '23rds', enw yn deillio o hen enw y Ffiwsilwyr Cymreig, sef y '23rd Regiment of Foot'. Un o'r cwynion pennaf amdanynt oedd iddynt reidio eu beiciau 'drop handles' ar gyflymdra uchel drwy'r pentrefi gan greu ofn mawr ar y trigolion. Byddent yn dychryn trigolion ardaloedd eraill wrth fynd yn un criw a dechrau brwydro gyda dynion pentrefi fel Dolwyddelan ac Ysbyty ifan nes byddai'r gwaed yn llifo. Mae'n debyg mai sefyllfa debyg i'r un bresennol, gyda llawer iawn o'r dynion ifainc yn y fro yn dioddef diweithdra enbyd, a'r angen i ddangos eu dicter tuag at y drefn yn berwi'r gwaed, oedd y rheswm am hyn. Daeth y Rhyfel Mawr i roddi taw ar y terfysgwyr, ac ymunodd llawer ohonynt â'r fyddin, ac mae'n sicr na ddaeth ambell un o'r '23rds' yn ôl o faes y gad.

Helynt y Bennar

Ar Fehefin 24ain, 1810, bu terfysg ar fferm y Bennar, gyda charfan o ddynion lleol yn herio awdurdod beiliaid a anfonwyd yno yn enw'r gyfraith i geisio cymryd oddiyno eiddo'r tenant, Robert Jones.

Roedd drwgdeimlad mawr wedi bod rhwng Robert Jones a Robert Thomas, Carrog ynglŷn âg arian a oedd yn ddyledus i'r ail ŵr. Nid yw'n sicr sut y bu i denant y Bennar fynd i ddyled, ond mae'n debyg i'r mater fod wedi cael ei drafod yn y llysoedd, oherwydd gwelir adroddiadau o'r helynt yn dweud i swm o £843 a £4.1.11 o gostau fod yn ddyledus i Robert Thomas. Roedd y deg beiliaid wedi bod wrthi yn cyfri'r stoc ac yn barod i gychwyn o'r Bennar gydag eiddo Robert Jones, a denygs y rhestr faith werth y ddyled, 20 buwch odro, un tarw, 21 bustach, 10 o loi, 7 ceffyl, 3 caseg, 3 ebol, 3 mochyn, 160 o ddefaid, 12 gŵydd, caead o gorn yn tyfu, 3 cert, un wagen, 3 ôg, 2 arad, 1 roler, llawer o gelfi eraill megis pladuriau, cloc, 6 gwely, 4 bwrdd, grât, potiau llaeth a llawer o ddodrefn.

Yn amlwg, roedd cydymdeimlad y pentrefwyr yn gadarn tu ôl i denant y Bennar, a'r beiliaid yn elynion y werin bobl. Daw prawf o'r math o wrthwynebiad a oedd i'r deg beili mewn adroddiad o hanes yr achos yn y cyfnod hwnnw, a dyfynnaf yn iaith wreiddiol yr adroddiad, (o'r *North Wales Chronicle*)

'... The parishioners of Penmachno it appeared had been for a long time in a lawless state so much so that no bailiff or constable durst go there to execute any process ... It appeared also that these notable executioners have a very summarry law against bailiffs, viz. first they place them in the stocks by way of having leg-bail for their appearance, then try them, and conviction and execution follow of course (though it did not appear in evidence on this occasion) that some time ago a bailiff, having passed through the watery ordeal, was afterwards hung up by some of these worthies to dry.'

Wrth weld y beiliaid yn cymryd ymaith eiddo Robert Jones, daeth carfan o ddynion y Llan i'r Benar a'u hatal rhag gwneud hynny. Bu cryn gynnwrf ar ddolydd y fferm yn amlwg, wrth i'r dynion lleol ymosod ar y beiliaid, a defnyddiwyd dryll yn yr ymosodiad, ac fe anafwyd un o'r beiliaid, William Roberts, gyda, fel yr adroddwyd yn y llys, 'with certain guns'. Wedi'r gyflafan, fe ddihangodd y beiliaid i bob cyfeiriad, ond fe ddaliwyd un ohonynt a'i grogi ar goeden arferai fod tu allan i dafarn y 'Machno', ac oni bai i un o'r enw Peter Luke ddod heibio a thorri'r cortyn byddai wedi darfod ar y dyn.

Y mis Ionawr dilynol, fe anfonwyd mwy o ddynion i Benmachno i ddal y rhai a fu'n gyfrifol am yr helynt yn y Bennar, ac er i oddeutu pymtheg o ddynion y Llan fod wedi cymryd rhan ar yr ymosodiad ar y beiliaid, dim ond tri a arestiwyd, a hynny gyda chymorth y chwe' milwr arfog a anfonwyd i gefnogi gwŷr y siryf yn eu gwaith o ddwyn y troseddwyr i'r ddalfa. Aethpwyd â Robert Jones, Benar, Robert Davies, tafarnwr y Tŷ Ucha' a Richard David Pugh, neu 'Dic Dafydd' i'r carchar yng Nghaernarfon, ond llwyddwyd i gael y ddau gyntaf allan ar fechniaeth, drwy i Robert Griffith, Swan Inn Caernarfon a Rice Jones, Rhiwmaenbrith, Llanrwst dalu swm o £500 o warant drostynt. Ni chofnodir yn nogfennau'r achos i neb dalu i gael Dic Dafydd yn rhydd, dros dro o leia'.

Fe ddygwyd y tri gerbron 'eu gwell' yn y Sesiwn Fawr yng Nghaernarfon yn ystod mis Ebrill, a'r erlyniwr oedd H.R. Williams, gyda John Lloyd yn amddiffyn. Y cyhuddiadau yn eu herbyn oedd un o greu reiot *'together with ten other persons, as yet unknown'*, ac ymosod yn gorfforol ar William Roberts, William jones, Richard William ac eraill.

Yr un a oedd yn dod â'r cyhuddiadau yn eu herbyn oedd Robert Thomas, Carrog.

Fe gafwyd y tri ohonynt yn euog o'r cyhuddiadau yn eu herbyn, ac fe'i hanfonwyd i garchar am gyfnod o dri mis yr un, deddfryd ryfeddol o ysgafn, gan gymryd i ystyriaeth difrifoldeb y troseddau ac hefyd ystyried cyfnod yr helynt, pryd y gwelwyd rhai yn cael eu halltudio i Awstralia am droseddau

Crogi'r Baili.

llawer llai na hyn, ac i rai gael eu crogi am ddwyn defaid hyd yn oed.

Ym mysg costau'r llys o £141.10.5 oedd y tâl o £4.10.0 am anfon mintai o chwech o filwyr arfog 'to escort the sheriff and his men, as it was impossible to execute the precepts without their assistance.'

O'r Wasg

O bryd i'w gilydd daw rhywun ar draws ambell gyfeiriad at ddigwyddiadau a fu yn y plwyf dros y blynyddoedd sydd yn tynnu sylw. Ym mhapur wythnosol y *Rhedegydd*, a gyhoeddwyd ym Mlaenau Ffestiniog o'r ganrif ddiwetha' hyd 1951, gwelir sawl enghraifft o hyn. Heblaw am gofnodion difyr o newyddion o dro i'w gilydd, ceid colofnau megis 'Ebion o Benmachno' a 'Glanau'r Fachno' gan 'Yr Hen Ddyrnwr'; colofn ddigon pigog oedd colofn 'Yr Hen Ddyrnwr', yn codi rhyw 'sgwarnog a fyddai yn ei boeni yn achlysurol. Dyma sut y mae'r ysgrifennwr yma yn ymateb i gyhuddiad ei fod yn cuddio tu ôl i ffugenw yn ei golofn yn rhifyn Mawrth 17, 1906. 'Mae yn gywilydd o beth fel yn rhaid i ysbryd chwilfrydig wisgo enwau personau dieuog; ni CHEWCH BYTH WYBOD PWY YDWYF, pa waeth hynny; nid pwy ydwyf, ond beth ddywedaf sydd i fod yn wybyddus i'r darllenwyr.'

Dyma beth ddywed 'Ebion o Benmachno' ar Chwefror 24, 1906 am blismon y Llan: 'Clywsom fod trigolion y Machno a'r cylch yn cydnabod mai Mr Davies ein heddgeidwad yw y goraf fu yma erioed . . . tegwch ac uniondeb yn ei lywodraethu, a theifl ei olwg milwrol a'i gorff lluniaidd dangnefedd hyfrydol. Hir yr erys yn cin plith wedi record fel hyn.'!!

Gwelid ohebiaeth digon chwyrn yn ymddangos hefyd, gyda rhai yn 'sgwennu dan ffugenwau, ond rhai, fel y Parch. Ben Jones, rheithor y plwyf a'r Parch. T.J. James, gweinidog y Methodistiaid Calfinaidd yn manteisio ar golofnau'r papur i leisio'i dicter tuag at eu gilydd hyd syrffed heb guddio tu ôl i len enwau ffug. Dyna wnaeth un o'r darllenwyr, *'Wide Awake'* tra yn cyhuddo 'Yr Hen Ddyrnwr' o lên ladrata o golofn 'Yr Hen Glochydd', wrth gael llawer o'i sylwadau. Roedd Ben Jones, mewn un o'i lythyrau haerllug, hirfaith ar Ragfyr 11fed, 1909 yn llym ei dafod mewn ateb i'r Parchedig O. Gaianydd Williams ynglŷn ag ymyrraeth hwnnw i lythyru rhwng y rheithor a gweinidogion Penmachno a fu ymlaen am rai wythnosau yn y papur. Byrdwn y gohebu oedd cyhuddiad i Ben Jones wrthwynebu cael enwau'r ddau weinidog lleol ar restr etholwyr y plwyf, ond wrth gwrs roedd helynt agor yr ysgol newydd, yn groes i ddymuniad yr eglwyswyr, tu ôl i'r cyfan, ac yn destun atgasedd y rheithor tuag at y drefn. Dyma enghraifft o'r gwenwyn a boerai Ben Jones ar yr anghydffurfwyr yn ei lythyrau: 'Os myn y Parch. O. Gaianydd Williams godi chwip ataf fi, chwipiaf ef yn ôl; y mae lle i gredu, a barnu oddi wrth ei lythyrau gwyntog, y gwna y driniaeth les iddo. Hynawd effeithiol yw rhoddi mynawyd mewn yswigen wynt.' Roedd ysbryd Cristnogol yn brin iawn ymysg arweinwyr crefydd ym Mhenmachno ar ddechrau'r ganrif yn amlwg!

Ar Dachwedd 28, 1908, o dan bennawd newyddion Penmachno, gohebwyd megis — 'Ysgol Newydd: Cyn i'r ysgol newydd gael ei hagor a'r helynt ynglŷn â hi dawelu, dyma eto sôn 'am godi ysgol newydd yn y Cwm. Cyhoeddir y newyddion yr wythnos hon, a chlywir y magnelau yn tanio mewn gwrthdystiad yn erbyn taflu y plwyf i'r fath draul cyn inni gael hamdden i sylweddoli lle'r ydym gyda'r ysgol newydd yn y Llan.' Yn union o dan yr adroddiad, gwelir sylwebaeth debyg o'r Penucha'. —

'O'r Cwm: anfonwyd llythyr yr wythnos ddiwethaf at ohebydd ysgol y Cwm yn hysbysu fod y Pwyllgor Addysg yn bwriadu adeiladu ysgol newydd yn y Cwm — atebwyd yn uniongyrchol fel a ganlyn —

> Syr, A fedrwch hysbysu pa mor fuan y gall eich Pwyllgor glirio allan o'm hadeiladau? Bydd yn ddrwg gan Bwyllgor Dewis Safleoedd (Sites) ddeall nad oes Cwt Budreddi i'w gael yn y Cwm,
> Yn gywir etc,
> B. Jones.'

Dim ond ychydig o enghreifftiau o'r math o ohebu a fyddai yn gyffredin ym mhapurau newyddion y cyfnod yw'r uchod; byddai llawer o'r geiriau yn ymylu ar enllib, a'r syndod yw na lusgwyd rhai o'r gohebwyr o flaen y llysoedd! Yn wir, dyna a ddigwyddodd i deiliwr o'r Llan yn 1908 am enllibio gŵr o'r Cwm mewn achos o athrod yng ngholofnau yr 'Arweinydd', a bu i'r teiliwr orfod mynd yn fethdalwr oherwydd costau'r achos, a brofwyd yn ei erbyn.

Dyma ddywedwyd yng ngholofn 'Syniade John Jones' am y Parch. Ben Jones, "Un rhyfedd i'w ryfeddu yw y Parch. Ben Jones, Penmachno am ei sylwadau cyffredinol am bopeth, ond mae yn fedrus ar ysgrifennu, does dim doubt ar y pen. Mae o hyd yn talu'i Lyddite Shells i wersyll yr ymneilltuwyr."

Ond nid gohebiaeth wenwynig enwadol oedd yr unig bethau a oedd yn dwyn sylw ym mhapurau newyddion ar ddechrau'r ganrif. Roedd ambell berl o ysgrif neu lythyr yn llawn hiwmor yn dod i'r golwg 'nawr ac yn y man. Un o'r rhain oedd yr adroddiad o newyddion y plwyf ar y seithfed o Orffennaf 1906 a ddywedai fel hyn, 'Gwibdaith olwynyddol: Deallir bod cwmni o ddeurodwyr yr ardal dan arweiniad Mr R.W. Evans, Tanrhiw yn bwriadu ymweld â chopa yr Wyddfa fawr'. Tua'r un adeg gwelwyd adroddiad am ddiwedd seindorf y plwyf mewn geiriau teimladwy megis 'Marw Sydyn: Mae marwolaeth y Band yn peri inni fod yn brudd ein hysbryd. Gofidiwn iddynt werthu yr offerynnau drudfawr, a hanes llawn o wasanaeth mor ddirybudd. Bu Seindorf arall farw wedi cychwyn yn dda. Beth sydd yn cyfrif am hyn tybed?' Mewn adroddiad arall am hanes angladd C.A. Vaughan (Andro Fychan), y cerddor adnabyddus o Benmachno, cawn yr wybodaeth mai i gartref yr ymadawedig ym Mod Alaw y daeth y berdoneg (piano) gyntaf i'r plwyf, ac iddo gael ei anrhegu â'r offeryn tua 1878 gan rai a oeddynt yn awyddus i gydnabod ei gyfraniad i gerddoriaeth gynulleidfaol yn y plwyf.

Diddorol oedd darllen y canlynol, o rifyn Medi 4ydd 1909 o'r *Rhedegydd*: 'Ymwelwyr: Y mae llu o ymwelwyr i'w gweled ar hyd a lled yr ardal; ni welwyd cymaint o'r blaen a welir y tymor hwn.' Ac i'r un perwyl gwelwyd yng ngholofn 'O Lanau'r Fachno' Awst 26, 1906 yr adroddiad yma, 'Mae Mr D. Williams, (David Red Lion fel yr adnabyddwyd ef) ar ymweliad a'n hardal eto . . . wedi bod yn absennol am dros ugain mlynedd yng ngwlad Jonathan, ac o ganlyniad mae llu o'i gydnabod wedi mynd i wlad nad oes ymadael nac ymweld o'i mewn;' ac wedi dweud mor dda oedd ei weld yn ôl yn ei henfro ac yn y blaen, ychwanega'r sylwebydd yn y modd flodeuog, 'Daeth yn arbennig i weled yr hen gymeriad John Evans (Yr Hen Bost gynt), ond ni chafodd ond gweled y dywarchen a'r blodau yn gwylio maen fechan ei fedd yn erw angof.' Felly ymddengys mai siwrnai wag a gafodd David Williams o 'wlad Jonathan' wedi'r cyfan! Cafwyd adroddiad am ddigwyddiad cyffroes ar Fawrth 21 1908, dan y pennawd 'Achub Plentyn', pryd y bu i David Jones, cyfreithiwr o Lanrwst, sylwi ar rywbeth tywyll yn yr afon wrth groesi Pont y Llan am 4.30 pnawn Sadwrn y 7fed o Fawrth, a chanfod mai plentyn yn cael ei gario i lawr gyda lli'r afon oedd y peth tywyll; neidiodd Mr Jones i mewn i'r afon yn ei ddillad a dod â'r plentyn i'r lan ac adfer ei anadl. Bachgen 5 mlwydd oed Mr R. Morris, llyfrwerthwr oedd y plentyn.

Ar Fedi 1af 1906 daw adlais o gyfnod Diwygiad 1904-5 i'r golwg mewn llythyr yn y *Rhedegydd* gan un a alwai'i hun yn 'Brodor', yn tynnu sylw'r Cyngor Plwyf at gyflwr y Sarn, a'r angen i gael y llwybr yn dramadwy. Dywed fod 'llawer o flynyddoedd wedi mynd heibio er pan ydym wedi gorfod myned o'r llwybr hwn at ein gwaith oherwydd y diffyg yma,' gan fynd ymlaen i restru rhesymau dros agor y Sarn, 'Amser yn ôl yr oedd y rhan fwyaf o'r gweithwyr ag oedd yn byw yn y pentref ac oddi amgylch yn cael gwasanaeth y Sarn i groesi yr afon yr hwn oedd yn fantais corphorol a moesol hefyd i'r rhai hynny ag oedd cyfleusterau i ymyfed yn demtasiwn iddynt, eithaf peth fuasai llwybr trwy ein pentref i fyned a dyfod o'r chwarel heb orfod myned heibio drysau tair o dafarndai.' Gorffenna ei lith drwy ofyn 'Pa le mae caredigion dirwest a chymdeithas y merched . . . ?' Mae'n amlwg fod dylanwad crefydd yn dal yn gryf yn yr ardal wrth ddarllen y geiriau uchod, a hefyd wrth ddarllen adroddiad arall o'r un cyfnod fod y Wesleaid yn ystyried codi capel newydd, mwy o faint yn y Llan.

Un o'r adroddiadau doniolaf i'w darllen oedd un gan 'Yr Hen Ddyrnwr' yn y *Rhedegydd* eto yng Nghorffennaf 1906 o dan bennawd 'Colledion Trymion'. Dyma'r adroddiad yn ei grynswth — 'Un o'r ddau fwyaf gwasanaethgar yn eu cylch eu hunain oedd buwch C.A. Vaughan (Andro Fychan) a Cheffyl Mrs Roberts, Gwesty'r Bedol. Mae marw y naill a'r llall yn golled i bawb, er nad yn uniongyrchol, eto yn sicr. Yr oedd gwasanaeth y ddau anifail yma yn dangos mwy o ddynoliaeth yn eu bywyd na'r anifail, tra mae ambell i ddyn yn dangos mwy o anifail na'r dyn. Crybwyllaf am hyn am fod eu marw yn terfynu bywyd gwasanaethgar. Mae cydymdeimlad â'r perchnogion yn un cyffredinol.'!! Yn ogystal â'r uchod roedd yn y golofn wythnosol yma gyfeiriadau at farwolaethau dynol, mewn geiriau 'run mor flodeuog!

Ceir yng ngholofnau newyddion y papur berlau eraill o wybodaeth am Benmachno ym mlynyddoedd cynnar yr ugeinfed ganrif, ambell bwt a edrychai yn ddigon dibwys ar y pryd mae'n siŵr, ond sydd yn rhoi i ni heddiw rhyw amcan o feddylfryd pobl y cyfnod. Maent hefyd yn gofnodion pwysig o ddigwyddiadau ddoe yn y plwyf, digwyddiadau a fyddent yn anghofiedig oni bai am ysgrifben y gohebydd. Enghraifft o hyn yw'r cofnod yn rhifyn Mawrth 25, 1911 o gyrhaeddiad y weinyddes gyntaf i wasanaethu yn y plwyf, sef Nyrs Parry o Dreffynnon. Yn anffodus i'r nyrs, ymhen tair wythnos o'i phenodi cofnodwyd ar Ebrill 15 iddi gael damwain drwy ddisgyn oddi ar ei 'deurodur' (beic)! Roedd adroddiad o gyfarfod cyhoeddus yn y neuadd, dan lywyddiaeth Mrs Wynne Finch i geisio cael gweinyddes i'r cylch wedi ymddangos yn y *Rhedegydd* ar Ionawr 21, pryd y datganiwyd syndod fod tref fel Penmachno, gyda dwy fil o boblogaeth heb weinyddes. Traddododd Mr William Jones A.S. anerchiad 'llawn bywyd a thân' yn yr hwyr, a phenodwyd pwyllgor cryf yn cynnwys Mrs Wynne-Finch, Mrs Jones, Ficerdy a Myfi Williams, Mostyn Villa i symud ymlaen â'r syniad.

Dan bennawd 'Cwm Penmachno' ar Ebrill y cyntaf 1911 cyhoeddwyd i John

G. Evans, goruchwiliwr Rhiwfachno gael ei anrhegu gyda 'phyrsiad o aur' gan David Hughes, gweithiwr hynaf y chwarel, ar ei ymddeoliad.

Cofnod arall gwerthfawr yw'r un ar Ebrill 8fed 1911 sydd yn dweud fel hyn: 'Motor Car: Sibrydir y bwriedir rhedeg cerbyd modur rhwng yma a Bettwsycoed maes o law. Bydd hyn yn gaffaeliad mawr i'r ardal yn arbennig felly yn nhymor ymwelwyr yr haf.' Mae'n amlwg i'r cerbyd modur gyfrannu tuag at yr hyn a gofnodwyd ar Awst 12fed y flwyddyn honno, — 'Parhau i ddod y mae yr ymwelwyr o hyd, ac erbyn hyn mae nifer fawr wedi dod i aros i' plith.' Ymddegnys felly nad ffenomen newydd yw mewnfudo i Benmachno!

Roedd sefydlu pwyllgor ar gyfer hyn a'r llall yn ddigwyddiad a gawsai ei adrodd amdano yn achlysurol; felly y cofnodwyd ar Ebrill 15, 1911 i'r Parch. Ben Jones, y prif bwyllgorddyn yn yr ardal, sefydlu pwyllgor i ddathlu coroniad brenin Sior y pumed. Ar Fai 13 adroddwyd megis 'Maent yn bwriadu codi treth arbennig yma ar gyfer dreuliau dathliadau y coroni,' ac ar Fehefin y trydydd gwelir i bris Mrs Davies, Machno Stores o £8 am ddarparu Te i 450 o blant i ddathlu'r coroni gael ei dderbyn gan y pwyllgor.

Adroddiad difyr gyda naws o hanes y fro oedd yr un a ymddangosai yn y *Rhedegydd* ar Ionawr 16 1936: 'Symudwyd neithiwr, drwy ddamwain enbyd o wynt, un o hen 'land marks' y plwyf, sef y goeden o flaen y Machno Hotel. Hen goeden, ebe traddodiad, y magwyd y beili gynt arni, am ddod i gynhyrfu y trigolion am dreth ddyledus, pa mor bell yn ôl nis gallaf ddweud. Ond ychydig dros ddau gan mlynedd yn ôl nid oedd gwerth trethol y plwyf ond rhyw £85, ond heddiw mae tua £6,000. Os oedd rheswm dros bwyso y beili yr adeg hwnnw, mae y rheswm dros y gwaith yn drebl heddiw. Nid gwynt symudodd goed eraill ger Pen y bryn, ond Saeson. Dywedir fod un o'r tair coeden dorrwyd fel awrlais i'r hen breswylwyr yn Pen y bryn drwy gydol y cenedlaethau. Cysgod y goeden ar y cae o flaen y tŷ yn dweud yr amser ar y dydd iddynt . . . ' Cyfeiria'r adroddiad, wrth sôn am y 'beili' am achos beiliaid a ddaethent i'r Bennar, yn nechrau'r bedwaredd ganrif ar bymtheg, i geisio arian dyledus, ac yn cael eu herlid gan drigolion lleol, gyda chanlyniad i un gael ei ddal a'i grogi ar y goeden dan sylw.

Daeth adroddiad am Eisteddfod Machno a gynhaliwyd ar nos Nadolig 1936, â'r wybodaeth mai honno oedd y *chweched a thrigain* i'w chynnal yn y neuadd gyhoeddus. Ymddengys yn ôl hyn mai yn 1870 y cynhaliwyd Eisteddfod y Nadolig gyntaf.

Yn rhifyn Awst 7fed 1940, yng ngholofn newyddion Cwm Penmachno gwelir y pwt yma — 'Gwyliau Haf . . . y mae gweithwyr y chwareli i gael ychydig ddyddiau o seibiant a **thâl amdano**. Peth newydd iawn yw hyn yn hanes y chwareli, a bydd yn fanteisiol i iechyd y chwarelwyr.' Er nad yw hyn yn ymddangos yn newyddion syfrdanol, mae yn gofnod pwysig o ddatblygiad arall yn hanes cymdeithasol yr ardal.

Tra ar drywydd ychydig o hanes y chwareli, dyma ddywed G.H. Jones, gynt o Ffestiniog mewn erthygl 'Dechreuad Chwareli Llechi Gogledd Cymru' yn rhifyn 23 o Hydref 1941 o'r *Rhedegydd* ' . . . Ar ymweliad Rhisiart yr Ail â Chonwy yn y flwyddyn 1399, ysgrifennodd ryw Ffrancwr fod tai Conwy wedi eu toi â llechi. Y tebygolrwydd ydyw fod y llechi hyn wedi eu toi â llechi. Y tebygolrwydd ydyw fod y llechi hyn wedi eu cludo o Benmachno neu Ddolwyddelan, lle y mae chwareli hen iawn.'

Mewn cyfeiriad at farwolaeth John Jones, Bryn Hyfryd, Cwm, ar Ionawr 22, 1942, adroddwyd gan ohebydd newyddion yr ardal i'r ymadawedig ddod i fyw i Riwbach, gryn ugain mlynedd ynghynt, sydd yn profi i rai fod yn ymgartrefu ym mhentref anghysbell y chwarel yn y dauddegau.

Adroddwyd ar briodas Gwilym Jones MSc., unig fab J.W. Jones, o'r Cwm, yn Nulun yn Hydref 1942, gan ychwanegu'r ffaith diddorol mai'r priodfab 'yw'r Cymro cyntaf i gael swydd o dan lywodraeth De Valera.'

Yn *Baner ac Amserau Cymru* cyn y Rhyfel Mawr, rhoddid lle blaenllaw i golofn newyddion 'Penmachno a'r cylch'. Rhoddid yn y golofn adroddiadau eitha' cynhwysfawr ar brydiau o newyddion Penmachno yn ogystal â phytiau o blwyfi cyfagos. Erbyn y dauddegau, roedd newyddion y plwyf wedi ei gynnwys dan 'Llanrwst a'r cylch', yn adlewyrchiad efallai o ddechrau dirywiad Penmachno fel canolfan o bwys.

Ar Ionawr y 5ed, 1910 adroddwyd hanes marwolaeth Hugh Parry, Fuches Goch, yn dilyn damwain yn chwarel Rhiwfachno, pryd y bu i dwll danio arno; gorffena'r adroddiad drwy ddisgrifio'r ymadawedig fel 'eglwyswr a cheidwadwr selog'. Yn yr un rhifyn gwelir adroddiad am Eisteddfod Nadolig Machno yn y Neuadd Gynnull, gyda'r bardd cadeiriol, 'Ap Huwco' o Gemmaes, Môn, yn ennill y 'wobr anferth', yn ôl y gohebydd, o bum swllt am benillion coffa i Lizzie Williams, Groesffordd.

Daw prawf o fwrlwm ddiwylliant yr ardal i'r golwg mewn adroddiad ar gyfarfod cystadleuol yn Ebenezer, ('y trydydd y tymor hwn'), ac hefyd am berfformiad o'r Cantata 'Bugeiliaid Bethlehem' yn y neuadd gyhoeddus yn rhifyn yr wythnos ddilynol o'r papur. Dyma ran o hanes y noson honno, yng ngeiriau'r gohebydd:

"Wedi cael anerchiad addysgiadol gan y llywydd, galwyd ar Mr Thomas Edwards, Rhos, a chanodd 'Llan y Cariadau'; encoriwyd, a chanodd eilwaith, 'Hen Wlad fy Nhadau'. Deuawd 'Y Llaethferch a'r Bugail' gan Miss Bessie Jones, Penybedw a Mr D.P. Davies. Cân Saesnig gan Mr Humphrey Davies, Liverpool; encoriwyd, a chanodd un lawn mor Saesnig a'r gyntaf."!!

Gwelir o bryd i'w gilydd nodion o gysylltiadau alltudion Penmachno yn yr Unol Daleithiau megis adroddiad ar Chwefror 16eg 1910 am farwolaeth Richard R. Rees yn yr Amerig, yr hwn a aned yn y plwyf yn 1833, ac a ymfudodd dros yr Iwerydd yn 1855. Un o'r nifer a fentrodd o'r chwarel lechi yn Delta, Pensylfania. Newyddion trist ddaeth drwy gyfrwng 'gwefreb' o'r America i Richard Hughes, tafarn yr Eagles ym mis Mawrth 1910, yn ei hysbysu fod ei fab, Ralph, wedi mynd ar goll mewn rhan o dir anial, ac i storm o eira ddod i lawr, ac iddo gael ei gladdu dan drwch mawr o eira, ond nad oedd y corff wedi ei ddarganfod.

Dyma a ddarllenwyd yng ngholofn gohebiaeth Penmachno ar y 23ain o Fawrth, 1910: 'Da iawn genym gael tystiolaeth ffafriol i ohebiaeth Machno o'r Amerig bell. Dywedodd fy nghyfaill mai colofn lenyddol Anthropos a fy nhipyn ysgrif innau oedd yn ei blesio oreu. Cofio fyrdd at y wraig, a'r eneth fach a chwithau.'

Roedd elfen o siniciaeth yn adroddia 'D.T.' o'r Cwrdd Plwyfol yn yr un papur ar Fawrth 23 1910, wrth iddo ysgrifennu fel hyn:

'Nos Sadwrn, Mawrth 12fed, mewn ystafell berthynol i ysgol y Cynghor Penmachno, cynhaliwyd Cwrdd Plwyf Penmachno.' Wedi sôn am ddyddiad cau i ymgeiswyr ar y Cyngor Plwyf, dyma ddywed y gohebydd, 'Hwynt-hwy fydd yn gwneud i fyny ein senedd blwyfol. Bu yr hen gyngor yn bur ofalus; ni wnaethent rhyw lawer i siarad â'u gilydd . . . gresyn fod cymaint o baraffin wedi ei losgi. Yn un o'r cyfarfodydd diweddar cwynai un hen frawd hysbus nad oedd y gohebwyr yn rhoddi adroddiadau am weithgareddau'r cynghor. Ond beth a fuasai dyn yn ei gyhoeddi? Nid ydym yn alluog o greu, yn siŵr i chi, a buasai hanes aml i gynghor yn ddigon i wneud i'r dyn mwyaf adfydus i chwerthin heb dewi.'

Gan aros ym myd gwleidyddol y plwyf, cawn hanes etholiad i ddewis cynrychiolwyr ar Fwrdd y Gwarcheidwaid a'r Cyngor Dosbarth ar Ebrill 13 1910. Roedd chwech ymgeisydd am dair sedd yn yr etholiad, ac yn rhyfedd am y cyfnod, yn sefyll yn enwau pleidiau gwleidyddol. Y canlyniadau oeddynt: Hugh Hughes (Rhyddfrydwr) 198; E.W. Roberts (Rh.) 191; John Richards (Rh.) 136; J. Lloyd Morris (Tori) 116; T.R. Jones (Tori) 110; Ed. Roberts (Rhyddfrydwr Annibynnol) 64.

Cofnodwyd i organ newydd gael ei gosod yn Salem yn y *Faner* Hydref 19 1910. Tra bod y gwaith yn mynd ymlaen bu i'r addolwyr wneud defnydd o'r hen gapel, a oedd wedi ei addasu'n neuadd gyhoeddus ers blynyddoedd.

Yn yr un rhifyn cafwyd adroddiad am arwerthiant flynyddol fferm y Bennar, gyda'r wybodaeth mai Mrs Evans, Gwesty Glan Aber, Betws-y-coed a oedd yn denant yno. Rhoddir hefyd y prisiau a gaed am yr anifeiliaid, megis 'Dywedir fod eidionau yn gwerthu yn ôl 31 punt, rhai ohonynt, gwartheg godro i fyny dros 20 punt a pherchyll 35 swllt. Gwelir fod y prisiau yn ddigon i yrru aml i amaethwr o'i go.' (Ni ddatgelir pam; p'run ai fod y prisiau'n isel neu'n uchel ar y pryd!)

Eto, yn rhifyn Hydref 19 daeth adroddiad am gwmni Green o Fangor wedi cymryd coed derw anferth ar ystad y Barnwr Bankes ym Mhenmachno i'w torri a'u gwerthu. (Roedd Bennar a Choed y Ffynnon yn rhan o'r stad yma.) Meddai'r gohebydd 'Y maent wedi pwrcasu peiriant i'w llifio yn barod i'r farchnad. Golyga hyn waith i lu mawr yn ystod misoedd oer y gaeaf, yr hyn sydd yn galondid mawr i'r rhan hon o'r wlad.'

Ar 27 o Dachwedd, 1912, roedd gohebiaeth 'Penmachno a'r Cylch' yn cynnwys adroddiad am gwmni Dicksons' o Gaer yn dechrau plannu coed ar y stad, wedi clirio dros ddeugain erw o hen dderw o'r tir. Coed estron, pinwydd, llarwydd a spriws oedd y rhai a blannwyd yn lle'r derw cynhenid, rhai ohonynt yn ganrifoedd oed. Gorffena'r adroddiad gyda'r neges arferol 'golygai'r plannu y bydd gwaith am gyfnod lled faith.'

Ar Fawrth 27, 1912 dywed y *Faner* am ymweliad yr aelod seneddol, William Jones â Chwm Penmachno ar brynhawn Sadwrn y 14eg o Fawrth, ac iddo annerch tyrfa fawr o chwarelwyr y Cwm, 'cafodd dderbynfa ardderchog — yn yr hwyr yn y neuadd gyhoeddus, yn siarad drechefn, ac ni chawsom well araith ganddo erioed . . . Cafwyd cyfarfod rhagorol iawn, er fod y papurau Saesnig, rai ohonynt — y rhai sydd ag arogl brwmstan arnynt — yn gwadu hynny. Yn un ohonynt ymddangosodd y paragraff o dan y llythrennau mawrion *"Welsh M.P. heckled!"* — Camarweiniol, anheg, a gallaswn feddwl mai rhyw dri dwsin oedd yn gwrandaw arno'i gyd . . . nad oes gan Mr William Jones etholwyr gonestach a mwy ffyddlawn iddo yn un ran o'i etholaeth nag a geir iddo ym mhlwyf Penmachno.' Tybed beth oedd y gwirionedd am y cyfarfod hwnnw? A gafodd William Jones dderbyniad da mewn difri', fel yr adroddwyd gan y *Faner* Ryddfrydol benboeth, neu a gafodd o yr un driniaeth a'i wrthwynebydd Doriaidd yno mewn cyfarfod yn y neuadd gyhoeddus yn ystod y cyfnod yn arwain i etholiad Ionawr 1910, pryd y bu i hwnnw orfod orffen y cyfarfod heb gael cyfle i annerch, oherwydd ymddygiad swnllyd y gynulleidfa?

Daeth adroddiad Hydref 9fed, 1912 â gwybodaeth i wasanaeth cludiant y London & North Western Railway gael ei gwtogi am y gaeaf. Dyma ddywed y gohebydd; — 'Y dydd olaf yn Medi oedd y diwrnod olaf i'r modur mawr redeg yn rheolaidd a dyddiol rhwng Betws-y-coed a Penmachno. Yr oedd hwn yn hwylus ryfeddol, a llawer yn cymryd mantais ohono, ac un rhagoriaeth amlwg ynddo oedd ei fod yn cario tlawd a chyfoethog, yn ddi wahaniaeth, bob lliw a llun, y Groegwyr a'r cenedlddyn ar yr un tir. Bellach rheda yn unig am ddau ddiwrnod o'r wythnos, am y Dydd Mercher a Sadwrn.

Yn y *Faner* eto ar Ebrill 30, 1913 rhoddir hanes fel ag yr oedd y dirywiad yn y masnach llechi yn gyffredinol yn effeithio ar chwareli'r fro; dyma ddywed y gohebydd:

'Chwarel Rhiwfachno: Nos Fercher diwethaf attaliwyd gweithio yn Rhiwfachno. Golyga hyn fod dros drigain o weithwyr yn cael eu taflu allan o fara. Parodd y newydd syndod a siomedigaeth erwin yn y plwyf, gan fod gryn lawer allan o waith eisoes. Y mae yn sicr o beri colled a thlodi mawr. Gobeithiwn yr egyr ymwared yn fuan iawn gan fod bywoliaeth mwyafrif yr ardal hon yn hollol ddibyniadwy ar y chwarel.' Sylwer mor berthnasol yw geiriau olaf yr adroddiad i'r hyn a ddigwyddodd i'r diwydiant ymhen hanner can mlynedd o'r dyddiad, pan gaewyd y chwarel olaf, gan brofi mor allweddol oedd cyflogaeth yn y chwarelau i ffyniant yr ardal.

Ymddangosodd hysbyseb yn y *Faner* ar Fai y 7fed, 1913, gan warcheidwaid Undeb Llanrwst am feddyg i ardaloedd Penmachno a Phentrefoelas, ar gyflog o £22.10s y flwyddyn, ynghyd â ffioedd ychwanegol am frechu. Un o hanfodion y swydd oedd gwybodaeth lawn o'r Gymraeg. Swydd oedd hon i lenwi'r bwlch a adawyd wedi marwolaeth y meddyg William Michael Williams, Mostyn Villa, Penmachno, yr hwn a fu farw ychydig wythnosau ynghynt, wedi gwasanaethu'r ardal fel meddyg ers 1881.

Cafwyd adroddiad o'r cyfarfod llenyddol a gynhaliwyd gan Fethodistiaid Cyfyng yn 'yr awyr agored ger y capel' yn rhifyn 11/6/1913 o'r *Faner*. Gutun Arfon, prifathro ysgol Rhiwddolion oedd y beirniad ar yr holl gystadlaethau. Enillodd Kate Morgan Jones ar yr Her Unawd, 'allan o nifer fawr', a Morgan Jones, Cwm, ar y Prif Adroddiad. Roedd tri pharti o ddeuddeg mewn cystadleuaeth gerddorol, dau o Ddolwyddelan ac un o Benmachno, a pharti Penmachno a orfu. 'Cafwyd te a bara brith rhagorol, cyn ac ar ôl y cyfarfod' meddai'r gohebydd, fel petai hynny yn rhan o'r cystadlu! Ond doedd hynny'n ddim i'r wledd o gacen a gyflwynodd gŵr a drigai gerllaw i'r capel. Dyma'r hanes, yng ngeiriau'r gohebydd. "Bu i Mr Allen, y bonheddwr hynaws o Graig Lledr anrhegu'r plant â theisen ac arni y geiriau 'Votes for Women';" Ni chlywsom fod unrhyw ferch a fu yn cael ymborth yn y Cyfyng y noswaith hon wedi ei thrydaneiddio trwy fwyta o'r deisen, ond o'r ochr arall, hwyrach fod rhywbeth wedi cael ei roddi yn y deisen i ladd yr ysbryd rhyfelgar ac anfoddog sydd yn llechu yng nghalon y merchetos hyn. Rho'r adroddiad yma awgrym fod dylanwad Emily Pankhurst a'r 'suffragettes' wedi cyrraedd man mor anghysbell a Chwm Wybrnant erbyn Mehefin 1913!!

Erbyn 1924, cafwyd adroddiadau o ddau begwn y flwyddyn honno yn y *Faner*, yn adlewyrchu'r adfywiad yn y diwydiant llechi yn y plwyf. Yn yr adroddiad cyntaf, ar Ionawr y 10fed daw hanes am weithwyr chwarel Rhiwfachno, a'u gwragedd yn mwynhau te a chyngerdd wedi ei gyflwyno iddynt gan y Capten Hutchinson, un o 'brif berchenogion y gwaith'. Gorffenai'r adroddiad megis 'Dengys hyn yn eglur beth yw'r teimladau rhwng y meistr a'r gweithwyr yn y rhanbarth hon'. Ym mhen arall y flwyddyn, ar y 27ain o Dachwedd, daeth y newyddion da fod chwarel Cwt y Bugail wedi dechrau gweithio unwaith yn rhagor, gyda'r geiriau hyderus yma, 'Bydd gwaith i nifer dda iawn yn fuan. Nid oes gennym ond gobeithio y deil ymlaen fel na bo ein dynion yn gorfod mynd ar ofyn y Llywodraeth am fudd y diwaith.'

Diwedd y bennod yma drwy edrych ar y pwt o adroddiad o golofnau newyddion *Baner ac Amserau Cymru* o'r ymdeimlad hiraethus o gyfeiriad gohebydd Penmachno ar Hydref y 30ain 1924, am fwrlwm y cythraul etholiadau'r gorffennol yn y plwyf. Dyfynnir yn llawn:- 'Politicaidd: Digon di-hwyl yw pethau yn y parthau hyn cyn belled ac y mae hwyl lecsiwn yn mynd. Dim o gwbl i'r hyn a geffid yn yr hen ddyddiau gynt. Ac y mae yn debyg mai'r cynnydd yn y wybodaeth am faterion y bêl-droed, a'r lleihad yn y wybodaeth am faterion pwysicach — ymysg ieuainc a hen — sy'n cyfrif am hyn.'

Rhestr o Brif Fynyddoedd/Bryniau y Plwyf

	Uchder
Y Graig Goch: Ar Greigiau'r Gamallt ar ffin plwyf Ffestiniog	1,928'
Ro wen: I'r gorllewin o'r plwyf, yn ffinio â Dolwyddelan	1,920'
Ro lwyd: I'r un cyfeiriad â'r uchod	1,744'
Pen y bedw: Ar ochr dde-ddwyreiniol o'r Cwm mawr	1,800'
Moel marchyria: Ym mhen ucha'r Cwm, ar y dde i'r ffordd serth ar y daith i Ffestiniog	1,597'
Moel Llechwedd Hafod: Ochr orllewinol i'r Cwm mawr	1,525'
Moel Pen y bryn: Yn sefyll fel gwarchodwr i Lan Penmachno	1,500'
Drosgol: Yng Nghwm Wybrnant	1,400'
Rhiw lwyd: Ar y ffin âg Eidda	1,305'
Hwylfa: Yn ffinio â Eidda i'r dwyrain o'r Llan	1,218'
Iwerddon: Ucheldir i'r gogledd o'r plwyf	1,190'
Carn Parc: Creigiau uwchben fferm y Parc	1,160'

Sylwer ar enwau nifer o 'foelydd', sydd yn dweud rhywbeth am natur tirwedd y bryniau; yn ychwanegol i'r rhestr ceir y Foel bach, Foel boeth, Foel ddu, Moel Sawdwyr.

Dyma ddywed Gethin Jones wrth y darllennydd yn ei lyfr *Gweithiau Gethin* 'Moel yw lle heb gnwd . . . yr un fath ag y dywedir 'pen moel' am un wedi colli ei wallt'.

Afonydd ym mhlwyf Penmachno

Afon Machno:
Yn tarddu yn y mynydd-dir uwchben chwarel Rhiwbach yng Nghwm Penmachno. Rhed heibio tomen isa'r chwarel cyn mynd drwy'r Cwm a'r Llan, ac ymlaen i ymuno â dŵr gwyllt yr afon Conwy ym mhen isa'r plwy', oddeutu wyth milltir o'i tharddiad. Cyn ymuno â'r Gonwy, disgyna'r Fachno dros raeadr y Pandy, tua hanner milltir o ddiwedd ei thaith. Bu arlunwyr o fri yma dros y blynyddoedd, yn cynnwys yr enwog David Cox, yn arlunio prydferthwch y man arbennig yma.

Yr unig bysgod yn afon Machno ar hyn o bryd yw'r brithyll brown a chrethyll, ond yn dilyn gwaith gan y Bwrdd Afonydd ar raeadr y Greiglwyd, neu'r 'Conwy Falls' i'r ymwelwyr, disgwylir i'r eog ddod i ddyfroedd y Fachno am y tro cyntaf. Bu ymdrechion gan fonheddwyr yr ardal yn y ganrif ddiwetha' i dorri grisiau yn y graig ger y rhaeadr i geisio cael y samwn i'w dyfroedd yn aflwyddiannus, ac fe welir olion y gwaith yma ar y safle hyd heddiw. Yn dilyn y gwaith diweddaraf, gan gwmni 'Trafalgar House', bydd yr eog yn gallu esgyn i dramwyo i'r Fachno a phen ucha'r Gonwy am y tro cyntaf. Diolch i rwystr y Greiglwyd efallai, ni welwyd bron ddim llysywod yn y Fachno, ond daliwyd ambell un a oedd rhywsut wedi llwyddo i ddringo llifeiriant nerthol y rhaeadr mawr yng ngwaelod y dyffryn; ystyriwyd rhain yn 'ganibaliaid' oherwydd iddynt fwyta pysgod eraill. Clywais i 'nhad ddal un enfawr rhywdro yn y dauddegau. Bu'r Fachno yn afon dda iawn am frithyll erioed, ond yn ystod yr ugain mlynedd ddiwetha', clywir yr un gŵyn yma am ostyngiad yn rhif y pysgod ac a glywir ledled Cymru.

Dyma enwi rai o byllau a'r mannau gorau i bysgota ar yr afon:
Tro yn yr afon islaw Beniarth.
Tu isa' i Bont Rhydygro.
Pwll yr ochr isa' i Bont Penybedw; daliwyd 'canibal' o frithyll gan un wedi gosod 'gwestan' — lein wedi ei phegio ar y lan a'i gadael dros nos, a chrethyllen yn abwyd, tua 1958; pwysai'r 'sgodyn dros bedwar pwys.
Islaw pont Oernant.
Llyn cei, ger Pont y Llan.
Ar gyfer yr Ysgol Gynradd.
Llyn y Felin: (Ar flaen llif yn enwedig).
Uwch Pont y Benar.
Tro yn yr afon ar gyfer â'r 'Gorlan': (Ar lif mawr).
Islaw'r ffordd ger Tŷ'n y coed: (Gyda phluen 'y pry' du' ar noswaith braf o haf).
Ger safle hen bont y Pandy.
Rhwng Pont Rhyd y gynnen a'r Pandy: Pysgod mawr yma, ond yn anodd i'w dal.
Oherwydd natur y tirwedd, nid yw'n saff pysgota'r afon o'r Pandy i'r ymuniad ag Afon Gonwy.

Afon Glasgwm:
Dechreua' o nifer o ffosydd a nentydd di-enw yn rhedeg o'r goedwig tan Clogwyn y Groes ar y Ro-wen. Rhed i lawr Cwm Glasgwm o gyfeiriad Ty'n y waen, heibio Plasglasgwm nes llifo dan bont y Rheithordy a phont Ty'n y ddôl i ymuno â'r Fachno ger y Swch Bach, cwta dair milltir o'i tharddiad. Digon prin yw'r pysgod ynddi, ac wedi bod erioed, oherwydd natur ei gwely, carreg las, heb fawr ddim bwyd na magwrfa dda i'r brithyll.

Afon y Foel:
Cychwyna hon yn y corsdir ar y Foel Rudd tua'r ffin â 'Stiniog, megis ffos fechan. Â tu ôl i Hafodredwydd ac i lawr y Ceunant mawr a Chwm Hafodredwydd a than hen bont hynafol y Foel cyn ymuno â'r Afon Machno yn nolydd Carrog, oddeutu dair milltir o'i ffynhonnell uchel.

Ychydig iawn o bysgod sy'n hon eto bellach.

Afon Oernant:
Mae'r Oernant yn dechrau ei thaith fel ffos mewn tir gwlyb ar y Talcen Llwyd ar ochr ddeheuol y plwyf o'r Llan. Rhed am bellter o tua milltir yng ngodrau coed y Comisiwn coedwigaeth, nes cyrraedd safle hen dafarn ar ffordd y porthmyn drwy'r plwyf, Bryn Crug, ac yna yn troi ar ei phen heibio hen ffermdy o'r enw Oernant, ac ymlaen i'r 'afon fawr'.

Tua dwy filltir a hanner o hyd; ychydig o bysgod yn y rhan isaf, ac mewn ambell bwll yng ngheunant Oernant.

Afon Wybrnant:
Yn tarddu o nifer o ffosydd/nentydd bychain, ac yn llifo heibio Tŷ Mawr, man geni yr Esgob William Morgan; dilyna'r ffordd i lawr i gyfeiriad Betws-y-coed, cyn disgyn i Afon Lledr, tua phedair milltir o'i dechreuad. Dim ond ychydig o bysgod yn hon hefyd.

Mewn adroddiad yn y *Rhedegydd* Mawrth 12fed, 1910 dan 'Cwm Penmachno', dywed y gohebydd fel hyn 'Y mae y genweirwyr yn cael hwyl neillduol ar bysgota y dyddiau hyn, ac aml un ohonynt yn cael helfa dda.' — Roedd hyn ar ddechrau'r tymor sylwer. Ac eto, yn yr un papur, ar Ionawr 14eg 1911 cafwyd adroddiad Bwrdd Pysgodfeydd Nant Conwy yn trafod sefydlu Cymdeithas Enweiriol i Benmachno, oherwydd fod yr afon yn ddiamddiffyn rhag cael ei rhwydo gan rai o 'Stiniog a fyddent yn dod fesul dau a thri i'w rhwydo a 'chario beichiau o bysgod oddiyno.' Roedd y gwyliadwriaeth ar y pryn yn annigonol, a'r Bwrdd, oherwydd prinder arian yn analluog i ychwanegu at rif y ceidwaid. Dywed yr adroddiad mai er gwaetha'r herwhela, roedd y Fachno yn afon dda am bysgod, ac i fwyafrif o boblogaeth yr ardal fod yn chwarelwyr neu lafurwyr, a 'meddylid iddynt dalu tanysgrifiadau o swllt y flwyddyn o aelodaeth.' Prif 'berchenogion' yr afonydd ar y pryd oedd Arglwydd Penrhyn, Syr J. Eldon Bankes a Mrs Wynne, Peniarth.

Rhai o Brif Nentydd Plwyf Penmachno

Nant Fforchog:
Ar ffin isaf y plwy', rhwng Eidda. Yn rhedeg o gyfeiriad yr Hwylfa i afon Conwy ym Mhadog.

Nant yr Iwrch:
Yn rhedeg o gyfeiriad yr Hwylfa eto, heibio 'Dylasau Cottage' i'r Gonwy; enw ar garw a arferai grwydro'r rhan yma yr amser a fu yw 'Iwrch'.

Nant Surwch:
Ger yr Hwylfa eto, ffrwd fechan yn ymuno â Nant Fforchog. Yn dweud rhywbeth am natur y dŵr?

Nant Ffridd Wen:
Yn tarddu yng nghreigiau Elsi ac yn mynd heibio murddun Ffridd Wen.

Nant y Parc:
Yn rhedeg drwy dir y Parc, heibio Carreg yr Ast i ymuno â Nant Ffridd Wen.

Nant Cadwgan:
Canlyniad ymuniad y ddwy nant uchod. Rhed drwy Fawnog 'Sgwfrith, i lawr heibio Plas Eldon, o dan y ffordd fawr, ac ymlaen i Afon Machno ger Ty'n y coed. Yn ôl ambell ddogfen, 'Nant Caddugan' yw'r enw, enw addas mewn ffaith, oherwydd i'w cheunant fod yn lle tywyll.

Nant y Wrâch:
Yn dechrau ei bywyd ar ochr y Foel. Dywed rhai i wrâch fyw ar ei glan, islaw Tan Lan rhywdro, ond erbyn heddiw 'Nant Doctor' yw'r enw ar lafar am fod meddyg wedi byw mewn tŷ cyfagos cyn y rhyfel mawr 1914-1918.

Nant Mynach:
Rhed hon i Afon Machno dan y ffordd rhwng Cae Llwyd Bach a Hafodwyryd, plasdy hynafol. Cyflogwyd mynach gan fonheddwyr Hafodwyryd erstalwm, ac mae cae o'r enw Cae Mynach gerllaw. Dengys felly i'r enwau yma oroesi canrifoedd yn y plwy'.

Nant Mela:
Ar yr un llwybr a'r uchod; cysylltiad â gwenyna efallai, gan gofio fod y grefft yn gyfarwydd i fynachod?

Nant y Groes:
Ychydig yr ochr i mewn i ffin uchaf y plwy'; cysylltir â'r Afon Ddu ym mhlwy' Eidda. Dywed i gysylltiadau crefyddol fod ynghlwm â'r enw, ac i bererinion ar eu ffordd o Ysbyty Ifan i Enlli aros yma i weddio, a gosod eu croesau i orffwys yma.

Nant y Niwle:
Ar y Talcen Llwyd, uwchben Llyn Conwy; enw addas, oherwydd i'r ucheldir yma fod ynghanol niwl yn aml.

Nant Holmoch:
Yn Ymuno â Nant yr Iwrch, 'Nant hela moch' yw'r enw cywir yn ôl traddodiad, a hawdd credu hyn oherwydd i'r baedd gwyllt fod yn gyffredin yn

y fro yr amser a fu. Daethpwyd o hyd i weddillion mochyn gwyllt â'r brasder yn dal arno mewn cors gyfagos tua chanol y ganrif ddiwethaf.

Nant y Fflat Fawr:
Yn disgyn fel pistyll o ochr orllewinol i Gwm Glasgwm a than ffordd y Plas i afon Glasgwm gerllaw.

Nant Cae Llwyd:
Yn cyd-redeg â Nant y mynach i afon Machno.

Nant Beti Richard:
Gelwir hon weithiau yn 'Nant Beti Pritchard'. Yn disgyn i lawr y creigiau yn Nhwll y Cwm.

Nant Twll Cwm:
Yn rhedeg i lawr o gyfeiriad murddun o'r un enw.

Ceunant:
Rhed y Ceunant o gyfeiriad Moel Llechwedd Hafod drwy'r creigiau serth heibio Hafod y Fraith i afon Machno.

Nant Pistyll Carrog:
Yn disgyn o greigiau'r Carrog gan groesi o dan ffordd Hafodredwydd ac ymlaen i afon Foel.

Pontydd y Plwyf

Rhestrir isod bontydd Penmachno o ben uchaf y plwyf i'r pen isaf.

Pont Elen:
Ger Hafodredwydd.

Hen Bont y Foel:
Neu Pont Cae Drain ar lafar. Ar lwybr hen ffordd o Ffestiniog i Benmachno dros Afon Foel yng ngwaelod ceunant Hafodredwydd.

Pont Selar:
Yn croesi Nant Twll Cwm, ger Blaen y Cwm.

Pont Swch:
Dros Afon Machno yn Swch, Cwm Penmachno.

Pont y Foel:
Dros Afon Machno ar ddolydd Carrog.

Pont Rhydymeirch:
Dros Afon Machno, ger capel o'r un enw. Yn amlwg, bu meirch yn rhydio'r afon yn y fan yma cyn codi'r bont.

Pont Rhydygro:
Yn pontio Afon Machno; gelwir hi hefyd yn 'Pont Llechwedd Hafod'.

Pont Penybedw:
Ar ffordd y porthmyn gynt, rhwng Pen Llyn a ffeiriau Lloegr; gwelir yr hen ffordd yn glir, yn codi thua Phen Llech i gyfeiriad Ysbyty Ifan.

Pont Penybont:
Er hwylustod ffermwr i groesi'r Fachno.

Pont Oernant:
Pompren i groesi'r Fachno.

Pont Goncrit:
Erchyllbeth o goncrit fodern a godwyd yn ddiweddar er budd y Comisiwn Coedwigaeth, o fewn golwg un o adeiladau hynotaf y plwyf, Hafodwyryd.

Pont y Llan:
Pont a godwyd yn lle'r un a olchwyd ymaith yn llifogydd difrifol Mehefin 1779, a ddinistriodd Melin Risgl Penybedw ac, mae'n eitha' tebyg, Melin Singrug hefyd. Gwelir enwau'r ddau brif adeiladwyr I. Hughes a Harri Parry, Caernarfon ar ochr y bont, gyda'r dyddiad 1781. Ond yn ôl dogfennau yn ymwneud â chytundebau i ail adeiladu Pont y Llan yn archifdy Caernarfon, gwelir i gytundeb gael ei gwneud rhwng Lewis Ellis, Pont ar Saint, Llanbeblig a David Parry o Gaernarfon, a ddisgrifir fel 'Limeburner', a Richard Howard, '*gentleman*', clerc heddwch yn y sir i '*erecting, making, widening, and building the said bridge Pont Penmachno, in the best and cheapest manner.*'
Enwir swyddogion eraill, Glynn Wyn, 'gent' ac Owen Parry, clerc, ar ran y

Pont Penbedw.

Llun anghyffredin o ddwy bont Penisa'r Plwy' — Pont y Pandy yn y blaen a Phont Rhyd y Gynnen yn y cefn.

Hen Bont Foel, Cwm (Pont Cae Drain).

plwyfolion yn cytuno i dalu £84 i Owen Pritchard, Robert Anthony, Lewis Ellis a David Parry am y gwaith. Ond er i'r cytundeb rwymo'r cwmni yma i ofalu am y bont am gyfnod o saith mlynedd wedi ei chwblhau, ymddengys iddynt gadw at y *'cheapest manner'* o wneud y gwaith canys ymhen pedair blynedd wedyn roedd cytundeb arall wedi ei wneud am godi Pont ar Fachno. Yn y cytundeb hwnnw, dyddiedig Medi 29ain 1785, rhwng Henry Parry, Moel y Donn, Sir Fôn, a John Hughes o Gaernarfon y ddau ohonynt yn seiri melinau, o bopeth, yn cymryd menter fel codi pont ar ei dwylo, a John Griffith, Cefnamwlch 'esq', Ralph Griffith, Caerhun 'esq', Owen Parry o Perfeddgoed, clerc, ac Edward Edwards o Lanrwst, clerc, — pedwar ynad heddwch ar ran trigolion Penmachno. Ymysg manylion ynglŷn â'r bont i'w chodi oedd canllath o ffordd yn arwain ati; y bont ei hun i fod yn 90 llath o hyd; pum bwa i'w cynnwys ynddi, gyda bwa rhif 1 i fod yn 21 troedfedd o led a 7 troedfedd a chwe modfedd o uchder, rhif 2 yn 27 troedfedd o 'span' wrth 9 troedfedd a chwe' modfedd o uchder, rhif 3 fel rhif 1, a rhifau 4 a 5 i fod yn 15 troedfedd o led a 5 troedfedd a chwe' modfedd o uchder. Roedd y cytundeb ariannol yn £200 am godi'r bont yma, *'of good and lawful money of Great Britain'* i gymharu a'r £84 am un 1780. Gwnaed yr un telerau megis gwarant i gynnal a chadw'r bont am saith mlynedd wedi cwblhau'r gwaith. Mae'n debyg i Lewis Ellis a'i gyfeillion fethu a chodi pont foddhaol am bris mor isel, na chadw'r cytundeb, os bu'n rhaid i John Hughes a harri Parry gwblhau'r bont yn ôl cytundeb 1785. Felly, ymddengys nad y dyddiad a welir ar ochr y bont yw dyddiad codi'r bont bresennol, ac yn ôl pob tebyg, dyddiad y bont aflwyddiannus a godwyd gan Lewis Ellis, David Parry, Robert Anthony ac Owen Pritchard yw'r 1781 sydd wedi ei gerfio arni. Dywedir i Harri Parry a John Hughes godi pont yn Llanrug hefyd.

Torrwyd enlgyn ar yr un maen â'r dyddiad arni gan Sion Owen, Foelewigfynydd

> Pont isel, drafal ar dro — pont lydan
>   I wladwyr drafaelio,
> Pont a fydd mewn pant
> Tra fo pont ar ochr Pentre fachno.

Aeth Sion Owen i'r America ychydig wedi cyfansoddi'r englyn, ac yno y daeth i feistrioli rheolau'r gynghanedd yn iawn, a sylweddoli fod gwallau yn ei englyn i'r bont; anfonodd air at gyfaill iddo ym Mhenmachno gan ofyn iddo grafu'r englyn i ffwrdd o'r garreg, ond diolch am hynny, ni lwyddodd y ffrind i gyflawni'r dasg, ac ar y garreg ar ganol Pont y Llan yr erys y geiriau, er yn wallus byth, yn gofnod o bwt o hanes y plwyf tra saif y bont.

Pont y Rheithordy:
Ar ffordd y Plas dros Afon Glasgwm, enw arall arni yw 'Pont Ceunant'.

Pont Dolgochyn:
Er hwylustod preswylwyr Dolgochyn; ar Afon Glasgwm.

Pont Blaenglasgwm:
Yn croesi afon Glasgwm o flaen tai Blaenglasgwm.

Pont y Plas:
Ar Afon Glasgwm ger Plasgasgwm.

Pont Ty'n Ddôl:
Pont fodern i groesi'r Afon Glasgwm ger Ty'n Ddôl.

Pont Benar:
Pont fodern, er budd preswylwyr y Benar.

Pont y Pandy:
Dros afon Machno ger y ffatri wlân. Ar lwybr yr hen ffordd yn arwain i Lanrwst, cyn codi'r 'Bont Newydd' dros y Gonwy i'r lôn bost hanner milltir i ffwrdd.

Pont Rhyd y Gynnen:
Ychydig latheni i lawr yr afon o'r bont uchod. Gelwir hi yn bont Rufeinig gan lawer, ond pont wedi ei chodi yn yr 17 ganrif yw hi mewn ffaith, ac wedi bod yn gyrchfan i arlunwyr dros y blynyddoedd oherwydd yr olwg hynafol sydd arni. Dywed i frwydro fod yma rhywdro, a dyna ro'dd yr enw i'r bont — cynnen — ymrafael, cweryl. Yn ôl Gethin Jones, yng *Ngweithiau Gethin*, gosodwyd carreg â dyddiad yr hen bont ym môn dwyreiniol Pont y Pandy pan godwyd honno, ond oherwydd tyfiant ac yn y blaen, nid yw'n bosib' cadarnhau hyn. Gwnaed difrod i Bont Rhyd y Gynnen yn ystod llifogydd mawrion Tachwedd 1994, a bu Cadw a Menter Coedwigaeth yn brysur yn ei thrwsio yn ystod 1995. Er mor uchel yr afon yn Nhachwedd 1994, y gwaethaf o fewn cof, nid oedd yn ddim i'w gymharu ag un ar y 5ed o Dachwedd 1883, pryd, yn ôl Brysiog Machno, y bu i'r afon 'ymdaflu *tros fwa* yr hen bont Rufeinig'.

Pont ar Gonwy:
Gelwir hon yn 'Bont Newydd' hyd heddiw, er iddi gael ei chodi yn 1826 i hwyluso'r daith o Benmachno i ffordd fawr Telford — yr A5 heddiw. Fel y gwelir 'nôl yr enw, dros yr afon Gonwy.

Pont Rhydlanfair:
Ym mhen dwyreiniol pellaf y plwyf. Croesir yr afon Gonwy eto gan hon. Fe'i hadeiladwyd yn 1778 gan Robert Griffith, Tan'rallt, wedi dwy ymgais aflwyddiannus gan eraill i'w chodi; y tro cyntaf aeth llifeiriant â'r ffrâm ymaith, a'r eildro fe dorrodd y ffrâm pan oedd yr adeiladwyr bron a chloi y bwa, gan ladd dau ddyn. Mae rhychwant y bont yn drigain troedfedd. Wrth 'nôl y ffrâm at ddefnydd codi pont yr Allt Goch, Dyffryn Clwyd, rhyfeddai Twm o'r Nant at gywreinrwydd y ffurf fel y canodd yr englyn yma i'w siâp, —

Llun enfys hysbys yw hi — llun camog,
   A llun cwman milgi;
  Llun 'C', llun cerwyn freci,
  Llun cwr lloer yn llyncu'r lli.

Pont ar Ledr:
Yng nghwr gogleddol y plwyf; yn ffin rhwng y plwy' a Betws-y-coed; yn cario'r hen ffordd o Benmachno.

Pont Wybrnant:
Dros yr afon o'r un enw, ger Tŷ Mawr Wybrnant, man geni yr Esgob William Morgan, cyfieithydd y Beibl i'r Gymraeg.

Pont y Glyn:
Dros Afon Wybrnant ger Glyn Lledr yng ngwaelod y plwyf.

  Mae o leiaf dwy bont wedi diflannu yn ystod y ganrif yma, sef pont Bryn Crug a phont a groesai'r Fachno ger Tŵr Teg yn y Penisa', ac mae'n ddigon tebyg i ambell i bont arall a fu'n croesi nentydd ac afonydd y plwy' fynd i ddifancoll cyn hynny hefyd.

Llynnoedd Penmachno

Llyn Conwy:
Yr unig lyn o bwys yn y plwyf. Wedi ei leoli yn unigedd y corsdir yn nherfyn ucha'r plwy'. Dyma ffynhonnell dŵr glân llawer o gartrefi Dyffryn Conwy. Roedd yn lyn enwog am ei bysgod yr amser a fu, wedi bod yn eiddo'r Arglwydd Penrhyn am flynyddoedd maith. Tua milltir o hyd a thua hanner milltir ar draws. Bu gwylanod gefnddu yn nythu ar ynys yng nghanol y llyn erstalwm, a dywed Pennant yn ei lyfr teithio iddynt ymosod yn ddi-drugaredd ar ddyn a geisiodd nofio at eu nythod nes bron iddo foddi. Dywed i giperiaid stâd y Penrhyn ddifa'r gwylanod i gyd tua 1890 am iddynt ddwyn wyau a chywion grugieir gwerthfawr y crach.

  Mewn teithlyfr o'r enw 'Cliffes Book of North Wales', a gyhoeddwyd yn 1851, dywed y cofnodydd i'r llyn fod yn gorwedd mewn man diflas tua 4 milltir o Benmachno, ym mha le yr oedd dau bysgotwr a fyddent yn arweinwyr da i rai a ddymunent bysgota Lyn Conwy, sef Richard Vaughan, o'r White Horse Inn, '*a very primitive hostelry*', a Richard Griffith. Dywed hefyd i'r llyn gynnwys dau fath hollol wahanol o frithyll, un ohonynt yn bysgodyn tywyll, hyll, ond â'i gig mor goch a chnawd eog, ac o'r safon uchaf. Barnwyd mai misoedd Mai a Mehefin oedd y cyfnod gorau i 'sgota yno, a chafwyd gwybodaeth yn yr adroddiad yma i gyfartaledd o 60 o bysgod yn pwyso oddeutu hanner pwys yr un ar y cyfan, gael eu dal gan ddwy enwair mewn diwrnod, ac i un brithyll 5½ pwys gael ei ddal o'r dyfroedd yma. Cofnodir nad oedd cwch ar y llyn yr adeg hynny, ond bod yno le i gadw ceffyl! Cofnod difyr arall yw'r un am fodolaeth tafarn Ty Newydd y Mynydd, ger Ffynnon Eidda gerllaw, yn gwerthu cwrw i deithwyr a physgotwyr. Roedd y dafarn ar groesffordd y ffordd dyrpeg yn arwain i Benmachno o'r ucheldir yma, ond mae wedi llwyr ddiflannu ers blynyddoedd bellach.

Llyn Talcen Llwyd neu 'Llyn Bwlch y Gwynt':
Yn ôl trigolion Eidda, 'Llyn y brain gwynion' yw enw arall arno. Yn gorwedd mewn corsdir ar y Foel boeth ar y Talcen Llwyd ar y ffin â Eidda, tua milltir o Lyn Conwy. Dim pysgod ynddo, na dim wedi bod ynddo o fewn cof. Llyn bychan.

Llyn Tomla:
Yn yr ucheldir ar Foel Llechwedd Hafod. Llyn bychan eto. Dim pysgod.

Llyn y Frithgraig:
Uwchben Clogwyn Maen coch ar y Frithgraig, i'r de-ddwyrain o chwarel Rhiwbach. Llyn bychan, dim pysgod.

Llyn y Gors:
Ger Craig goch y Gamallt, ar y ffin â 'Stiniog. Llyn bychan iawn, dim pysgod.

Rhai o Enwau Caeau a Thiroedd ym Mhlwy Penmachno (o Fap Degwm 1839)

Mae yn fy meddiant gopïau o fap degwm plwy' Penmachno ynghyd â rhestr o enwau ffermydd y fro, enwau'r caeau ar y ffermydd yma, ac enwau perchenogion a deiliaid y tir, dyddiedig 1839. Diddorol yw nodi enwau a roddid i rai o'r caeau, rhai ohonynt sydd gyda llaw wedi eu cofrestru ar ddogfennau yn ymwneud â'r plwy' cyn belled yn ôl a dechrau'r 16eg ganrif, ac yn sicr yn rhan o iaith y pentref ymhell cyn hynny ar lafar.

Pwy fu'n gyfrifol am enwi'r caeau yma, a beth yw ystyr ambell un? Cofnodir rhai yn syml fel 'cae pella', 'cae gwair' neu 'cae nesa at y tŷ', sydd yn egluro eu hunain, ond gwelir rhai fel 'gwaith pydyrie' a 'chae meidr' sydd angen eglurhad. Enwir rhai ar ôl personau, megis 'cae Lewis Owen' a 'cae Betty' — nid 'Beti' sylwer, sydd yn dweud rhywbeth am y cofnodydd di-Gymraeg efallai.

Rhestrir llawer o'r tir yn ôl yr anifeiliaid a gedwid yno, sef 'cae moch', 'cae lloie' a 'ffrith geffyle'. Dengys rhai o'r enwau ansawdd y tir, 'y gors bach', 'cae carregog', 'fron mieri' ac yn y blaen.

Yn anffodus, aeth llawer o'r ffermydd yn adfeilion, ac eraill, y tyddynod yn enwedig, yn gartrefi i estroniaid na wyddent ddim am 'cae draw', 'cae'r felin' na 'dôl y gwenith', a dyna ddiwedd ar yr arfer o adnabod clwt o dir yn ôl ei enw cynhenid, arferiad a oedd yn beth cyffredin ym mhob plwy' tebyg i Benmachno.

Ond ysgwn i faint o'r enwau yr wyf am eu cynnwys sydd yn cael eu defnyddio gan berch'nogion a deiliaid Cymreig y tiroedd; byddai'n ddifyr cael gwybod, gan ystyried mai ychydig iawn o eiddo sydd yn cael ei drosglwyddo o dad i fab yn awr, fel yn y dyddiau a fu, cyfrwng a oedd yn sicrhau fod yr hen enwau yma ar y caeau hefyd yn cael eu trosglwyddo o genhedlaeth i genhedlaeth.

Mae'n debyg fod arwyddocâd hanesyddol i enwau fel 'Dôl y murie poethion', ble, yn ôl traddodiad y bu brwydr rhwng y Cymru a'r Saeson rhywdro, yn ymyl lle mae cae o'r enw 'Arloes', sy'n awgrymu cysylltiad â brwydr — loes — poen; nodweddiadol hefyd yw'r enw 'cae mynach' a ddywed fwy am hanes y fro.

'Uchelwyr' oedd perchenogion y ffermydd mawrion i gyd, crach y cyfnod megis yr Arglwydd Mostyn, 'Thos. Tucker esq.', 'Wynne Wynne, Peniarth esq.', 'Fletcher Wynne esq.', 'Wm. John Bankes esq.' a.y.y.b.

Gwerth degwm plwyf Penmachno yn 1842 oedd £153.

Dylase Isa':
(Ym meddiant yr Arglwydd Mostyn) Waen bach y gwlith, Buarth y gafnen, Ffridd nant surwch, (enw'r tŷ yn yr Hwylfa oedd Nant surwch), a'r enw rhyfedda ar dir aredig yng Nghymru — 'America'.

Moel Marcherau:
(Y Foel, Cwm, 385 erw) Salwen, Brigwyllt pella', Brigwyllt nesa'.

Hafod R'ehedydd:
Pen y wern, Buarth budr, Ffrith twll y ci.

Ffridd Wen:
(Sydd yn adfail ers tro) Paniol, Arlais, Buarth lloie.

Cae Gwaew:
Siriol.

Tŷ Coch:
Ffrith tan y wal, Buarth mochyer, Tan y feisdon, Erw galed, Erw isa'/ucha'.

Talar Gerwin:
Dryscoel isa'/ucha', Bryn engan, Buches bryn engan, Bryn bowlie, Fron mieri, Coeden Owen, Doppog, Echwynog.

Llechwedd Hafod:
Yddanant (Y 'Ddeunant' yn gywir) isa'/ucha', Cae rhedyn mawr, Weirglodd Evan.

Hafod Fraith:
Buarth lloie, Ynys rhedyn, Pwll coch, Gallt bannod, Gallt clogwyn hir.

Bwlch y Maen:
Gallt y defaid, Cae 'rodyn, Cae'r wernydd, Clwt y brain, Bwlch tywyll (Hen borfa o 208 erw).
Blaen Glasgwm:
Gors bach, Cae nesa'r tŷ, Cae nesa'r afon, Clwt clawdd newydd, Pant redegog.
Bennar:
Cae'r moch, Yr ynys ddu, Werddon, Erw porfa. (Roedd Bennar yn fferm 570 erw, eiddo Wm. John Bankes, fel ag yr oedd Coed y Ffynnon a'r Fedw Deg.)
Tyddyn Bychan:
Adfail ers tro, fferm o 251 erw yn 1839 yn perthyn i ŵr o'r enw 'Moulsedale esq.' (Ar y tir yma y saif chwarel Rhiwbach) Cae howel, Cae'r ddiardor.
Bron y Foel:
Clwt tan yr hen dŷ, Clwt tan collfron, — (Collfryn, anedd wedi hen ddiflannu) Pen y gloddfa, Cae Lewis Owen.
Tŷ'n y Berth:
Cae Betty (Pwy oedd 'Betty' tybed?)
Tyddyn Cethin:
Cae aur, Bryn pobty, Pwll llidiart.
Ysgwifrith:
Cae sarn, Pylle tewion, Siosydd bach/mawr. (Beth yw 'siosydd'?)
Carreg yr Ast:
Ffrith geffyle. (Heb fod ymhell o Fedd y marchog — arwyddocaol?)
Llawr Ynys:
Yr arlais.
Pen Bedw:
(Eiddo Thos. Henry Tucker 'esq.', 568 erw) Cae garw nesa', Dôl y gwenith, enwau sy'n egluro'i hunain.
Hafodwyryd:
Buches y twll, Cae lloie bach, Cae rhyd yr afon, (ger Sarn) Cae mynach isa' (Cae mynach ucha' ar dir fferm Cae Llwyd.)
Pant y Griafolen:
(Wedi llwyr ddiflannu) Gornel rownog.
Blaen y Cwm:
Sydd yn adfeilion erbyn hyn, ond dyma oedd fferm fwya'r plwy', yn 859 o erwau, yn eiddo William Wynne 'esq.' ac yn cael ei dal y cyfnod hynny gan Humphrey Williams. Bryn cwt y ci, Domen lâs, Gwaith pydyrie — hen borfa o 15 erw, Cae cud.

Plas yn Glasgwm:
Fferm o 585 erw o eiddo'r Arglwydd Mostyn eto, yn cael ei ffermio gan Lewis Thomas a Thomas Lewis, tad a mab mae'n debyg; Cae pant y ceiliog, Traeth coch. Traeth glâs.

Swch a Thanrhiw:
(514 erw) Ar y tir yma y safai chwarel Rhiwfachno, Buarth budron, Perchennog Wms. Wynne, Peniarth.

Carrog:
(458 erw) (Ym meddiant Wynne Wynne, Dole) Cae'r odyn, Ynys garregog, Brigllwyn bach, Brisgyll ucha', Pant y drain a darn o dir â'r enw plaen — 'Y lle hyll' sydd ar y chwith i'r allt fawr sy'n arwain at Hafodredwydd.

Henrhiw Isa':
Cae draw, 'Rarloes.

Cae'r Hilin:
Bryn cleiriach.

Tŷ'n y Coed:
Ddôl Cadwgan. 'Caddugan', sydd yn awgrymu lle tywyll, yw'r enw cywir yn ôl pob tebyg; rhed Nant Cadwgan drwy'r ddôl yma. Cae'r felin, sy'n profi fod melin wedi bod ar y safle yma rhywdro.

Dugoed:
Cae'r meidr, Cae'r odyn (eto), Cefnas bach/mawr, Cae barnad, Cae braint (pam braint).

Penybont:
Saith cae gyda'r enw buarth ynddynt — Buarth cerrig gwynion, Buarth glas, Buarth 'rwyn, Buarth garw, Buarth tan y beudy, Buarth lloi a Buarth galch.

Penybryn:
Cae ffynnon gallen, Dôl y murie poethion, (sydd wedi ei gofnodi ar ddogfen yn y Llyfrgell Genedlaehtol, dyddiedig 1523), a gerllaw dau gae a'r enwau arwyddocaol 'Arloes pella' ac 'Arloes nesa'.

Dim ond detholiad fechan o restr tiroedd plwy' Penmachno yn 1839 sydd ei ei chynnwys yn yr erthygl yma, allan o restr gyfan sydd yn cofnodi dros 1,200 o enwau cynhenid ar gaeau, ffriddoedd a chlytiau o dir yr ardal. Enwau cynhenid sydd wedi cyfoethogi ein hiaith dros y canrifoedd, ac a fyddent i barhau eto am ganrifoedd yn rhan o dafodiaith Penmachno gobeithio.

Hen Enwau Llafar Penmachno mewn peryg' o fynd yn angof

Y Benglog:
Llain o dir comin ble y cynhaliwyd ffeiriau ac ati y dyddiau a fu. Mynedfa iddo gyferbyn a thafarn y 'Machno'.

Singrug:
Ar ochr yr afon Glasgwm, ar dir Penybryn; mynedfa wrth bont y Rheithordy; safle hen felin. Bu taflu lludw'r pentref yma ar un adeg.

Nant y Mynach:
Ar ffordd Hafodwyryd. mae cysylltiad rhwng y nant a chae cyfagos o'r un enw. Yn ôl traddodiad roedd boneddigion Hafodwyryd yn cadw mynach, fel y gwneid gan uchelwyr yr hen amser, a bu hwnnw yn byw yng nghae'r mynach.

Sarn:
Rhan o'r hen ffordd yn croesi'r afon o Hafodwyryd i'r Llan. Tir comin; bu sipsiwn yn gwersylla yma ar un adeg, a bu'r fan yma yn safle tipio lludw'r plwy hefyd. 'Sarn Rhyd y Criafol' yw'r enw cywir.

Llyn Cei/Llyn Cei'r Eglwys:
Pam llyn cei? Llygriad o 'Llyn cae'r eglwys' sy'n fwy tebygol, — perthynai'r tir i Eglwys y plwyf ar un adeg.

Llyn Felin:
Tu isa'i Tanydderwen-llyn, neu yn hytrach pwll yn yr afon i ble rhedai llifeiriant y dŵr o'r Felin ucha' gerllaw. Bu'r felin yn cynhyrchu trydan yn y 30au a'r 40au, wedi darfod ei hoes yn felin flawd. Cynllun ar y cyd oedd y cynllun trydan rhwng William Roberts y Felin ac Antur Edwards o Lanuwchllyn. Cysylltid ambell gartre' yn y pentre' gyda'r cyflenwad trydan, a'r neuadd, capel Salem, a bu ychydig o lampau yn goleuo'r stryd yn y Llan hefyd.

Ffos Felin:
Y 'gamlas' i gario dŵr o'r argae ar yr afon, ganllath o Bont y Llan i'r Felin ucha' ger Tanydderwen. Roedd dŵr ynddi hyd y 50au, a physgod da hefyd! Roedd yn lle delfrydol i blant y pentref sglefrio pan fu'r hin yn rhewi. Maluriwyd yr argae gan deulu o fewnfudwyr a fu'n byw yn y Llan, a dyna'r rheswm i'r ffos sychu.

Pant y Bwgan:
Ar y ffordd fawr rhwng Bryn Eidal a Rhydygro. Ddywedir i rai ardalwyr weld bwgan neu ysbryd yma.

Camfa'r Henrhos:
Camfa ar lwybr cyhoeddus o'r ffordd fawr heibio Ty'n Rhos; rhwng Groesffordd a Phlas Derwen. Caewyd hi yn y chwedegau cynnar.

Y Gors Goch:
Bu tîm pêl-droed lleol, 'Gorsgoch Utd.' yn chwarae yma ddechrau'r ganrif. Tir digon gwlyb yn perthyn i Dyddyn Cethin, nid nepell o'r Gwiga.

Cwt Hers:
Ger yr Hen ysgol, bu yn *lock-up*, carchar y plwyf ar un amser, ond yn ddiweddarach, yn gartref i hers y plwyf, a dynnwyd gan geffyl; gwerthwyd yr hers gan y cyngor plwyf yn y 50au.

Gwely'r Lleidr:
Ar ochr y Llech. Yn ôl chwedl, yma y bu lleidr a fu'n ysbeilio'r dyffryn yn cysgu wedi pob 'helfa'. Roedd ganddo gi yn gwarchod ei guddfan bob amser, ond tra yn cysgu un tro fe lwyddodd erlidwyr i ladd y ci, a daliwyd y lleidr.

Bedd y Marchog:
Bedd cyntefig mewn cylch o gerrig ar Ffridd Tyddyn Cethin ger Siop y Foel. Dywed i felltith gael ei osod ar unrhyw un a feiddia ymyrryd â'r bedd.

Cae Ceffyl:
Tu ôl i Foelewigfynydd. Mae chwedl ar lafar yn y plwyf am farchog ar gefn ceffyl gwyn (neu yn hytrach eu hysbrydion) gael eu gweld gan amryw gerllaw y safle yma; tybed a oes cysylltiad rhwng y chwedl yma a Bedd y marchog uchod? Mae enw'r cae wedi ei gofnodi fel hyn ar fapiau cynnar o'r plwyf.

Creigiau Elsi:
Ger yr Hwylfa. Nid oes gwybodaeth ar gael ynglŷn â'r 'Elsi' yma.

Maen Sigl:
Anferth o garreg yn gorffwys, fel petai wedi ei gosod ar lwyfan o garreg wastad. Mae hon yn gorwedd yng nghanol coed y Comisiwn Coedwigaeth, allan o olwg pawb ers tro, uwchben Coed y Ffynnon. Yn ôl traddodiad dywed iddi siglo wrth iddi gael ei tharo â charreg, ac y byddai yn siglo wrth i gloch yr eglwys, ddwy filltir i ffwrdd ganu! Dyma sut y canodd William Cynwal i'r Maen Sigl cyn belled yn ôl a'r unfed ganrif ar bymtheg —

> **Maen Sigl Coedffynnon**
>
> Ai hwn yw'r maen graen grynno llwydwyn
> Rhwng Lledr a Machno?
> Geill dyn unig ei siglo
> Ni chodai fil a chwedyn fo.

Ôl Traed Cawr:
Nid nepell o'r Hwylfa. Olion tebyg i draed enfawr ar graig.

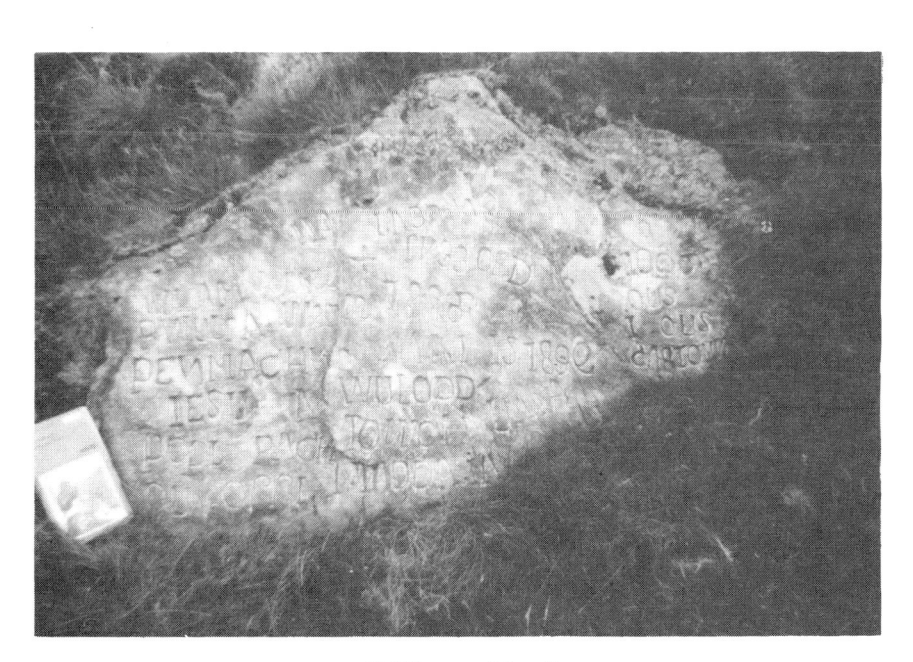

Y 'Garreg Adnod'.

Bedd y Marchog.

Carreg Adnod:
Rhwng yr Hwylfa a Chreigiau Elsi, bron ar derfyn y plwyf. Geiriau o'r Ysgrythur wedi eu torri ar graig gan un o ddau frawd, hen lanciau a fu'n byw yn yr Hwylfa. Yn ôl sôn, bu i'r gŵr gael ei effeithio'n drwm gan ddiwygiad mawr 1904-05, a dyna pryd yr aeth ati i 'sgwennu'r geiriau ar y graig. Gwelir ei enw hefyd, William Jones.

Ochr y Foel neu'r 'Topia':
Enwau a roddid i'r rhan o'r plwyf sydd ar ochr ddwyreiniol o'r Llan, yn cynnwys amryw o dyddynnod, ffermydd a thai, y mwyafrif ohonynt bellach yn eiddo mewnfudwyr erbyn hyn, gwaetha'r modd.

Ochr Felin:
Y rhan o gwmpas yr hen Felin ucha'.

Pen Isa':
Rhan isaf y plwyf, o amgylch y ffatri wlân. Gelwir y rhan yma yn 'Ebeneser' hefyd.

Pen Ucha':
O Benybont i'r Cwm, neu'r Cwm mawr yn ôl yr enw cywir.

Anodd credu erbyn heddiw y byddai amrywiol gystadlaethau yn cael eu cynnal rhwng y gwahanol rannau yma o'r plwy' yn rheolaidd, megis gornestau pêl-droed ac ati. Rhannwyd y plwyf er hwylustod marcio yn ystod cystadlaethau yn y gwahanol gymdeithasau, yn y capeli, ac yn yr eisteddfodau. Ambell dro 'Yr ochr yma' yn erbyn 'Yr ochr draw' fu'r gwrthwynebwyr — sef y ffin naturiol y ddwy ochr i Bont y Llan, gwahaniad eitha' cyfartal o ran poblogaeth, ac o ran doniau hefyd mewn ffaith!

Pen Ffordd Newydd:
Yr enw a ddefnyddir hyd heddiw ar y stryd sy'n arwain o dafarn y 'Machno' i gyfeiriad Glan y pwll, er i'r 'ffordd newydd' fod dros gant a hanner o flynyddoedd oed bellach. Cyn agor y ffordd yma byddai'r hen lwybr yn mynd heibio Glan y pwll.

Nant y Wrach:
Dywed i wrach fyw wrth y nant yma y tu isa' i Danlan rhywdro, ond mabwysiadwyd yr enw presennol, 'Nant Doctor' wedi i feddyg ddod i fyw i dŷ cyfagos cyn rhyfel 1914-18.

Fawnog 'Sgwfrith:
Corsdir a siglenni rhwng Carreg yr ast a Dugoed. Clywais Mam yn dweud, tra roedd y teulu'n byw yn Nhyddyn ucha' gerllaw, cyn y rhyfel, i geffyl, ynghyd â llwyth o fawn ddiflannu i un o'r siglenni yma.

Y Bont Newydd:
Pont ar Gonwy yw'r enw swyddogol, ond fel y 'Bont newydd' y gelwir hi yn

lleol, er iddi gael ei chodi yn 1826, pryd y gwnaethpwyd y ffordd o'r hen dyrpeg ger y ffatri wlân i gysylltu â lôn bost Telford, yr A5 bresennol.

Graeienyn:
Neu'r 'Grennyn' ar lafar. Hon oedd y brif ffordd o'r plwyf cyn gwneud y ffordd i gysylltu â'r A5 (gweler uchod). Yn mynd heibio'r Pandy ac yn dod allan dros Pont ar Ledr i ffordd Dolwyddelan.

Swch Bach:
Cae chwarae plant y Llan. Cofnodir y gair 'Swch' mewn mannau eraill yn y plwyf; yn golygu blaen, neu trwyn o dir. Tir comin oedd y Swch Bach, ble y cynhelid ffeiriau a sioeau yr amser a fu, ond yn awr dan ofal y Cyngor Dosbarth.

Meini Cred:
Wedi eu cofnodi gan Owen Gethin Jones tua chanol y ganrif ddiwethaf. Eu lleoliad rhywle ar hen lwybr dros Fwlch y Groes, rhwng Penmachno a Dolwyddelan. Dywed i'r meini fod o bobtu'r llwybr cul, a phan gyrhaedda teithwyr y fan, byddent yn penlinio a theimlo'r croesau a fyddent wedi eu torri ynddynt, er mwyn cael bendith i gario 'mlaen â'r daith. Pan fyddai cen neu fwsogl yn llenwi'r croesau, roedd hynny yn arwydd fod yr oes yn mynd yn ddi-grefydd, h.y. profa na fyddai neb yn trafferthu i gyffwrdd â'r croesau yn y cerrig, a fyddent yn cael eu hystyried yn sanctaidd gan drigolion y fro dros y canrifoedd. Dywed i William Morgan, ddod yma i weddïo pan yn fachgen, o'i gartref, Tŷ Mawr Wybrnant, nid nepell o'r meini. Dyma'r un William Morgan a aeth ymlaen i wneud y gymwynas fawr o gyfieithu'r Beibl i'r Gymraeg.

Yn anffodus aeth y meini ar goll yng nghanol trwch o goed y Comisiwn Coedwigaeth, sy'n tagu'r llethrau ers blynyddoedd.

Ffyrdd a Llwybrau'r Fro

Yr Hen Ffordd o'r Llan i Ddinbych a Llanrwst:
Er nad yw mewn defnydd ers amser maith, gellir ei dilyn o'r Llan i'r Rhyd ddulas a Rhydlanfair ar derfyn plwyf yn hawdd eto, trwy yr afon ger yr Hen ysgol ar hyd tai Glan y pwll, trwy gaeau Ty'n rhos a thrwy Nant y wrach, hyd waelod Tanlan, heibio Ty'n rhos, ac i fyny i'r Berllan helyg ger Fuches goch, yna tan y Gwigau, trwy ben uchaf Bryn pobty Tyddyn Cethin, drwy gaeau Ysgwfrith, ac ymlaen i'r Dugoed ac heibio Tomen Castell a thrwy rosdir y Penrhyn uchaf.

Ffordd y Llech:
Yr hen ffordd a dramwyai ein cyndadau am ganrifoedd, ond nid mewn defnydd i'r un raddfa ers tro. Y ffordd i Ysbyty Ifan dros y Llechweddau gwynion drwy Dir Eidda. Arferid cynnal rasys beiciau modur arni yn ystod y

dauddegau. Hon oedd 'priffordd' y porthmyn tra'n danfon eu hanifeiliaid o Lŷn ac Eifionydd i ffeiriau Lloegr hyd at ganol y ganrif ddiwetha'.

Hen Ffordd y Porthmyn:
Mynedfa hon i'r plwyf o gyfeiriad 'Stiniog oedd trwy Fwlch Carreg y frân, uwchben chwarel Rhiwbach. Teithia'r porthmyn gyda'u hanifeiliaid i lawr y Cwm Mawr a thros pont Penybedw a godwyd i'r pwrpas yma yn y 18fed ganrif, yna ymlaen i fyny'r llechwedd a thrwy'r afon ger Bryncrug, tafarn yn y cyfnod i ddisychedu'r porthmyn: gelwir y rhyd yn yr afon yma yn 'Rhyd galed' a gelwid y llain cul o'r mynydd yn y fan yn 'Swch Rhyd galed' — ystyr y gair 'swch' yw yr hyn a fo yn ymestyn, neu'r pen pellaf yr ymestyniad, trwyn, blaen. Ymuna'r ffordd â ffordd y Llech oddeutu milltir o Fryncrug.

Ffordd y Plas:
Cysylltiad o'r Llan i Gwmglasgwm. Yn rhan o rwydwaith ffyrdd y Cyngor Sir. Yn boblogaidd iawn gan gariadon dros y blynyddoedd! Mae'n oddeutu dwy filltir o hyd o'r Llan i ddyddyn Blaen Glasgwm.

Ffordd Hafodredwydd:
Yn troi i ffwrdd o'r briffordd ger Carrog, ac yn dringo'r allt serth am bellter o ddwy filltir hyd at derfyn plwyf yn Rhyd y Groes. Cyswllt Penmachno â Ffestiniog. Hon oedd y brif ffordd o Ffestiniog i Lanrwst nes agor ffordd Bwlch Gorddinan a thrwy Dolwyddelan tua chanol y 19eg ganrif.

Ffordd Dyrpeg Ymddiriedolaeth Ysbyty a Phenmachno:
Crewyd yr ymddiriedolaeth yn ystod blynyddoedd cynnar y ganrif ddiwetha' er mwyn cysylltu dyffryn Ffestiniog a ffordd fawr Telford i Gaergybi. Dechreuwyd ar y gwaith o wneud y ffordd dyrpeg yn 1826. Rhan o'r cynllun yw'r ffordd Hafodredwydd uchod. Dyma brif ffordd y plwyf heddiw i'r A5. Cysylltai hefyd Ysbyty Ifan a Phenmachno gyda'r ffordd sy'n croesi'r ffordd fawr bresennol ger y ffatri wlân ym mhen isa'r plwyf; daw o gyfeiriad Dulasau ac ymlaen dros bont y Pandy, a adeiladwyd yn swydd bwrpas i gymryd lle yr hen bont, Rhyd y gynnen.

Ffordd y Graienyn:
Dilyniant o'r ffordd uchod; wedi ei thrawsnewid o ffordd gul, wael i ffordd eitha' safonol, dan ofal y Cyngor Sir. Dyma'r brif ffordd o'r plwyf cyn codi Pont ar Gonwy, tua hanner milltir i ffwrdd, i gyfeiriad Betws-y-coed a Llanrwst.

Roedd maen mawr, Maen y Graienyn ar ochr uchaf i'r ffordd un tro, a thwll mawr odditano, lle byddai teithwyr yn gochel rhag y glaw, ac y mae llawer o chwedlau wedi eu hadrodd am y maen o oes i oes. Dywed un iddo fod mewn esgid rhyw gawres, ac mai hi a'i gollyngodd yn y fan.

Hefyd, dywed i un Robin Ddu broffwydo y byddai i'r maen 'ladd dyn, march a milgi' cyn diwedd y byd. Yn y flwyddyn 1789, pan oeddynt yn lledu'r ffordd i alluogi troliau ddod i'r plwy', ac wrth weld golwg mor ansefydlog ar y

Rhan o Hen Ffordd y Porthmyn yn arwain tua Bryn Crug

maen, ac yn cofio proffwydoliaeth Robin Ddu, penderfynwyd rhoi tro iddo i'w rowlio i lawr i geunant y Gonwy islaw. Cyflogwyd tri o grefftwyr lleol i durio a thyllu odditano, a huriwyd peiriant arbennig i weithio (rhyw fath o 'Jack' heddiw), ond methwyd a'i symud, yn achos siomedigaeth i'r cannoedd a oedd wedi ymgasglu i weld yr orchwyl; ond erbyn y bore roedd y maen wedi rhowlio ei hun i ochr isaf y ffordd ar lan yr afon, ac yno y mae byth.

Daw'r ffordd allan dros y Bont ar Ledr i ffordd yr A470 o Ddolwyddelan i Fetws-y-coed, oddeutu dwy filltir o ffordd Penmachno.

Ffordd 'Sendy:
Hen ffordd arall o'r Llan i Ysbyty. Dilyna lwybr serth yn cychwyn ger tafarn y Machno i fyny heibio hen elusendy Rhodri Llwyd, bonheddwr o'r Hafodwyryd gyfagos o'r ddeunawfed ganrif, a adawodd arian yn ei ewyllys i

godi elusendy i dlodion y plwyf. Dringa'r allt serth am bellter o thua milltir a hanner ar ffordd galed y Cyngor Sir nes cyrraedd Ffordd y Llech a soniwyd amdani gynt.

Ffordd Bach Tŷ Rhos:
Cychwyna ger y Groesffordd, gan gario ymlaen i'r 'Topia', ac ymuno â ffordd y 'Sendy tua milltir o'i chychwyniad.

Ffordd Wybrnant:
Ffordd arall sydd wedi gwella yn ei safon dros y blynyddoedd. Arweinia y teithiwr o Lan Penmachno gan ddechrau o ffordd y Plas, rhyw hanner milltir o darddiad honno o gyfeiriad y pentre', i fyny allt serth drwy goedwig y Comisiwn coedwigaeth heibio Tŷ Mawr Wybrnant, man geni yr Esgob William Morgan, cyfieithydd y Beibl i'r Gymraeg, ac ymlaen i gyfeiriad Betws-y-coed, gan ymuno â ffordd y Graienyn, cylchdaith o thua naw milltir wrth ddilyn y Graienyn yn ôl i Benmachno.

Llwybr y Waen:
Llwybr er budd trigolion y 'Topia', rhan uchaf y Llan. Mae dwy 'giât mochyn' arno rhwng ei ddechrau ym Mhenffordd newydd i'w ddiwedd ym Mhenywaen.

Llwybr Rhiwbach:
Dyma'r llwybr a ddefnyddiai'r chwarelwyr i dramwyo i chwarel Rhiwbach o'r Cwm, heibio Rhiwfachno. Wrth ddringo inclên serth o Riwbach gellir dilyn olion yr hen ffordd haearn ymlaen i chwarel Cwt y bugail.

Ffordd Hafodwyryd:
Yn cychwyn ger Caellwyd bach i gyfeiriad Hafodwyryd, hen blasdy'r Llwydiaid gynt, a adeiladwyd yn nechrau'r 17eg ganrif. Mae'r enw 'Hafodwyryd' yn esbonio'i hun — mae dwy ryd gerllaw, un yn croesi nant ddi-enw ger y tŷ a'r llall ar yr afon Fachno gyfagos.

Ffordd y Sarn:
Yn troi oddiar y ffordd o'r Cwm i'r Llan ychydig cyn cyrraedd y Llan, gan gyfarfod â cherrig llamu ar yr afon Fachno i groesi i ffordd Hafodwyryd; gellir mynd ymlaen i 'Dop Llan' ar ei hyd heb groesi'r afon.

Murddunod ac Enwau Colledig Penmachno

Enw	Lleoliad	Ffynhonnell Gwybodaeth
Y Bedol	Hen enw'r 'Machno'	Llyfr Brysiog Machno
Briw House bach	Ger tafarn Tŷ ucha'	Cyfrifiad 1881
Bryncrug	Uwchben Hafodwyryd	Amrywiol
Bryn golau	Ger Rhosmawn	Amrywiol
Bryn Saer	Ger Rhosmawn	Amrywiol
Bron y nant (Tai brics)	Ochr Gors	Cyfrifiad 1891
Bryn y gogan(u)	Plas Isa'	Cyfrifiadau
Bryn Isa'	?	Cofr'tr Bedyddiadau
Bryn mawr	?	Cofr'tr Bedyddiadau
Bryn y Ffynnon	Ger Penlan	Cyfr'dau
Buarth Tanglws	Ger Coedyffynnon	Amrywiol
Cae'r Hilin	Ger Bryneithin	Amrywiol
Cefn y clawdd	?	Cof'r Bedydd Ty'n porth
Collfryn	Ger Bron y foel	Amrywiol
Coed cau	Cwm	Cyfrifiad 1851
Eagles cottage	Tu ôl i'r dafarn (Cefn)	Cyfrifiad 1881
Efal Dylasau	Dylasau	Cof'r Bedydd (1814)
Felin ucha'	Ger Tanydderwen	Amrywiol
Foel bach	?	Cof'r Bedydd (1815)
Ffriddwen	Uwchben Carreg 'r'ast	Amrywiol
Garret	Uwchben Gwiga	Amrywiol
Gallt y foel	Ger Hafod Llan/Bron foel	Amrywiol
Gethin square	'Top Llan'	Amrywiol
Glandwr	Ger y Ffatri wlân	Amrywiol
Glan'rafon Machno	Islaw Pont Llan	Cyfrifiad 1871
Gors	Ochr Foel	Cyfrifiad 1851
Groes	?	Cyfrifiad 1851
Gwiga ucha'	Uwchben Gwiga	Cyfrifiad 1851
Hafod y cynhaeliau	? (Perthyn i'r Benar)	Amrywiol
Hendre	?	Cof'r Bedydd Ty'n porth
Hen stabal	(3 tŷ) ?	Cyfrifiad 1851
Hendy	Elusendy?	Cyfrifiad 1851
Highgate	(4 tŷ) Wrth 'Newgate'	Cyfrifiad 1891
High st.	Ffordd Cwm	Cyfrifiad 1881
Horse shoe	Tafarn (Y Bedol, Machno)	Cyfrifiad 1841/ Papur 'Y Dydd' 1869
Llwynteg	Fferm, unwyd â Phlasglasgwm	Amrywiol

Lletywilym	Ochr Foel	Cyfrifiad 1851
Llofft y warehouse	Llan?	Cyfrifiad 1851
Llidiart y gwynt	?	Cof'r Bedydd Ty'n Porth
Minffordd	Wrth groesffordd Glanrhyd	Amrywiol
Moel Marchyria	Enw gwreiddiol Foel Cwm	Amrywiol
Mary st.	(4 tŷ) Ffordd glasgwm	Cyfrifiad 1851
Nant	??	Cof'r Bedydd (1813)
Nant yr Iwrch	Ger Dylasau	Amrywiol
Nant surwch	Enw gwreiddiol Hwylfa	Map degwm 1839
Office	Penybedw(Tŷ swyddfa chwarel)	Cyfrifiad 1851
Pen y garw	Ochr foel	Amrywiol
Penrhiw	Ochr foel (3 tŷ)	Cyfrifiad 1851
Pen y cae	Ger 'Benar view'	Map Degwm 1839
Pen y geulan	Ger Bryn glas	Map Degwm 1839
Pen y foel	Ger Bryn 'r'wydd	Amrywiol
Pen y graig	Ger Penlan	Amrywiol
Pen y dorlan	Dros ffordd i 'Benar View'	Amrywiol
Pant y griafolen	Uwch Nant y crogwyn	Amrywiol
Pant ffynnon	Uwchben Tanrhiw	Amrywiol
Penrhes	Llan?	Cyfrifiad 1891
Peniarth Arms	Cwm. Tafarn gynt	Amrywiol
Pen incline	Cwm??	Carreg fedd, Eglwys.
Red Lion	Tafarn, Newgate	Amrywiol
Rhiw ucha'	??	Map Degwm 1839
Scotland	'Sunny Ridge' — Ffordd Benglog	Amrywiol
Tŷ gwyn bach	??	Cof'r Bedydd (1814)
Tŷ'n y pistyll	Ger penlan	Cyfrifiad 1891
Tan Dugoed	Ger Dugoed?	Cyfrifiad 1851
Tŷ Owen	Llan?	Cyfrifiad 1851
Tŷ pella penisa	Ger y Ffatri	Cyfrifiad 1851
Tŷ'n y ffynnon	(5 tŷ) Ochr Foel?	Cyfrifiad 1851
Tŷ cocyn	Ochr y Foel	Cyfrifiad 1871
Tŷ talcen	Ochr y Foel	Cyfrifiad 1871
Tŷ'n yr ardd	??	Cof'r Bedydd Ty'n Porth
Tŷ'n Rhyd	??	Cof'r Bedydd Ty'n Porth
Tai newyddion	Enw gwreiddiol Groesffordd	Map Degwm 1839
Tŷ melyn	'Arfryn' yn awr	Amrywiol
Tŷ'n y ffordd	Ble mae'r gofgolofn 'nawr	Amrywiol
Tŷ'n y fynwent	Ger adwy fechan yr Eglwys	Amrywiol

Tŷ'n y Graig	Islaw Pont Rhydygro	'Gweithiau Gethin'
Tŵr teg	Rhwng Benar a'r Ffatri	'Gweithiau Gethin'
Y Lôn	'Tai brics' Gors	Amrywiol
Ysgubor Wen	Ffermdy ger Blaen y Cwm	Cof'r mynwent Salem
White horse	Tafarn y 'Ring, wedi'i chwalu	Cof'r mynwent Salem

Enwau yn gysylltiedig ag Anifeiliaid ac Adar

Clogwyn y Wenci:
Clogwyn Bychan ger ffin uchaf y plwyf, heb fod nepell o'r ffordd o Gwm Penmachno i Ffestiniog.

Nant yr Iwrch:
Ym mhen isaf y plwyf, rhwng Dylasau Uchaf a Dylasau Isaf. Enw ar garw bychan a grwydrai'r wlad yma i fyny i'r 18fed ganrif yw Iwrch; ceir yr enw mewn mannau eraill cyfagos megis Moel yr Iwrch a Cherrig yr Iwrch.

Nant Holmoch:
Yn yr un cyfeiriad â'r uchod. Daw'r enw o 'Nant Hela Moch', sy'n atgof o'r cyfnod pryd yr oedd hela moch gwyllt yn arferiad yn yr ardal.

Cerrig/Creigiau'r Eryr:
Uwchben Penybedw; creigiau ag olion mwyngloddio cyntefig arnynt. Mae'n sicr i'r enw oroesi ers y dyddiau pryd yr oedd eryrod yn gyffredin uwch y fro.

Bwlch Carreg y Frân:
Ar y ffin rhwng Penmachno a Ffestiniog. Dyma'r brif fynediad o 'Stiniog i Lanrwst a phellach i fyny i'r 18fed ganrif.

Carreg yr Âst:
Ystyriwyd yr âst, neu'r filaist, yn gysegredig yn amser y Derwyddon, ac y mae yn yr ardal nifer o olion cyntefig sydd yn dangos ei bod yn bosib' i addoli o rhyw fath gael ei ymarfer yma. Mae lle o'r enw 'Y Dopan Weddi' yn agos i'r fan hefyd.

Rhydymeirch/Moel Marchyria:
Mae Moel Marchyria, neu March yr Iâ yn ôl rhai, neu 'March yr E' meddai'r diweddar Bedwyr Lewis Jones — sef llygriad o'r gair gyr (o geffylau) — yn troi yn 'gre' ac yna'n 'e', yn edrych i lawr ar Rydymeirch.

Bryn 'Rwydd:
Bryn yr Ŵydd yw'r ffurf cywir; ar ochr Foel y Llan.

Cae Ceffyl:
Cae ger Bryn'rwydd. Yn ôl traddodiad, gwelwyd marchog ar gefn ceffyl gwyn, neu yn hytrach ysbrydion rhain gan amryw o drigolion y fro o dro i dro.

Cofnodir y cae â'r enw yma ar fap Degwm 1839.

Rhiw yr Ychain:
Islaw Bwlch y Maen. Dywed i'r allt serth sy'n arwain at yr annedd gael ei henwi oherwydd i ychain gael eu defnyddio i gario meini o hen fynachlog Dolgynwal yng ngwaelod y dyffryn i adeiladu'r tŷ.

Pant y Ceiliog:
Cae yn perthyn i Blas Glasgwm, erbyn heddiw wedi ei orchuddio â choed bytholwyrdd y Comisiwn Coedwigaeth.

Yn ychwanegol i'r uchod ceir sawl cyfeiriad at gaeau ar fap Degwm y plwyf gydag enwau anifeiliaid neu adar arnynt, megis Cae'r Moch, Cae Lloie, Cae'r Brain ac yn y blaen.

Enwau Plwyf Penmachno yn cynnwys Enwau Personol

Bryn Wil Ifan:
Ger Llyn Conwy. Heb ei nodi ar fap.

Carnedd Harri Beavan (Bifan):
Ger Creigiau Elsi. Nid ar fap.

Creigiau Elsi:
Rhwng Carn y Parc a'r Hwylfa. Nid ar fap.

Bryn Ifan:
Heb fod ymhell o'r Rhiw lwyd ar derfyn plwy', tuag Eidda. Nid ar fapiau heddiw.

Bryn Owen:
Ochr dde-orllewinol o Lyn Conwy.

Cae Betty (Beti):
Cae yn Nhŷ'n y berth ym mhen isa'r plwy'. Wedi ei gofnodi fel hyn ar fap 1839.

Nant Beti Richards:
Yn disgyn o'r creigiau yn Nhwll y Cwm.

Coed Maenbleddyn:
Uwchben Tŷ'n y coed isa'.

Sarn Helen:
Ffordd Rufeinig a welir mewn mannau ym mhen ucha'r plwy', ger chwarel Rhiwbach. Yn arwain o Domen y mur ym mhlwyf Maentwrog i Gaerhun.

Enwau Lleoedd yn cynnwys Enwau Lliwiau

Llechweddau gwynion:
Ucheldir gwlyb ym Mhen Llech ar yr hen ffordd i Ysbyty Ifan. Y rheswm dros yr enw efallai yw fod plu'r gweunydd, planhigyn nodweddiadol o wlybtir, yn tyfu yma.

Ffos y brwyn gwynion:
Ger chwareli Blaen Cwm a Chwt y bugail.

Llanerchigwynion:
Hen anedd wedi ei adnewyddu ger Penllech.

Ffriddwen:
Fferm, sydd yn furddun ers tro; i gyfeiriad yr Hwylfa.

Cae gwyn:
Tyddyn rhwng Hafodwyryd ag Oernant.

Graig wen:
Ar Foel Tyddyn du.

Ro-wen:
Mynydd ucha'r plwy', yn gwahanu plwyfi Dolwyddelan a Phenmachno. Tipyn o cwarts — carreg wen yn y graig.

Ro-lwyd:
Ger Ro-wen. Y graig yn llwydaidd.

Talcen llwyd:
Tir uchel i'r dwyrain-orllewin o'r Llan; porfa wael, wlyb.

Rhiw lwyd:
Bryn ar derfyn Eidda.

Maen llwyd:
Ger Llyn Conwy, nid ar fapiau heddiw.

Bryn du/Bryniau duon:
Ochr ddwyreiniol o Lyn Conwy.

Tyddyn du:
Ffermdy dro'n ôl, ym mhen uchaf Cwm Glasgwm.

Dugoed:
Ffermdy hynafol ym mhen isa'r plwyf.

Y Foel ddu:
Penybedw.

Glasgwm:
Cwm ac afon o'r un enw i'r de o'r Llan.

Maen Melin Rhisgl Penbedw, yn gorwedd wrth ddrws Beudy'r Hen Dŷ. Golchwyd y felin ymaith gan lifogydd mawr 1779, a ddinistriodd Pont y Llan hefyd.

Bryn glas:
Ar y Talcen llwyd. Mae tŷ hefyd o'r un enw ar ochr y Gors.

Clogwyn maen coch:
Ger Llyn y Frithgraig, sy'n disgrifio natur y graig.

Gors goch:
Tir gwlyb yn perthyn i Dyddyn Cethin. Bu tîm pêl-droed 'Gorsgoch Utd' yn chwarae yma ar ddechrau'r ganrif.

Tŷ coch:
Canolfan marchogaeth/merlota yng Nghwm Wybrnant.

Pytiau cyn cloi

Sioe Penmachno

Sefydlwyd y sioe yn 1894, a bu yn cael ei chynnal yn rheolaidd am rai blynyddoedd, er nad oes sicrwydd pa bryd y daeth i ben. Mae'n debyg mai yng nghae Swch Bach, ger yr hen ysgol y cynhaliwyd y sioe. Mewn hysbyseb yn y *Rhedegydd*, Awst yr 8fed 1903, darllener enwau'r beirniaid, ag un yn enwedig sy'n tynnu sylw yw enw beirniad y cŵn, neb llai na gŵr â'r enw priodol i'r swydd, *W. Baskerville*!

Dyma ddywed adroddiad newyddiadurol am yr 'Arddangosfa' a gynhelid yn 1909 . . . 'Am yr adran Arddwrol nis gallwn siarad yn rhy uchel. Pwy, wrth fyned drwy Penmachno a fuasai byth yn breuddwydio fod yn y lle y fath flodau a chynyrch. Campus yn wir.' . . . 'Peth newydd hollol yn hanes yr Arddangosfa ydoedd fod Cwmni y Great Western yn rhedeg Car Modur o dan ofal Inspector Jones i fyny i'r Cwm ac yn ôl. Yr oedd y cyfleusdra yn cael ei werthfawrogi yn ddyladwy gan y trigolion, a chafodd pawb bob gofal a charedigrwydd gan yr Arolygydd.'

Un o gystadlaethau sioe 1910 oedd 'Rhedegfa Olwynfeirch', ras a enillwyd gan Charlie Robinson o Landudno. Cystadlaethau diddorol eraill oedd 'Rhedegfa i chwarelwyr, ar draed'!, a'r enillydd oedd R. Lloyd Jones, ac mewn ras gyffelyb i weision ffermydd, H.G. Hughes o'r Cwm a orfu, ac Owen Jones o Gerrigydrudion yn ail.

Yn Sioe Penmachno yn 1911 y prif swyddogion oeddynt fel a ganlyn:
Llywydd: Mr H. Humphreys, Blaenau Ffestiniog, (rheolwr chwarel Rhiwbach).
Is-lywydd: Dr W.M. Williams, Penmachno.
Cadeirydd: Parch. Ben Jones, Rheithordy.
Trysorydd: D.P. Davies, Post Office.
Ysgrifennydd: J.R. Hughes, Swch Isa.

Cofnodir enwau'r stiwardiaid yn ychwanegol, gyda rhai enwau adnabyddus yn eu mysg, — Isaac Roberts, Owen Jones, Bryn Eithin, R.H. Williams, Parc, Gethin Davies a Stanley Thomas.

Cynhaliwyd amrywiol gystadlaethau yn ystod y dydd, megis i geffylau, gwartheg, ffowls, wyau, menyn a chynnyrch gardd. Roedd y tâl am gystadlu yn amrywio o 5/- a 2/- i arddangos anifeiliaid, a 1/- am ffowls a chynnyrch gardd, gyda'r gwobrau ar gyfartaledd oddeutu punt am ddod yn gyntaf. Mae'n rhaid ei bod yn sioe eithaf safonol, canys gwelir i'r beirniaid ddod o Lanrwst, Blaenau Ffestiniog, Conwy, Corwen a Phrestatyn. Un â'i henw wedi ei restru ymysg un o'r cystadlaethau oedd Mrs Pritchard, Bryn Cryg, ffermdy wedi hen ddadfeilio. (Cafwyd prawf mewn ffaith i'r teulu Pritchard fod ym Mryn Cryg yn 1917, pan hysbysebwyd y fferm ar werth fel rhan o ystâd Hafodwyryd.)

Ymysg cystadlaethau eraill roedd ras feiciau 2 filltir gyda ffi gystadlu o ddau swllt i'w dalu, swm sylweddol i bentrefwyr ei dalu, a'r wobr yn 10/-. Cynhaliwyd rasus rhedeg hefyd, gydag enillydd y ras filltir, yn rhyfedd, yn ennill 8/- am groesi'r llinell yn gyntaf, tra chawsai enillydd y farathon ddim ond 6/- am ei gamp.

Sioe Gŵn Penmachno

Cynhaliwyd Sioe Gŵn Penmachno yn 'Park Hafodwyryd' ar Hydref 23, 1909, ond eto, nid yw'n hysbys pa bryd y cynhaliwyd y gyntaf yn yr ardal. Yn y sioe uchod gwelwyd i T. Roberts o Lantysilio, Llangollen gipio'r brif wobr yn y gystadleuaeth 'Agored i'r Byd', sef £5, gyda £3 yn mynd i'r ail, sef John Williams, Hafoty Elwy, Bylchau. Yn nosbarth 2, yn agored i rai o fewn 12 milltir i Benmachno enillodd Mathew Stobbart o Ddolwyddelan £1.10s a medal aur. Difyr oedd darllen am y gwobrau yn yr adran leol; William Jones, Frondeg yn ennill y wobr gyntaf o 10 swllt a 'set o Fire Brasses', 5 swllt a 'Par o Harness' yn mynd i'r ail, R.H. Williams, Parc, 5 swllt a choler ci, gydag enw'r enillydd yn gerfiedig arni i'r trydydd, a 'Gas lamp Bicycle, self magnets, gwerth 7/6 (rhodd Mr. R. Davies, Cycle Agent, Penmachno') i'r pedwerydd.

Gorffen yr adroddiad fel hyn, 'Yn ystod y dydd rhedai Modur y G.W. Railway cydrhwng Corwen a Penmachno a Cwm, a deallir i'r anturiaeth dalu yn rhagorol i'r Cwmni.'

Cyfeiriad cynnar i Benmachno

Yn 1347 cofnodwyd i Einion Llwyd brynu dau 'messuages' a deng erw o dir mewn gwahanol rannau o'r plwyf oddi wrth Ieuan ap Goronwy, i'w ddal fel 'tir prid' am gyfnod o bedair blynedd ac ar farwolaeth Einion daeth ei fab Ednyfed, yn ôl y traddodiad Cymreig, i feddiant o'i eiddo.
(o erthygl 'Tendencies in the Agrarian History of Caernarvonshire during the Later Middle Ages' gan T. Jones Pierce, Trafodion Cymdeithas Hanes Sir Gaernarfon 1939.)

Y Crynwyr ym Mhenmachno

Yn 1731, nodwyd fod y Crynwr, Arthur Jones o Bensylfania, (Bala gynt) wedi cynnal cyfarfod ym Mhenmachno ar ei ffordd i Iwerddon.

Rheilffordd i'r plwyf

Ym mhapurau Penrhyn ceir cyfeiriad am reilffyrdd ar diroedd y stâd honno, ac am un awgrym yn 1872 am reilffordd bob cam o Borthmadog i Gorwen, yn dilyn llinell drwy eiddo Arglwydd Penrhyn ym Mhenmachno a Phentrefoelas. Wedi llawer o drafod ynglŷn â rheilffordd o Gorwen i Benmachno a Betws-y-coed, gwelir adroddiad yn y *Rhedegydd* dyddiedig Ionawr 14eg 1910 am gyfarfod o Gyngor Dosbarth Geirionydd, yn trafod y cynllun megis 'Gan nad oedd Hyrwyddwyr y Rheilffordd ysgafn o Gorwen i Penmachno a Bettws y Coed wedi symud ymlaen ers blynyddoedd, yr oedd y Bwrdd Masnach yn dileu y mudiad oddi ar eu llyfrau. Bellach rhaid gwneud cais o'r newydd os am gario y cynllun ymlaen.'

Adeiladu tai newydd

Yn sgil y bwrlwm yn y chwareli, a'r angen am gartrefi newydd i'w gweithwyr, codwyd deuddeg o dai newydd yn 1865 yn White Street, High Street a Ffordd Cwm. Er i'r Cyngor plwyf erfyn ar y Cyngor Dosbarth i fynd ati i adeiladu tai Cyngor yn y plwyf cyn belled yn ôl â'r 1930au, aeth ugain mlynedd heibio cyn i'r cynllun gael ei wireddu, yn y pumdegau, yn y Llan a'r Cwm.

'Heth Bob Roberts'

Ar nos Ionawr 29ain 1895, bu i ddau ŵr o'r Cwm, Robert Roberts, cartmon yn Nhyddyn Bach, a'i gyfaill Evan Davies gael eu dal mewn storm o eira ar y mynydd wrth groesi drosodd o Ddolwyddelan i'r Cwm. A hwythau wedi cychwyn tua hanner awr wedi deg o'u hymweliad â pherthnasau, roedd yn amlwg i'r ddau fod y storm yn gwaethygu, a buont yn cysgodi yn un o adeiladau chwarel Cwt y Bugail am beth amser, gan gychwyn oddi yno thua hanner nos, ond lluwchiai'r eira i bob cyfeiriad gan nerth y corwynt â'i chwythai, ac yn fuan collasant eu gilydd. Gwaeddodd Evan Davies i geisio sylw ei ffrind, ond ni allai glywed na gweld dim yn y fath dywydd, a bu yn chwilio amdano ar y mynydd hyd chwech y bore drannoeth, pryd y dychwelodd i gartref Robert Roberts mewn cyflwr hanner ymwybodol. Wrth sylweddoli nad oedd ei gyfaill wedi cyrraedd, hysbyswyd cymdogion yn y Cwm, a bu nifer o ddynion allan yn chwilio amdano, heb gael golwg arno. Dywedir mai Mrs Edwards, a drigai yn nhyddyn 'Barics y Cae' a welodd rywbeth tywyll yn gorwedd yn yr eira rhyw chwarter milltir o'i chartref ar y llechwedd, tua chanllath o'r llwybr o'r Cwm i Riwbach, y diwrnod dilynol. Corff Robert Roberts oedd yno, ac yntau wedi rhewi i farwolaeth, yn amlwg wedi ei lethu gan y tywydd dychrynllyd. Mab Henry ac Elizabeth Roberts, Foty Fach, Pentrefoelas oedd Robert, ac yn 32 oed pan gollodd ei fywyd yn y storm enbyd honno yn Ionawr 1895. Fe'i claddwyd ym mynwent Eglwys Sant Tudclud. Hyd heddiw, fe elwir tywydd garw o luwchfeydd eira gan rai o drigolion yr ardal yn 'Heth Bob Roberts'.

Mewn cylch o gerrig cwarts gwynion, yn y fan y cafwyd hyd i gorff Robert

Roberts, fe osodwyd darn o lechen, ac englyn wedi ei 'sgwennu arni, er cof amdano: 'Roedd y gofeb syml yma i'w gweld hyd ddiwedd y pumdegau, ond fe'i gorchuddiwyd gan blanhigfa'r Comisiwn Coedwigaeth, ac nid oes dim ar ôl bellach i nodi'r fan y daeth gwas Tyddyn Bach i gwrdd a'i ddiwedd oer. Dyma'r englyn, gan Dafydd Ddu Eryri —

> Oerfel fu uchel achos — i angeu
>   Llym ingol ymddangos;
> Mantell niwl mewn tywyll nos,
> A dychryniad dechreunos.

Damwain Angeuol

Heb fod ymhell o leoliad marwolaeth Robert Roberts, ger chwarel Blaen y Cwm, bu i ddamwain erchyll ddod i ran dau ŵr priod o Benmachno, David Evans, 27 oed, gof, a Hugh Hughes, mab gweinidog gyda'r Wesleiaid. Digwyddodd y ddamwain ar noson dywyll y 6ed o Ragfyr 1834, wrth i'r ddau deithio i gyfeiriad y Cwm, a hwythau ar eu ffordd gartref o'i gwaith yn Ffestiniog, ac wedi galw heibio tafarndai yno cyn cychwyn ar eu taith, gyda'r syniad o ddychwelyd yn ôl o Benmachno y bore Llun dilynol. Wedi sylweddoli nad oeddynt wedi presenoli eu hunain wrth eu gorchwylion erbyn bore Mawrth, aeth criw o'u cydweithwyr i chwilio amdanynt, gan ddilyn y llwybr arferol a ddilynai'r ddau dros y mynydd, a daethpwyd o hyd i'w cyrff ar waelod rhan agored o chwarel Blaen y Cwm. Roedd y ddau, yn y tywyllwch, ac yn eu cyflwr meddw, wedi disgyn oddeutu deg troedfedd ar hugain i ddyfnderoedd y twll, ac wedi dioddef niweidiau i'w cyrff cyn boddi yn y pwll dŵr a orweddai ar y gwaelod. Pasiwyd rheithfarn o farwolaeth damweiniol ar y ddau.

Perfformiad drama John Ellis Williams

Wedi ei lwyddiant yn yr Eisteddfod Genedlaethol gyda'i ddrama 'Y Ffon Dafl', daeth John Ellis Williams a'i gwmni i Benmachno ar Fedi'r 6ed 1926 i berfformio'r cynhyrchiad yn Neuadd Ty'n y Porth yn y Llan, a chafwyd noson i'w chofio, a'r lle yn ôl adroddiad yn y *Rhedegydd* ar y pryd 'yn boenus o lawn', gyda dros 600 o bobl wedi gwasgu i mewn i'r neuadd, a moduron wedi cyrchu i'r pentref o 'bob man'.

Bws Hugh Jones

Bu Hugh Jones yn rhedeg gwasanaeth cludo teithwyr o'r Llan i gyfarfod â threnau yng ngorsaf Betws-y-coed yn y dauddegau. Dywed iddo addasu hen lori i'r pwrpas, i gario 14, ond yn amlach na dim gwelwyd dros 40 yn reidio'r modur! Daeth cystadleuaeth i'w fusnes yn 1926, pryd y cychwynnwyd gwasanaeth Llanrwst-Llan-Cwm gan gwmni Crosville, y sawl a brynodd fusnes Hugh Jones ar y degfed o Chwefror 1927, y cwmni cyntaf i Crosville ei brynu.

Y 'Militia'

Daeth Deddf Gwlad i rym yn 1794 yn rhoddi hawl i'r awdurdodau gynnal balot ym mhob plwyf i ddewis aelodau i'r 'militia' i wasanaethu Prydain yn ystod cyfnod o ryfela cyson y cyfnod. Rhywbeth yn debyg i Warchodlu Cartref a sefydlwyd i amddiffyn y wlad rhag ymosodiad o gyfeiriad gelynion fel Ffrainc y cyfnod oedd y 'militia', ac roedd pob dyn abl, rhwng deunaw a hanner cant oed yn gymwys i gael eu dewis i ymladd dros y wlad, onibai iddynt gael eu hesgusodi drwy wneud defnydd o rhywun a fyddent yn fodlon mynd yn eu lle, fel dirprwy, neu 'substitute', yn ôl yr enw swyddogol. Yn Sir Gaernarfon, fe sefydlwyd clybiau ble y byddai aelodau yn rhoi £5 o'r cyfraniadau i dalu i anfon rhywun arall o fysg y werin i ymddangos yn lifrau'r fyddin yn eu lle. Fel ag y disgwylid, byddai'r drefn yma yn rhoi y rhai cyfoethog mewn sefyllfa fanteisiol, a bu cryn aniddigrwydd mewn sawl man ynghylch hyn. Yn ôl pob sôn, roedd gwrthwynebiad mawr i'r drefn yma yng nghefn gwlad Cymru, a dywed i helyntion ddechrau yn Nolwyddelan, Ysbyty Ifan a Phenmachno pryd y cyflwynwyd y Ddeddf yn y pentrefi hynny yn 1795. Yn wir, ychydig y tu allan i'r plwyf, yng Ngherrigydrudion, rhwystrwyd y fyddin rhag mynd ag un o'r dynion lleol ymaith i'r 'militia' gan dyrfa o bentrefwyr.

Mewn dogfen yn ymwneud â thaliad a wnaethpwyd gan drysorydd Sir Gaernarfon i'w debyg yn Sir Ddinbych, gwelir fod cyfanswm o £81.14.6 wedi eu drosglwyddo i Ddinbych dros gyfnod o chwe mlynedd, rhwng 10fed o Hydref 1808 a Mehefin 18fed 1814, i gadw teulu un John Evans, 'substitute', yr hwn oedd yn gwasanaethu'r 'Militia' yn lle John Williams, Penmachno.

Dyma ddywed rhan o'r ddogfen, a dyfynnaf yn yr iaith wreiddiol, *'Statement of money paid for maintaining Militia mans family. £48.12.0. 19 April 1814. Sent copy to the parish of Penmachno.'* Y swm a dalwyd, i gadw gwraig a dau o blant John Evans, tra roedd yntau yn gwasanaethu yn y 'Militia' oedd 4/6 yr wythnos, hynny'n codi i chwe swllt yr wythnos yn 1811. Mae'n eithaf tebyg i'r arian gael ei dalu allan o dreth y tlodion.

Pêl-droedwyr Penmachno

Mae Penmachno yn enwog drwy ogledd Cymru am eu tîm pêldroed, Machno Unedig, sydd wedi ennill pob cwpan a chlod ar gael i glybiau o'r is-gynghreiriau dros y blynyddoedd, ac wedi cynhyrchu chwaraewyr o safon o'r felin doreithiog ar gae Ty'n y Ddôl. Aeth sawl un i chwarae mewn cynghreiriau uwch yn eu tro, gyda'r pedwar brawd talentog o'r Cwm yn y pedwar a'r pumdegau, y brodyr Evans, — Dei, Eifion, Emyr a Dic yn aros yng nghof llawer o'r plwyfolion. Bu i Dic chwarae am dymhorau gyda thîm Dinas Bangor yng nghyngrair broffesiynol Swydd Caer. Teulu arall sydd wedi cynhyrchu pêl-droedwyr o fri yw'r teulu Griffith o Lys Ifor yn y Llan. Yn dilyn eu taid, Guts Morys, eu tad, Elwyn 'Sprig', a'u hewyrthod, daeth Ifor Glyn, Michael a Lewis Wyn i gario traddodiad galluog Llys Ifor dros dîm y pentre. Daeth y tri olaf yn adnabyddus drwy ogledd Cymru fel blaenwyr talentog tu hwnt, a bu'r tri, yn eu tro yn chwarae i dimau mewn uwch gynghreiriau. Bu Michael yn chwaraewr proffesiynol gyda thîm Crystal Palace yn y chwedegau.

Nid oes sicrwydd pryd yn union y sefydlwyd y tîm pêl-droed cyntaf yn y plwyf, ond yn ôl adroddiadau yn y *Rhedegydd* yn Ionawr a Chwefror 1909 gwelir fod pedwar thîm yno, sef 'Machno Rangers', 'Cwm Rangers', 'Cwm Rovers' a 'Gors Goch United', yr olaf a enwyd yn chwarae ar gae Gors Goch ger Dyddyn Cethin, i'r hwn y chwaraeai Guts Morys, Llys Ifor, un o anfarwolion y gêm ym Mhenmachno. Yn ôl yr arferiad o ohebu mewn geirfa flodeuog ar ddechrau'r ganrif, mae gohebydd Penmachno y *Rhedegydd* yn adrodd fel hyn am ganlyniadau rhai o'r gemau a chwaraewyd yn y cyfnod yma, (gemau 'cyfeillgar' mae'n debyg oedd rhain), 'Y Bêl Droed: Canlyniad yr ymdrechfa: Machno Rangers 4 Gors Goch Utd 1. Cedwid y goals gan Mri. J. Alun Roberts a D. Jones Williams'. Yn rhifyn Chwefror 20fed, 1909 o'r papur gwelid i'r 'Rangers' fod wedi curo 'Cwm Rovers' o dair gôl i ddim. Mewn adroddiadau eraill o 'ymdrechfa Bêl Droed' yn y cylch tua'r un adeg 'roedd Cwm Rangers a Machno Rangers wedi chwarae mewn gêm gyfartal yn y Cwm, ac mewn gêm arall, amlwg gyffroes, curodd Machno Rangers dîm y Gors Goch o 5 gôl i 4.

Chwaraeai un o dimau'r Cwm ar gae tu ôl i resdai Rhosgoch; heblaw am gae Cors Goch y soniwyd amdano eisoes bu timau'r Llan yn ymarfer eu crefft ar gae'r Felin, un o ddolydd Ysgwifrith, a hefyd ar gae Dolydd ger Blaen y Ddôl, cyn symud i'w maes presennol yn Nhy'n y Ddôl. Mae'n eithaf sicr i leoliadau eraill gael eu defnyddio yn ychwanegol o dro i'w gilydd, ond y rhai a enwyd yw'r meysydd a fyddent yn cael eu hystyried yn brif 'Stadiwms' y plwyf.

Llwyddodd un o'r clybiau cynnar i ddenu nawdd gan neb llai na'r Arglwydd Penrhyn, wrth ddarllen yn y *Rhedegydd* Hydref 10fed, 1910 'Cyfranodd yr Arglwydd Penrhyn swm sylweddol at drysorfa y clwb Pêldroed.'

Fel y dywedid eisoes, gemau cyfeillgar oedd y gemau cynnar hynny, ond mae'n siŵr i lawer o elyniaeth fodoli rhwng y gwahanol adrannau y dyddiau a fu, fel ym mhob gêm ddarbi dros y blynyddoedd, a daw llawer o hanesion am yr elyniaeth rhwng y timau yn cael ei arddangos yn ystod oriau gwaith yn chwareli'r plwyf, yn enwedig yn y dyddiau yn arwain at ornest bwysig yn y Llan neu'r Cwm. Ceir adroddiadau ar lafar am ddilynwyr brwd timau'r plwyf yn cefnogi eu harwyr i'r eithaf, a chofir yn dda am gymaint a phedair bws yn orlawn o 'ffans' yn dilyn tîm o'r ardal a fyddai'n digwydd bod yn chwarae mewn gornest cwpan yn rhyw gornel bellenig o ogledd Cymru.

Erbyn y tridegau, roedd tîm o'r Cwm yn chwarae yng nghynghrair Dyffryn Conwy, ac fe ddilynwyd y tîm yma gan un o'r Llan, ac ar ddiwedd tymor 1932-33 daeth Cwm Rangers yn 3ydd allan o'r deuddeg tîm yn cystadlu yn y gynghrair, a thîm y Llan yn nawfed, erbyn tymor 1937-38 nid oedd tîm o gwbl o'r plwyf yn rhan o'r gynghrair, ac yn dilyn diboblogi dirfawr yn y cyfnod yn arwain at yr ail Ryfel Byd, ac wedi'r rhyfel, penderfynwyd uno clybiau'r Llan a'r Cwm, dan yr enw 'Machno United', ac ymaelodi yn yr enw hwnnw yng nghynghrair Dyffryn Conwy yn 1947. Daeth llwyddiant yn syth i ran y tîm unedig, a daeth Machno United yn un o brif dimau'r dyffryn, ac yn wir, yn un o brif dimau'r is-gynghreiriau yng ngogledd Cymru. Mae'r clwb wedi bod yn aelodau o gynghrair Dyffryn Conwy yn ddi-dor ers ei sefydlu yn 1947, sydd yn fwy na fedr unrhyw glwb arall o'r dyffryn ddweud.

Ychydig sydd yn gwybod, mae'n debyg, fod gŵr, yn enedigol o'r plwyf wedi cynrychioli Cymru ar feysydd pêl-droed gyda thîm cenedlaethol Cymru. Hwnnw oedd Dr R.H. Mills-Roberts, a fu'n feddyg chwarel Dinorwig, Llanberis, ac yn uchel iawn ei barch yno. Ganed Mills-Roberts ym Mhenmachno yn 1862, ond a symudodd i Flaenau Ffestiniog yn ifanc gyda'i deulu, â'i dad yn athro mewn ysgol yn y dref honno. Gwnaeth yrfa fel gôlgeidwad i Preston North End, un o brif dimau'r cyfnod, ac fe'i dewiswyd i chwarae wyth gwaith dros Gymru.

Plismyn Penmachno

(O gasgliad *Caernarvonshire Constabulary*, Archifdy Caernarfon)

Wedi sefydlu Heddlu'r Sir yn 1857 yn bum adran, gyda chanolfannau yng Nghaernarfon, Bangor, Conwy, Nefyn a Phorthmadog, (roedd Pwllheli yn uned ar wahân), gwelir i P.C. William Owen, rhif 17 gael ei anfon i Benmachno yn heddwas cyntaf yn yr ystyr yma. Rhaid cofio i 'gwnstabliaid' fod ar ddyletswydd ers ugeiniau o flynyddoedd ym Mhenmachno fel mewn nifer o blwyfi eraill, a hynn yn ddi-dâl. Cawsai rhain eu dewis yn flynyddol gan y plwyf fel ac y dewiswyd wardeniaid yr eglwys a goruchwyliwyr y tlodion. Gwnaed y gwaith gwirfoddol yma yn ychwanegol i'w gorchwylion dyddiol; Dyma'r drefn a fodolai am ganrifoedd, ond yn ystod y ddeunawfed ganrif a'r bedwaredd ganrif ar bymtheg, gyda thwf yn y boblogaeth a dyfodiad llawer o fewnfudwyr i ardaloedd cefn gwlad, daeth cynnydd mewn troseddau, ac yn ormod o faich i gwnstabliaid plwyf ddelio â hwy. Roedd sefydlu Heddlu'r Sir, dan adain prif gwnstabl yn dod ag unffurfiaeth i gyfraith a threfn drwy'r wlad.

Dengys dogfen rhif XJ/691 o'r casgliad uchod rhai o ddyletswyddau P.C. Owen ym mis Hydref 1857. Cawsai'r heddgeidwad dâl ychwanegol am weithio dros wyth milltir o'i ganolfan, sef swllt am ddydd a 1/6 am ddydd a nos, a bu iddo hawlio'r taliadau ychwanegol bedair gwaith yn ystod y mis, unwaith am deithio i Gapel Curig, am fynd i Langernyw i holi dyn ynglŷn â throsedd yn Nolwyddelan, am ymddangos yn y Llys yn Llanrwst ac am ymweld â Nebo i holi dyn ynglŷn â throsedd yn Rhydlanfair. Ni wyddys am faint y bu William Owen yn blismon ym Mhenmachno. Yn wir, siomedig yw'r wybodaeth am fanylion yn ymwneud â chyfraith a threfn yn y plwyf yn gyffredinol ymysg y dogfennau. Er i'r plwyf gael heddgeidwad ar ddyletswydd dros y blynyddoedd bron yn ddi-dor tan ddechrau'r wythdegau'r ganrif hon, does ond enwau, a chyfnodau ambell un yn hysbys. Gwelsom eisoes mai William Owen oedd heddgeidwad cyntaf Penmachno. Yn llyfr difyr J. Owain Jones *The History of the Caernarvonshire Constabulary* gwelir i P.C. Owen fod yn un o 28 o gwnstabliaid a wasanaethent yn Sir Gaernarfon y flwyddyn honno, gyda chyfanswm staff yr heddlu yn ddim ond 37 yn gyfangwbl, yn cynnwys pedwar rhingyll, pedwar arolygwr a phrif gwnstabl yn ychwanegol i'r uchod. Cawsai William Owen a'i gyd-gwnstabliaid gyflog o rhwng 16 swllt ac 19 swllt yr wythnos am wneud y gwaith pwysig yma.

Yng nghyfrifiad 1871 fe gofnodir mai Thomas Hughes, 43 oed oedd heddgeidwad y pentref, ac yn byw ym Mryn Llewelyn ym Mhenfforddnewydd gyda'i wraig Sarah 33 oed a'u mab 2 flwydd oed.

Yr wybodaeth nesaf ar gael yw i P.C. Thomas Hughes fod ar alwad yn Chwefror 1875, pryd yr adroddwyd iddo arestio Henry Jones, neu 'Hari Ddu', yn ôl ei ffugenw, am ymosod ar ei dad-yng-nghyfraith, a chael ei frathu gan Hari yn y fargen! (*C'fon & Denbigh Herald* 20/3/1875). Cofnodwyd ymysg ystadegau o'r plwyf o gyfrifiad 1881 fod P.C. Hughes yn dal ym Mryn Llewelyn, ac wedi bod yn brysur iawn, oherwydd i gyfri' o'i blant wedi cynyddu o'r un mab ddeng mlynedd yn gynharach i chwech o blant erbyn hynny. Mae'n amlwg fod Thomas Hughes yn hoffi ei le ym Mhenmachno canys fe'i cofnodir fel plismon y plwyf yng nghyfrifiad 1891, yn ŵr 60 oed, genedigol o Lanbedrgoch, Môn, ac yn byw gyda'i wraig a thri o blant yn 3 Llys Ifor. Mae'n debyg mai hwn oedd y gŵr a wasanaethodd y plwyf fel heddgeidwad am y cyfnod hiraf — o leiaf ugain mlynedd.

Y plismon nesaf yn yr ardal a gofnodir ymysg cagliad XJ/ yw Evan Thomas Evans yn 1895. Ar daflen gwaith P.C. Thomas Rhif 53 am fis Ionawr 1895 ceir manylion o rai o'i ddyletswyddau. Ar yr ail o'r mis roedd yn presenoli ei hun yn y 'drill' misol yng Nghonwy, ac am weddill y mis gwelir iddo gyfarfod â phlismyn eraill, megis P.C.51 a Sarjant Rhif 5, o Fetws-y-coed mae'n debyg, ar bont Lledr bum gwaith, ar amseroedd gwahanol o'r dydd neu'r nos a P.C. 29 ar bont Rhydlanfair ac yn Ysbyty Ifan. Ar y 29ain o'r mis, cofnodwyd ganddo ei fod wedi ei alw i Gwm Penmachno ar ôl derbyn gwybodaeth fod corff marw wedi ei ddarganfod yno. Y diwrnod canlynol mae'n cofnodi iddo fod yn bresennol mewn cwest ar gorff Robert Roberts ym Mhenmachno. Dyma'r gŵr a gollodd ei fywyd mewn heth fawr o eira ger Rhiwbach, tra yn croesi'r mynydd yn ôl i'r Cwm wedi ymweld â theulu yn Nolwyddelan.

Daw gwybodaeth o fodolaeth P.C. Davies yn blismon y plwyf yn 1906 drwy golofnau'r *Rhedegydd* ar Chwefror 24, 1906, wrth i ohebydd 'Ebion o Benmachno' ei ganmol i'r entrychion, a dweud mai ef oedd yr 'heddgeidwad gorau a fu yma erioed'.

O lyfr Adroddiadau Disgyblu Heddgeidwaid (XJ70) Archifdy Gwynedd, fe ddaw ambell bwt o wybodaeth am blismyn y plwyf yn cael eu disgyblu am beidio cadw i reolau'r heddlu. Yn Ionawr 1925 rhoddwyd rhybudd i P.C.20, Owen Jones am iddo adael tŷ'r plismon mewn cyflwr blêr i'w olynydd, ac yn Nhachwedd 1929 cyhuddwyd P.C.49 Sydney Richard Wood o esgeuluso'i ddyletswyddau drwy fethu â phresenoli ei hun mewn Llys ym Metws-y-coed ynglŷn ag achos un o Lanrwst a gyhuddwyd o yrru modur heb olau. Fe geryddwyd P.C. Wood gan y Prif Gwnstabl am ei fai. Dri mis yn ddiweddarach fe gosbwyd Wood i ddirwy o ddeg swllt gan ei bennaeth am anufudd-dod drwy adael ei leoliad, gan ymweld â Llandudno heb adael i'w uwch swyddogion wybod.

Yn absenoldeb yr ystadegau angenrheidiol, rhaid yw ceisio dibynnu ar gof rhai o'r trigolion hynaf am wybodaeth o rai a fu yn heddgeidwaid yn y plwyf wedi'r Rhyfel Mawr; ni ellir sicrhau cywirdeb na threfn y cyfnodau.

William Jones, P.C.99, gyda'r ffugenw lleol 'Wil Champion'. Bu'n lojiwr ym Modafon yn ystod ei gyfnod yn y plwyf, yn y 1920au. Roedd yn athro ysgol Sul yn Salem, ac yn uchel ei barch yno.

Owen Jones, P.C.20; ym Mhenmachno yn sicr yn 1924-25.

Sydney Richard Wood, diwedd y dauddegau; dywed iddo fod yn un o dylwyth y sipsi, Abraham Wood. Cofnodir yn *The History of the Caernarvonshire Constabulary* iddo fod yn dal yn gwnstabl gyda Heddlu Sir Gaernarfon yn 1950, ond ni chofnodir ym mhle.

. . . Jones, 1930au. Wyres i hwn yw Nesta Wyn Ellis, yr awdures, gynt o Lanrwst. (Roedd gorsaf yr heddlu yng Ngwydr House yn ystod cyfnod y tri uchod.)

. . . Jenkins, (Tad y diweddar Harry Jenkins, Ffordd Cwm). Un a ddaeth o Waenfawr, ac yn blismon poblogaidd iawn. Bu farw'n sydyn tra ym Mhenmachno.

Rees Nicholas, (yno ar ddechrau'r ail ryfel Byd). Ei orsaf ym Mostyn Villa.

D.W. Edwards, o Borthmadog. (Bu'n aros yn Fourcrosses, Llan). Gorfodwyd iddo ymddiswyddo oherwydd afiechyd. Un a fu yn weithgar gydag amryw o fudiadau yn ystod ei gyfnod yn y plwyf, yn enwedig â'r Sefydliad Bentrefol ac Aelwyd yr Urdd.

Jones Evans; 1950au cynnar; yn ystod y cyfnod yma yr adeiladwyd tŷ a gorsaf yr heddlu ar ffordd Glasgwm.

Gwyn Lewis; 1960au cynnar, aeth i Flaenau Ffestiniog.

Gareth Salt; canol y 1960au.

Gwynfor Jones; 1968-1969.

Alwyn Rowlands; 1969-
David Morris 1980au cynnar.

Mae'n amlwg i lawer o enwau gael eu gadael allan o'r rhestr, ond dan yr amgylchiadau rhaid bodloni ar yr uchod.

Meddygon y Plwyf

Yng nghyfrifiad 1871 cofnodwyd i John Pierce, *Medical Practitioner/Assistant*, 29 oed fod yn byw gyda'i wraig Ellen Pierce yng ngwesty'r Machno. Nid oes sicrwydd os mai hwn oedd y meddyg cyntaf i'w gofnodi yn y plwyf, neu ynteu cynorthwywr i feddyg arall.

Ddeng mlynedd yn ddiweddarach, ymysg ystadegaeth cyfrifiad 1881, gwelir gysylltiadau meddygol â'r Machno yn parhau, wrth i William H. Price llawfeddyg o Langefni aros yno. Y flwyddyn honno daeth William Michael Williams, 22 oed, brodor o Bwllheli, yn feddyg i Benmachno. Priododd â Kate Jones, merch Glasgwm Hall, a fu'n gariad cyntaf i David Lloyd George yn ôl yr hanes, pryd y byddai'r twrne ifanc yn dod drosodd o'i swyddfa ym Mlaenau Ffestiniog i gapel y Bedyddwyr, Tabor. Wedi priodi, bu'r Dr Williams a'i wraig yn byw ym Mostyn Villa, 'Tryfan' erbyn hyn, lle ganed iddynt ddwy ferch. Bu'r meddyg yma yn hynod o flaenllaw mewn gwahanol sefydliadau yn yr ardal. Roedd yn aelod o'r cyngor plwyf cyntaf a sefydlwyd yn 1893, ac ef oedd cadeirydd cyntaf y cyngor, a bu yn y swydd honno yn ddi-dor hyd ei farwolaeth yn 55 oed yn Ebrill 1913. Bu yn aelod o Gyngor Sir Arfon am sawl blwyddyn yn ogystal. Fe'i claddwyd ym mynwent Llanddeneio, Pwllheli.

Dilynwyd yr uchod gan Ddoctor Williams arall, a fu yn gwasanaethu fel meddyg yn Rhyfel Mawr 1914-18. Daeth Dr Owen o Lanrwst i'r plwyf ar ôl cyfnod Dr Williams, a bu ym Mhenmachno am flynyddoedd. Prynodd hen fasnachdy Grenwich House, a'i ddefnyddio fel meddygfa, gan newid yr enw i'r un sydd arno heddiw, sef 'Llys Meddyg'. Roedd yn aelod o gapel Bethania, ble yr etholwyd ef yn flaenor gyda'r achos Wesleiaid.

Yn ystod y tridegau daeth Albanwr, Dr Milne yn feddyg y plwyf, ac ystyriwyd ef yn feddyg rhagorol. Syfrdanwyd yr ardal pryd y bu iddo ddisgyn yn farw yng ngorsaf rheilffordd Cyffordd Llandudno. Dilynwyd Dr Milne gan y meddyg W.E. Williams, a ddaeth o gyffiniau Caernarfon, ac ystyriwyd yntau yn feddyg da. Yr oedd yntau yn flaenor, ond gyda'r Methodistiaid Calfinaidd yn Salem, ac ef hefyd oedd trysorydd y capel. Roedd parch mawr iddo fel meddyg ac fel aelod o'r gymdeithas. Bu farw ym mis Awst 1939. Daeth ei fab Gareth i swydd uchel yn y maes meddygol hefyd.

Dr R.J. Parry oedd meddyg nesaf y plwyf, a bu yma dros gyfnod yr Ail Ryfel Byd. Un o Abergele oedd Dr Parry, a bu ym Mhenmachno tan 1947.

Wedi ymadawiad Dr Parry daeth Albanwr arall yn feddyg i'r ardal, a gafodd ei fedyddio ar lafar, yn ddigon naturiol yn 'Jock'. Gŵr gydag argyhoeddiadau gwleidyddol pendant oedd Dr Martin, ac yn Brotestant rhonc. Mae llawer stori ddoniol wedi cael ei adrodd amdano tra bu ar wasanaeth yn y plwyf, cyfnod o dros ddeng mlynedd ar hugain, ac ef oedd y meddyg olaf i breswylio yn y pentref. Erbyn hyn meddygon o Fetws-y-coed sydd yn gwasanaethu'r ardal o feddygfa newydd sydd wedi ei chodi ger Bron y Waen.

Wardeniaid Amser Rhyfel

Argymhellwyd yr enwau canlynol, a oeddynt wedi gwirfoddoli i fod yn *Air Raid Wardens* petai rhyfel yn dechrau, fel rhai delfrydol i wneud y swydd, mewn llythyr ynglŷn â chymeriad pob un gan Rees Nicholas, heddgeidwad y plwyf, at yr Arolygydd T.J. Pritchard yng Nghonwy ar y 3ydd o Ebrill, 1939.

Roger Owen Roberts, Post Office, oed tebygol 46; gwaith, postfeistr a phobydd
Hugh Rees Hughes, 3 John St., oed 33, chwarelwr
John Wyn Richards, Disgarth, oed tebygol 57, siopwr
John R. Davies, Llanerch, oed tebygol 31, chwarelwr
Howell G. Thomas, Bryn Llewelyn, oed 29, clerc plwyf a siopwr
J.W. Davies, Eagles Hotel, oed 45, tafarnwr
Robert Jones, Glasgwm Rd., oed tebygol 40, chwarelwr
John D. Lloyd, 2 London Terrace, oed tebygol 40, chwarelwr
O. Pryce Thomas, The Cafe, oed tebygol 34, chwarelwr

Ar y 7fed o Hydref, 1939 fe ychwanegwyd enw W.D. Davies, Blaen y Cwm, chwarelwr 49 oed at y rhestr uchod. Roedd Rhys Jones Thomas, Glan Aber Terrace wedi ei argymell fel *Special Constable* i'r Cwm mewn llythyr arall gan yr heddgeidwad lleol i'r Arolygydd yng Nghonwy ar y 29 o Fedi, 1939.

Mari'r Fantell Wen

Oddeutu 1774, daeth un o'r enw Mari Ifan i fyw i ardal Llandecwyn, Meirionnydd; dywed rhai mai o Fôn y daeth yno, a dywed eraill mai un o Sir Aberteifi oedd hon. Haerai Mari fod ganddi rhyw awdurdod ysbrydol, a llwyddodd i gael llawer o feibion a merched i ddilyn ei ffydd. Gwisgai rhyw fath o wlanen wen, ac oddi wrth hynny y cafodd yr enw 'Mari'r Fantell Wen'. Dywedai yn aml ei bod wedi priodi Cyfiawnder, a gwnaed neithor arbennig iddi mewn tafarndy yn Ffestiniog. Byddai yn crwydro'r wlad i addoli, ac un o'r lleoedd y bu ei dilynwyr yn ymgasglu ynddo oedd Penmachno. Dywed Gethin Jones i nifer o ddilynwyr Mari ymsefydlu ym Mlaen y Cwm, Tan y Rhiw a Swch yn y Cwm, ac iddynt gymuno yn yr eglwys yn y Llan. Byddent yn cyd-fyw â'i gilydd er nad oeddynt yn briod i'r naill na'r llall, ac oherwydd hyn, ystyriwyd hwy yn isel eu moesau. Dywed i Fari ei hun adael ei gŵr, a chanlyn gŵr dynes arall, gan haeru nad oedd y briodas gyntaf yn un gnawdol. Perswadiodd ei chanlynwyr i goelio mai yr un peth oedd dyfod ati hi a dyfod at Grist.

Pan fu Mari farw yn 1789, cadwyd hi yn hir heb ei chladdu, gan ddisgwyl iddi atgyfodi. Glynodd ei disgyblion wrth eu daliadau am ychydig, ond bu iddynt oll wasgaru, ac fel yr adroddwyd mewn un cofnod 'a'u twyll a ddiflanodd o flaen goleuni a gallu yr efengyl'. Mae'n debyg i rai o ddisgyblion Mari aros ym Mhenmachno, a dywed Gethin i ddau neu dri ohonynt symud i Gerrigellgwm, Ysbyty Ifan.

Mewn cysylltiad â hanes Mari, dywed Brysiog Machno yn ei lyfryn *Chwedleuon Machno* i un o'r enw Robert Parry ddod i ffermio i Dan Rhiw, sydd dan domen isaf chwarel Rhiwfachno ers blynyddoedd; dywed i'r gŵr yma fod yn perthyn i gymundeb Mari'r Fantell Wen.

Bu Tan Rhiw yn dafarn hefyd, ac yma y byddai porthmyn ar ei ffordd i gyfeiriad Amwythig a phellach yn aros gyntaf, cyn symud ymlaen tua Bryn Crug. Adroddir storiau doniol gan Frysiog Machno am un hen wraig a gadwai'r dafarn ar ddiwedd y ddeunawfed ganrif. Dyma sut a ddywed 'Un tro daeth Griffith Evans o Faentwrog, goruchwyliwr i deulu Gors y Gedol, a chyfaill iddo drosodd ar eu ceffylau, a gofynasant am beint o gwrw, ac fe'i dygwyd iddynt mewn salter halen yn lle *glass*. Dro arall daeth porthmyn gyda moch tewion yno a gofynasant am ffrio ychydig facwn, ond yr oedd y morwynion yn methu cael hyd i'r badell yn un lle, ond ar ôl hir ymchwil dywedodd un ei bod ar y domen ludw, ar ôl bod yn codi lludw y bore hwnnw'!

Cronicl o rai dyddiadau o bwys yn yr ardal

c.1536:	Diddymu Mynachlog Dolgynwal
c. 1541:	Geni'r Esgob William Morgan yn Nhŷ Mawr Wybrnant
1586:	John Vaughan, uchel siryf cyntaf o Benmachno
1621:	Adeiladu Eglwys Sant Enclydwyn
1705-6:	Y frech wen yn lladd dros 60 o drigolion y plwyf mewn 14 mis
1729:	Ewyllys Roderic Llwyd yn cael ei phrofi
1730:	Ysgol 'Sgotland' yn dechrau dysgu plant y tlodion
1779:	Llifogydd mawr yn golchi ymaith Melin risgl, Penybedw, a phont y Llan ar yr 20fed o Fehefin. Bu teithwyr o Ffestiniog, ar eu ffordd i ffair wlan Llanrwst yn gochel rhag y storm enbyd, gan stablu eu ceffylau ym Mryn y Gogan; Lladdwyd chwech o'r ceffylau yn y stabl gan fellt yn ystod y storm
1781:	Cwblhau Pont newydd y Llan

1784:	Mwyngloddio am blwm a chopr yng Ngheunant Oernant
1785:	Ail-adeiladu Pont y Llan
1806:	Agor Capel Tŷ'n y Porth i'r Methodistiaid Calfinaidd
1807:	Dechrau gwisgo trowsus yn lle clôs
1808:	Agor Seion i'r Wesleaid
1810:	Yn dilyn helynt cyfreithiol yn y Bennar, beiliaid yn cael eu hanfon i'r fferm, ond yn cael eu trechu gan ddynion lleol; un ohonynt yn cael ei grogi ar y Fedwen fawr ger Pont y Llan, ond Peter Luke yn torri'r cortyn i'w ryddhau. Y beiliaid yn dianc, ond yn dychwelyd gyda gwŷr ceffylau ac yn dal y troseddwyr ac yn eu hanfon i'r carchar
1810:	Dechrau cloddio am lechi yn Rhiwbach
1813:	Teilwriaid Penmachno yn y flwyddyn hon, a'r un ganlynol heb roi yr un pwyth
1814:	Prinder ymborth mawr yn y plwyf. Lewis Andrew a Dafydd Dafis yn gweithio am chwecheiniog y dydd, yn lladd gwair ym Mhenybryn, â'u bwyd eu hunain. Golwg ddifrifol yn y Llan, neb yn chwerthin, llawer yn gorfod byw ar un pryd y diwrnod, ac yn pobi haidd a bran afiach
1815:	Adfywiad mawr ar grefydd yn y plwyf, a Robert Hughes, Scotland Street yn hollti ei glocsiau wrth orfoleddu ym Mhen y Llech
1818:	Gwisgo het 'silk' neu *Carlyle* gyntaf
1822:	Tabor yn cael ei gofrestru fel man addoli i'r Bedyddwyr
1823:	Y gyntaf, Beti Owen, Henrhiw, yn cael ei chladdu ym Mynwent Tabor
1825:	Dim ond dau yn blacio eu hesgidiau trwy'r holl blwyf, sef Roberts y teiliwr a David Price, ciper Plas Glasgwm
1826:	Agor ffordd dyrpeg Penmachno ag Ysbyty. Codi Pont ar Gonwy
1830:	Dau ddyn, Dafydd Ifan, gof Penmachno a mab Griffith Hughes gweinidog y Wesleiaid yn syrthio i chwarel Blaen y Cwm, wrth groesi Bwlch Carreg y Fran yn y nos, a'u cael yn feirw yn y bore
1833:	Y cyntaf yn marw trwy ddamwain yn chwareli Penmachno, John Jones
1834:	Codi capel cyntaf Rhydymeirch, Cwm
1836:	Dirwest trwy'r plwyf i gyd, a phawb yn ddirwestwyr ac eithrio rhyw hanner dwsin. Dim yfed diod feddwol am ddwy flynedd. Pwyllgor dirwest yn gwneud y Faner Fawr a cheisio gorymdeithio i'r Cwm gyda hon, ond oherwydd maint y faner, neb yn llwyddo i'w chario
1849:	Y 'Scarlet Fever' yn lladd 46 mewn wyth mis

1853:	Codi capel i'r Wesleiaid yn y Cwm
1857:	Chwalu Eglwys Sant Enclydwyn
1857:	P.C. William Owen, rhif 17 yn gwasanaethu fel heddgeidwad cyntaf y plwyf, wedi sefydlu Heddlu Sir Gaernarfon y flwyddyn hon
1857:	Adeiladu Ysgol Wladwriaethol, Llan
1859:	Agor Eglwys Sant Tudclud
1865:	Sefydlu eglwys reolaidd yn Ebenezer
1867:	Codi Capel Bethania i'r Wesleiaid
1870:	Ysgol Wladwriaethol, Cwm yn agor yn yr eglwys yno
1873:	Codi Salem i'r Hen Gorff
1875:	Henry Jones, 'Hari Ddu' yn cael ei garcharu am bymtheng mlynedd ar gyhuddiad o ddynladdiad am achosi marwolaeth ei dad-yng-nghyfraith
1881:	Agor Capel Soar — 'Capel y gors'
1894:	Cyfarfod cyntaf o'r Cyngor Plwyf newydd
1898:	Capel Rhydymeirch newydd yn cael ei godi
1908:	Agor ysgol yn Rhiwbach
1909:	Agor Ysgol y Cyngor
1912:	Streic rhieni plant Cwm i geisio cael ysgol newydd yno
1913:	Dirwasgiad yn y chwareli, a phob un ar gau
1914-18:	27 o wŷr ieuainc y fro yn aberthu eu bywydau yn y Rhyfel Mawr
1915:	Ail streic rieni plant y Cwm, wrth iddynt atal eu plant o'r ysgol am dri mis oherwydd cyflwr druenus yr adeilad eglwysig
1915:	Ysgol Rhiwbach yn cau
1920:	Trydedd streic rieni yn y Cwm a barhaodd wyth mis, o Awst 1921 hyd Ebrill 1922
1921:	Ysgol Wladwriaethol, Llan yn cau ei drysau am y tro olaf
1922:	Agor Ysgol y Cyngor, Cwm, yn dilyn protestiadau hir y rhieni yno
1936:	Agor y fynwent newydd
1940-45:	Pump o ddynion ieuainc o'r plwyf yn colli eu bywydau yn yr Ail Ryfel Byd
1947:	Y chwareli ar gau am wythnosau oherwydd eira a rhew mawr y gaeaf yma
1947:	Sefydlu tîm pêldroed enwog Machno Unedig, cyfuniad o chwareuwyr goreu Llan a Chwm Penmachno. Aelodau gwreiddiol o Gynghrair Dyffryn Conwy
1953:	Richie Thomas yn ennill y Rhuban Glas yn Eisteddfod Genedlaethol y Rhyl
1953:	Chwarel Rhiwbach yn cau
1957:	Yr Hen ysgol yn cael ei hail-addasu fel neuadd goffa

1962:	Rhiwfachno, y chwarel olaf yn y Cwm, yn cau ym Mehefin
1963:	Diboblogi enbyd wedi cau'r chwareli, a theuluoedd cyfan yn mynd yn alltud o'r ardal. Y cartrefi yn cael eu prynu am brisiau isel iawn fel tai haf i Saeson
1964:	Ysgol y Cyngor, Cwm Penmachno yn cau wedi dim ond 42 flynedd ers ei hagor. Yr adeiladu yn cael eu gwerthu fel canolfan i ysgol o Loegr. Plant y Cwm yn cael eu symud i'r Llan, dair milltir i ffwrdd
1967:	Yr olaf o'r siopau cydweithredol yn y plwyf, y 'Co-op' yn cau
1967:	Capel Soar yn cau ei drysau am y tro olaf
1972:	Gweinidog preswyl olaf y Methodistiaid Calfinaidd yn Salem yn gadael
1973:	Y Parch. Raymond Hughes, gweinidog preswyl olaf y Wesleaid yn y plwyf yn gadael
1974:	Capel Ebenezer yn cau
1975:	Penmachno heb feddyg yn byw yn y plwyf am y tro cyntaf y ganrif hon
1987:	Diwedd ar achos y Wesleaid yn y Cwm, wrth i Shiloh ddilyn Carmel, a chau ei drysau
1995:	Dim ond un siop ar agor drwy'r holl blwyf, allan o dros ddeg ar hugain yn y cyfnod cyn yr Ail Ryfel Byd

Diweddglo

Hawdd yw i rai sy'n alltud o Fro Machno deimlo rhyw hiraeth am yr hyn a fu'r plwyf iddynt, wrth weld y newidiadau cymdeithasol a moesol sydd wedi digwydd yno o fewn un genhedlaeth, ond yr un yw'r stori ym mhob rhan o Gymru bellach. Daw ambell rai yno ar achosion achlysurol, megis rhyw gyfarfod cymdeithasol neu angladd, a chael cyfle i gyfarfod hen gyfoedion ddyddiau gynt, a sgwrsio a hel atgofion. Pur anaml y clywir 'run o'r alltudion yn dweud dim drwg am y lle, ac yn sicr nid un o'r Llan na'r Cwm a gyfansoddodd yr englyn yma am Benmachno:

Lle unig, pell drig o dre' — ar wasgar,
   Rhyw esgus o bentre';
Anhyglod, cwm hen wagle,
Hyll ei lun, a thwll o le.

Anhysbys yw awdur yr englyn, a 'sgrifenwyd dro'n ôl; a da o beth dybiwn i, neu ni fyddai croeso yno yn sicr i 'run bardd â rhagfarn mor bendant am y pentref! Gwell o lawer yw cael gwerthfawrogi gwaith un o feirdd yr ardal, a grisialodd, mewn deg sill ar hugain, yr hyn a deimlir gan unrhyw un â chysylltiad â'r hen blwyf annwyl yma.

Af am dro i fro hyfryd — hyd erwau
    Bro dirion fy mebyd,
  Lle trigai'r gwiw a'r diwyd
  Oedd ddoe yn fil, heddiw'n fud.

                    (Hubert Davies)

Llyfryddiaeth a Ffynonellau Gwybodaeth

O.T. DAVIES: *Telyn Machno* (E. Pughe, Jones a'i gwmni, Llanrwst, 1923)
J.D. DAVIES: *Hanes y Bedyddwyr Albanaidd a Champelaidd yng Nghymru* (Blaenau Ffestiniog, 1941)
OWEN DAVIES: *Bedyddwyr Cymru* (Caernarfon 1905)
A.H. DODD: *History of Caernarvonshire* (Cymdeithas Hanes Sir Gaernarfon, 1968)
W.R.P. GEORGE: *The making of Lloyd George* (Faber, Llundain, 1976)
THOMAS E. HUGHES ac eraill (golygyddion): *Hanes Cymru Minnesota* (Mankato, Minnesota, 1895)
EDMUND HYDE-HALL: *A Description of Caernarvonshire 1809-1811* (gol. o'r gwreiddiol gan Emyr Wynne Jones, Cymdeithas Hanes Sir Gaernarfon, 1952).
J. OWAIN JONES: *The History of the Caernarvonshire Constabulary 1856-1950* (1963)
J.R. JONES: *Cofiant J.R. Jones, Ramoth* (Caerfyrddin, 1913)
OWEN GETHIN JONES: *Gweithiau Gethin* (W.J. Roberts, Llanrwst, 1884)
SYR JOHN EDWARD LLOYD, R.T. JENKINS A SYR WILLIAM LLEWELYN DAVIES (Golygyddion) *Y Bywgraffiadur Cymreig* (Cymdeithas y Cymmrodorion Llundain, 1953)
BEZANT-LOWE: *The Heart of Northern Wales* Vols 1 a 2 (Llanfairfechan 1913 a 1927)
T.J. MORGAN: *Dafydd Morgan a Diwygiad '59* (Yr Wyddgrug, 1906)
THOMAS PENNANT: *Tours in Wales* (H. Humphries, Caernarfon, 1883)
RICHARD RICHARDS: *Poems and Sketches* (Bangor, 1868)
OWEN ROBERTS: (Brysiog Machno) *Chwedleuon Machno* (W.J. Roberts, Llanrwst, 1888)
W.J. CROSLAND-TAYLOR: *Crosville; The Sowing of the Harvest* (1987)
ARTHUR THOMAS. gol.: *Hen Rebel Fel Fi, Atgofion Richie Thomas* (1986)
A.H. WILLIAMS: *Welsh Wesleyan Methodism 1800-1858)* (Llyfrau'r Methodistiaid [imprint], 1935)
J.G. WILLIAMS III: *A History of Welsh Americans in Central New York and their Churches* (Fleischmans' New York, 1963)
WILLIAM WILLIAMS: *Hanes Methodistiaid Dwyrain Meirionnydd* (Bala, 1902)
W. OGWEN WILLIAMS: *Calendar of the Caernarvonshire Quarter Sessions Records Vol. 1 1541-1558* (Cymdeithas Hanes Sir Gaernarfon, 1956)
DAVID YOUNG: *Origins and History of Methodism in Wales* (Charles H. Kelly, Llundain, 1893)
GRIFF JONES: *Traethawd hir ar hanes Chwarel Rhiwbach* (Heb ei gyhoeddi)

GRIFF JONES ac eraill: *Adroddiad ar Chwarel Blaenycwm* (1994)
An Inventory of the Ancient Monuments in Caernarvonshire Vol.1 (The Royal Commission of Ancient and Historical Monuments in Wales and Monmouthsire, 1956)
L.K. EVANS:*Sefyllfa crefydd cyn ac ar ôl dyfodiad y diwygiad ym Mhlwyf Penmachno* Traethawd buddugol yn Eisteddfod Machno 1905 (Roberts, Llanrwst, 1905)
'British Parliamentary Papers'. Adroddiadau Comisiwn Brenhinol ar Boblogaeth y plwyf 1801-1891
'British Parliamentary Papers'. Adroddiad y Comisynwyr i gyflwr addysg yng Nghymru 1847
'British Parliamentary Papers'. Adroddiad y Comisiynwyr Deddf y Tlodion, 1834)

Papurau Newyddion/Bro. Cylchgronau a.y.y.b.

Amrywiol gopïau o'r canlynol:

Baner ac Amserau Cymru
Caernarfon and Denbigh Herald
Cymru (O.M. Edwards)
Y Cydymaith (Cylchgrawn Cylchdaith Llanrwst y Methodistiaid Wesleiaid)
Y Dydd
Y Rhedegydd
Yr Eurgrawn
Yr Herald Cymraeg
Yr Odyn (Papur Bro Nant Conwy)

Archaeologia Cambrensis

1924: Adroddiad gan Howel Williams ar ddarganfyddiadau o'r Oes Efydd ym Mwlch y Maen
1937: Adroddiad gan W.F. Grimes ar ddarganfyddiad o ddagr efydd ar derfyn plwy'
1939: Adroddiad gan Ellis Davies ar gelfi callestr a ddarganfyddwyd tua 1928

Trafodion Cymdeithas Hanes Sir Gaernarfon

Rhif 1. 1939: Erthygl gan T. Jones Pierce; 'Tendencies in the Agrarian History of Caernarvonshire during the later Middle Ages'
Rhif 10. 1949: Erthygl gan W. Ogwen Williams: 'The County Records'
Rhif 13. 1952 a Rhif 15. 1954: Erthyglau gan Bob Owen: 'Yr ymfudo o Sir Gaernarfon i'r Unol Daleithiau'
Rhif 22. 1961: Erthygl gan R.T. Pritchard: 'Caernarvonshire Turnpike Trusts. Ysbyty and Penmachno Trusts'

Nifer o ddogfennau/adroddiadau yn Archifdy Caernarfon, (manylion ar gael gan yr awdur)
Amrywiol ddogfennau yn y Llyfrgell Genedlaethol, Aberystwyth yn ymwneud â'r plwyf. (Manylion ar gael gan yr awdur)

Hoffwn gyfeirio yn benodol at y canlynol:
Traethawd atgofion y ddiweddar Mrs Euronwy Lloyd ar siopau'r ardal yn archifdy Caernarfon (XM/2881)
Llyfr cofnodion Capel Tabor, 1845. Llyfrgell Genedlaethol (19516B)
Llyfrau Festri Penmachno, 1772-1829 (Llsgr. Bangor 560-562) Archifdy Prifysgol Cymru, Bangor
Llyfrau Elusennau Penmachno, 1713-1793 (Llsgr. Bangor 558-559) Archifdy Prifysgol Cymru Bangor
Ewyllysiau Llwydiaid Hafodwyryd, Archifdy'r Brifysgol eto (Papurau Nannau Llsgr. Bangor 3444-3452)
Cyfrifiadau Plwyf Penmachno ar feicroffilm/fiche, Archifdy Caernarfon
Cofrestrau Plwyf Penmachno, Archifdy Caernarfon (XPE/8/1-7)
Llyfrau Cofnodion Cyngor Plwyf 1894-1906 — Archifdy Caernarfon
Llyfrau Cofnodion Cyngor Plwyf 1906-1923 — Archifdy Caernarfon
Llyfrau Cofnodion Cyngor Plwyf 1924-1935 — Archifdy Caernarfon
Llyfrau Cofnodion Cyngor Plwyf 1936-1949 — Archifdy Caernarfon
Cofrestrau Ysgolion y plwyf 1870 — Archifdy Caernarfon

Diolch arbennig i'r cyfeillion canlynol:

I staff gymwynasgar Archifdy Gwynedd, Caernarfon, Archifdy'r Brifysgol, Bangor a'r Llyfrgell Genedlaethol am bob cymorth.

Eluned Jones, Llechwedd Hafod, am gael golwg ar ei hamryw draethodau, yn cynnwys yr un defnyddiol iawn ar hanes yr achos yn Rhydymeirch.

Arthur Thomas, Porthmadog, alltud fel minnau, am gael pori drwy ei gasgliad o 'stwff am Llan' chwedl yntau, am iddo gael golwg dros y gwaith cyn iddo fynd i'r wasg, ac hefyd am ei gefnogaeth.

I lawer o drigolion y plwy', a thu allan, yn rhy niferus i'w rhestru, am bob cymorth tra yn ymchwilio i hanes y fro.

Mae cyfeiriadau penodol at ffynonellau gwybodaeth wedi eu cynnwys yn yr ysgrifau, pan fo hynny'n berthnasol; oherwydd rhesymau ymarferol, ni chynhwysid troednodiadau. Ymddiheuraf os bu i mi beidio, drwy f'anwybodaeth, â chydnabod unrhyw ffynhonnell yn y llyfryddiaeth.